"小说课"之道

一种革新知识重构小说教学的创新

蔡海峰 著

江西教育出版社
·南昌·

赣版权登字-02-2023-016
版权所有 侵权必究

图书在版编目（CIP）数据

"小说课"之道 / 蔡海峰著. —— 南昌：江西教育出版社，2023.3（2024.3 重印）
ISBN 978-7-5705-3587-3

Ⅰ.①小… Ⅱ.①蔡… Ⅲ.①阅读课－中小学－教学参考资料 Ⅳ.①G634.333

中国国家版本馆CIP数据核字（2023）第031948号

"小说课"之道
"XIAOSHUO KE" ZHI DAO

蔡海峰 著

江西教育出版社出版
（南昌市学府大道299号 邮编：330038）

出 品 人：熊 炽
责任编辑：冯会珍
美术编辑：张 延

各地新华书店经销
江西省和平印务有限公司印刷
710毫米×1000毫米 16开本 20.25印张 261千字
2023年3月第1版 2024年3月第3次印刷

ISBN 978-7-5705-3587-3
定价：48.00元

赣教版图书如有印装质量问题，请向我社调换 电话：0791-86710427
总编室电话：0791-86705643 编辑部电话：0791-86708350
投稿邮箱：JXJYCBS@163.com 网址：http://www.jxeph.com

推开门后的新发现

为"组块教学·智慧教师研修书系"而作

今天清晨,降温了,很舒适,我的心情颇好。坐在窗前的书桌旁,我翻阅苏州吴江盛泽实验小学(以下简称"盛泽实小")的书稿——"组块教学·智慧教师研修书系",心情甚好。在舒适外,还有很多的惊喜,像是吹来一阵阵凉风,送来一股股清新的空气。读着书稿,似乎我也增长了一些智慧,因为智慧是对情境的认知、辨别和顿悟。而盛泽实小的教师研修书系,本身就是一种情境,这一情境特别真实、丰富和生动。

还有另一种感觉,那就是读盛泽实小的教师研修书系,像是推开了一扇门。尽管我不知多少次走进过盛泽实小的校门,但是,这次感受不同。书系这扇门,更宽敞,更明亮,更宏大,也更灿烂。这扇门是文化之门、思想之门、智慧之门,它虽是抽象的,却也是丰富的,因为它将所有的日常生活凝结在一起,折射出盛泽实小教师们的情怀、哲思,以及在他们耕耘的田野上飘逸着的文化。这扇门是开放的,却也是需要推开的。轻轻推开,才会在一刹那有了新的发现与感悟。原来,推开门就是打开边际,才能听到"边际"上的对话,触及学校的"内在秩序",感受"在一起"的力量。盛泽实小的书系又一次唤醒了我的耳朵,让我倾听那美妙的旋律。

不妨把盛泽实小教师研修书系看作教师的"人间词话"。于是,王国维《人间词话》所言的三重境界浮现在我的眼前:"昨夜西风凋碧树,独上高楼,望尽天涯路。""衣带渐宽终不悔,为伊消得人憔悴。""众里寻他千百度,蓦然回首,那人却在,灯火阑珊处。"盛泽实小已用书系搭建了这三重境界的阶梯,向着那境界攀升,书系正是这三重境界的真实写照。在这个时代,我们的教师、我们的学校需要有自己的"词话"。

推开门,首先看到的是校长薛法根,因为他总是站在"校门口"——学校的前端和高处。说到盛泽实小,薛法根是一个绕不过的人。正因为有了薛法根,才有了今天的盛泽实小,才有了这一书系。站在校门口,我最想说的一句老话是:一个好校长可以成就一所好学校。的确,历史与现实不止一次地证明:一个好校长之好,在于他和教师一起创造了学校的文化,恰恰是文化上的进步,才使学校迈向自由的境界;好校长之好,还在于他让教师成为创造者,而教师又去创造课程、创造教学、创造学校、"创造"学生。薛法根的确是一个好校长,他是伟大的。帕克·帕尔默说:"伟大的事物,不在别的,而在于主体,在于自己。"薛法根用他所坚守的智慧教育理念建构了学校的核心主张,用他所坚守的语文组块教学指引了学校的课程改革、教学改革。"组块"已成为结构、关联、融通、跨界学习的代名词,成为学校课改、教改的核心理念。依我看,薛法根用自己的情怀,用自己的智慧,用自己的行动,诠释并践行了"教师第一"的理念与思想。薛法根是好校长,是名校长,是智者,我们应该向他致敬。

推开门,还应该说点"新话"。"新话"是教师在书系里的所思所言,彰显的是教师发展的理念和主张。其实这些"新话"都是在老话中生长出来的。

"组块教学·智慧教师研修书系"告诉我们,首先,教师发展源自生命,教师发展是为了丰盈生命,提升生命的价值与意义。教师发展的"第一动力"应是内生力,是生命的创造力。丰盈的生命和心灵,激发教育的新发展和真学问的出现。该书系为教师开辟了一条新路,那就是视野要广,格局要大,格调要高,境界要高。王国维说:"有境界则自成高格。"换个角度看,生命力源自对价值的认知、澄清与选择,用书里的话来说,就是要寻找自己的边际,建构自己的价值坐标,让价值照耀自己的天空。

其次，教师发展源自宗旨，宗旨犹如人生和教学的指南针。教师离不开学科，离不开教学，学科教学是教师发展的基地，甚至可以说是教师发展的摇篮。盛泽实小的教师非常清楚，发展自己、提升自己，是为了学生，并且要与学生共同成长；而学科的宗旨是育人，学科育人、教学育人是教学的指南针，也是教改的准绳。这一宗旨催生了教师的使命感。盛泽实小的教师对学科育人有自己的理解，那就是要明晰教学的"内在秩序"，教改的深意在于重建学科教学的"内在秩序"。指南针也好，准绳也罢，使命也好，"内在秩序"也罢，盛泽实小有自己独特的表达——组块教学，以及由组块教学所引发的联结教学。他们已基本上寻找到学科育人的校本化实现方式，正是在这样的过程中，教师的发展得以优化。

再次，教师发展的深度源自研究、实验与提炼。这一书系让我特别有感触的是，每一本书都有一定的深度，理性思考的水平明显提升。深度从何而来？书系告诉我们，其一，要坚守实践。永远不离开"田野"，永远扎根于大地，从丰厚的实践土壤里汲取营养和力量。其二，要研究。"笔尖下的教育生活"要研究，多觉联动音乐教学要实验，综合实践活动也需要探索。有研究，才会有深层次的思考。在盛泽实小，研究已成为教师学习、工作的方式，这真是难能可贵。其三，要总结、概括、提炼。从经验感悟走向理性思考，从实践走向理论，从散状走向结构，走向体系建构。他们注重在感性的基础上加以梳理、概括和提炼，概括是有序、有效的，提炼是有深度和力度的。这一书系就是一个极好的典型。值得注意的是，盛泽实小的教师从不同角度去认识、剖析"伙伴与伙伴德育"，尤其是对道德学习、对话世界做了深度的提炼，研究性、学术性明显加强。与此同时，他们探索了伙伴德育的不同途径和方式，发现了"在一起"的力量。这一研究前景很好。

最后，表达方式上的多样化，使书系显得亲切、丰富，阅读时犹如与作者促膝谈心，又犹如倾听一次倾诉。美国伦理学家麦金太尔说："人在他的虚构中，也在他的行为和实践中，本质上都是一个说故事的动物。"而赵汀

"小说课"之道

阳认为，文化就是一个故事。读着书系里的故事，一位位活生生的有内涵的教师站在我面前，故事里透射出来的哲思，令我感动！向盛泽实小的教师致敬！

　　"新话"是创新、创造后的言说，言说源自心灵的感悟。美丽的心灵，带来推开门后的一片风景、一片思想的丛林、一片更加美好的开阔地。我最想说的是：盛泽实小，你好！

成尚荣
2019 年 9 月 19 日

序言

记得2014年年初,我受邀组建了组块教学江阴工作站,海峰是工作站第一批学员。他高大魁梧的身材,给我留下了深刻的第一印象。随着接触增多,我发现这位青年教师特别好学,不仅认真做笔记,还很会思考,讨论时总能给出一些和大家不一样的想法。好学、勤奋、思考,这使得海峰进步很快,这几年逐步成长为在无锡地区乃至省内崭露头角的小语青年翘楚。

《"小说课"之道》是海峰近几年探索的成果结晶,是运用新知识创新小说教学的新尝试,很有价值。语文教学需要引入新知识,不断创新我们的教学实践,让语文教学走向新天地。简单地看,叙事学的重心是研究如何讲好一个故事,它区分出了不同的叙述视角,辨析了叙述的时间问题,福斯特在《小说面面观》中对人物类型的揭示等,都能改善我们逼仄的小说知识,走出对待所有小说"分析情节就是开端、发展、高潮、结局四个部分"的弊端。叙事学知识和叙事思维的引入,为我们对小说如何读得深入、怎样教学生读出其中的三味,提供了新的理论支撑。

海峰善于学习,选择了叙事学作为创新小说教学的工具,上出了很多有新意的课例。我曾现场听过他上的小说课《跳水》,很精彩。美国作家杰克·哈特提出了叙事弧线理论,认为在任何一篇完整的故事中,叙事弧线都会经历五个阶段:阐述、上升动作、危机、高潮、下降动作(结局)。海峰巧妙地运用叙事弧线理论,引导学生绘制情节叙事地图,结合学生阅读时内心的变化，帮助学生发现小说情节构思的秘密，体会《跳水》制造危机的办法：设计了三个"演员"（猴子、水手和孩子）和一个"道具"（帽子）。小说中破解危机的人物往往就是小说的主角，因而学生也就水到渠成地理解并认同船长是故事的主角，虽然文本中描述船长的文字不是太多，和主角就是写得最多的固有认识有很大不同。

在《"小说课"之道》这本书中收录了很多这样的课例，有文言小说、四大古典名著、儿童成长小说，也有外国文学名著；有单篇的，有群文的，也有整本书的；甚至还拓展到了其他叙事性作品的教学。这些展现创意的课例，相信对大家更新知识，进行小说以及其他叙事性作品的教学都不无启发和帮助。

可贵的是，海峰的探索没有止步于课例的设计，他还认真地进行了理性的梳理，形成了有自己个性的小说课教学主张。在理论的原点上，他认为叙事是人类的思维方式，是故事的叙事艺术，也是构成语言教学的内容、方法。从这一原点出发，海峰建构了属于自己的"小说课标""小说课本""小说课型"，使得《"小说课"之道》获得了实践逻辑的自洽。

在具体教学上，海峰的小说课教学具有三方面的特点。一是教学内容的重构。他运用叙事学知识，把生活逻辑和学科逻辑融合起来，结合组块教学思想，进行了小说单元的重组。二是言语实践活动方式的确立。新内容需要新的学习活动展开方式，对小说课来说就是言语实践活动。在海峰的小说课案例中，这一点体现得很突出，有"做朗读者：像朗读家一样去读""做讲述者：像讲演家一样去读""做发现者：像评论家一样去读""做创作者：像小说家一样去读"。这样的设计赋予学生以角色感，让学生在"做事"中学会读小说，并进行故事创编活动，学生学得主动、深入，能收获丰厚的小说读写经验，是小说课的深度教学。三是实施贴近儿童的素养表现型综合评价。从大的方面看，"小说课标"已经构成了小说教与学的指南，确立了"引导学生成为主动的阅读者、创意的表达者、积极的分享者和智慧的生活者"的目标，可以看出海峰对从儿童出发的素养型评价的清晰定位。在小说的具体教学中，海峰以朗读、讲述、写作等方式，将对叙事方法的掌握、情感的领悟和思想主题的把握等融为一体，在"表现"中进行评价，落实的是对素养培育的考察，而不是知识点的记忆。

翻阅这本书，能够感觉到海峰的用心与用力。他是以教学的眼光来"拿"叙事学的知识，而不是不加以分析地直接搬过来。同时，他还能兼收并蓄，学习国外叙事理论，也十分注意吸收中国传统文论中蕴含的叙事思想与方法，并融合于自己的教学中。

运用叙事学，开拓小说课教学新路径，海峰在这方面做出了自己的努力，取得了不少成绩。他发表了十多篇相关论文，其中两篇喜获"人大报刊资料中心"全文转载。他执教的小说课以及运用叙事学思维设计的其他叙事性作品的读写课例先后获得全国陶研会公开课评比特等奖、全国组块教学优质课特等奖和江苏省小学语文优质课展评特等奖等奖项，并在广东、福建、广西、湖北、浙江、重庆、陕西、安徽、甘肃等地进行公开课教学。海峰现已成长为江苏省教学名师、无锡市首批"锡教名家"培养对象。期待海峰老师在语文教学研究领域继续努力，取得更多的成绩。

是为序。

薛法根

2023年8月2日

目 录

第一章 走进叙事学 /1
一、叙事学：打开小说之门的一把钥匙 /2
二、叙事学：人类的思维方式 /2
三、叙事学：故事的叙述艺术 /4
四、叙事学：语言的教学形式 /9

第二章 建构我们的"小说课" /15
一、小说课：用小说的方式教小说 /16
二、小说课标：小说教与学的指南 /17
三、小说课本：小说教与学的地图 /22
四、小说课型：小说教与学的手册 /26

第三章 从"三要素"出发教小说 /35
一、叙事学视角下小说"三要素"教学的再认识 /36
二、贴着人物教小说 /36
三、循着情节教小说 /42
四、欣赏小说中的风景 /48

第四章 重建小说教学新样态 /57
一、文言小说 /58
《王戎不取道旁李》教学设计 /64

《杨氏之子》教学设计 /69

《伯牙鼓琴》教学设计 /74

二、古典白话文小说 /79

《草船借箭》教学设计 /85

《景阳冈》教学设计 /90

《猴王出世》教学设计 /96

《西游记》整本书阅读教学设计 /101

三、儿童成长小说 /105

《小英雄雨来》整本书阅读教学设计 /110

《童年》整本书阅读教学设计 /120

四、外国文学名著 /130

《骑鹅旅行记》（节选）教学设计 /135

《鲁滨逊漂流记》整本书阅读教学设计 /140

五、创造令人难忘的人物 /146

《他像一棵挺脱的树》教学设计 /152

《刷子李》教学设计 /156

《两茎灯草》教学实录 /163

六、破译"制造"和"化解"危机的秘密 /172

《跳水》教学设计 /176

《"诺曼底号"遇难记》教学实录 /183

第五章 打开叙事性作品教学新视野 /193

一、童话 /194

《小毛虫》教学设计 /200

《慢性子裁缝和急性子顾客》教学设计 /203

《方帽子店》教学设计 /209

《巨人的花园》教学设计 /216

《愿望的实现》教学实录 /224

二、寓言 /234

《鹿角和鹿腿》教学设计 /242

《自相矛盾》教学设计 /247

《不一样的狐狸》教学设计 /253

三、神话 /257

《羿射九日》教学设计 /263

《女娲补天》教学设计 /268

《普罗米修斯》教学实录 /272

四、民间故事 /282

《枣核》教学设计 /287

《牛郎织女》教学设计 /291

《漏》教学实录 /296

后记 /306

第一章
走进叙事学

一堆篝火

一段绳结

图画与符号

现实与想象

有了故事

人类从此不一样

一、叙事学：打开小说之门的一把钥匙

叙事学是小说创作的理论基础。作为文学作品的小说，艺术形式不断出新，蔚为叙事类艺术之集大成者。以小说为重点研究对象的理论也进入叙事学的新高度。立足叙事学视角进行理论性与实践性的探索与思考，有助于我们更好地打开小说理解和学习的大门。

北京大学教授、著名作家曹文轩的小说理论著作《小说门》从"古典"和"现代"两个维度，探究了古典小说与现代小说的重大差异，在指出两者差异的同时又揭示了两者所共同遵循的小说艺术的基本面。书中若干富有新意的判断来自对大量小说文本的精细阅读，更来自对古今中外小说"叙事学"理论的吸纳与辨析。在坚持学理的同时，曹文轩也将在创作实践中所感悟到的若干小说艺术的奥秘上升到理论层面，直接进行表述。其中，"摇摆""渗延""情调关系"等一系列观念，是对小说叙事学理论的创新认识。

二、叙事学：人类的思维方式

美国著名教育心理学家、认知心理学家杰罗姆·布鲁纳在著作《故事的形成：法律、文学、生活》中指出，叙事是一种思维形式，提出了"storytelling"（讲故事）可作为理解世界本质的基本方式。他认为，叙事是与科学逻辑思维并行不悖的一种思维模式。叙事是文化的"流通币"，是理解他人的基本途径，自我也是在叙事中建构起来的。

（一）叙事：人类认识世界的思维方式

叙事，就是描述故事，这是人类的本性。人类从直立行走开始，叙事就存在于自身的血液中。

远古时期，当语言还没有被发明创造出来的时候，人类祖先以石器作为工具，用粗犷、古朴、自然的艺术形态——岩画，在山洞中描绘、记录他们的生产方式和生活内容，讲述他们的故事。岩画承载着原始人类对自然现象与生命现象的认知意识，他们通过图画叙事的方式主动地、能动地实现与自然之间的交流与和解。

神话学的研究表明，在人类历史早期，语言的基本功能之一就是叙事。人们围坐在山洞里的篝火旁，咿咿呀呀、比比画画地讲述着狩猎的故事，交流着一天的见闻。因此，有人说语言就是从"火光"演变而来的，来源于这些先人在深夜分享的故事。在人类的群体生活中，人们发明语言，在叙事中交换彼此的想法，约定事项，以及展现性格特征与心情等。

远古人类就这样在叙事中构建起自己与这个世界的连接，给出自己对这个世界的解释。世界在人的认知中有了意义的图景，叙事让人类从此走出了狭隘的洞穴。

（二）叙事：人类文化传承的思维方式

在语言产生以后，文字出现之前的漫长年代里，一些部落为了将本部落的风俗传统和传说以及重大事件记录下来，流传下去，便用不同粗细的绳子，在上面打成不同距离的结，结有大有小，每种结法、距离长短以及绳子粗细均表示不同的意思，由专人遵循一定规则记录，并代代相传，这就是结绳记事。

中国最早的汉字是甲骨文。甲骨文的文字造型具有很强的图形符号感，这些符号在具有图形感的同时具有叙事性，它以形记事，传递信息和沟通思想。它伴随着人类思维意识的进化而不断发展和完善，每一个汉字的背后都有一段故事。

人类的活动产生了历史，历史关乎事实，但事实最终要形成叙事才能成为历史。人们讲述自己的故事，本质是对自己的过去进行再创作。人类经历从"记事"到"叙事"的过程，这是人类在认知方式上的一次重大飞跃。女娲补天、夸父逐日、精卫填海、羿射九日，人类早期英雄先辈的神话故事流传至今，每个中国人都耳熟能详。《论语》的对话体本身就在讲故事。讲故事是庄子阐释哲学的方法，庄子的哲理哲思经由故事流传千古。《史记》作者司马迁更是讲故事的高手，以人传事、事中见人……故事滋养了一代又一代中国人的生活和心灵。

（三）叙事：人类生活交际的思维方式

数百万年来，人类养成了叙事的"本能"，种下了叙事的"基因"，这并非个体突发奇想的行为。人只要活着，就需要交流，交流就缺少不了故事。在家庭生活中，孩子放学回来，会和爸爸妈妈说说当天学校里发生了什么事；大人下班回来，也会和家里人分享单位里发生的事。在社会生活中，朋友相聚时会聊些家长里短。

人类通过叙事来为自己的人生体验提供解释和辩护，同时也通过叙事来理解他人的生活。心理学家比里奇等人认为："人们天生就是故事的述说者，故事为人们的经历提供了一致性与连续性，并在我们与他人的交流中扮演着重要的角色。"

叙事是一种社会关系的黏合剂，人们闲聊说故事，建立起友好的关系，就如同灵长类动物彼此间互相梳理毛发。当然，叙事的效用更大。因为人可以同时对许多同伴说话，但动物一次只能帮一只动物梳毛；更重要的是，人可以反复叙事，"事"所包含的内涵也愈发丰富、深刻。

三、叙事学：故事的叙述艺术

尽管"叙事学"一词最早由保加利亚裔的法国著名文学理论家茨维坦·托多洛夫在1969年正式提出，但人们对于叙事的讨论很早就开始了。西方学者们对叙事性作品的内在形式进行了长期的科学研究与探索，形成了"故事叙述艺术"等一系列科学理论，提出了诸多叙事的概念与原理。

叙事学一方面是对叙事性作品创作理论的总结，另一方面是对叙事性作品创作实践的指导。20世纪80年代中期，叙事学理论开始被逐步介绍到我国，特别是杰姆逊在北京大学的演讲，带来了中国叙事学的繁荣。一批国内学者基于中国叙事的发展，提出了本土化的叙事学理论。

（一）叙事：从神话到小说

无论是从世界还是从中华民族的叙事史来看，不同地域和民族创作的文学故事大体经历了"神话—传说—寓言—童话—小说"这样一个发展历程。神话是最古老的故事，小说是出现时间较晚、叙事艺术最高、生命活力最旺的文学故事形式。

这些文学故事的名称中，神话的"话"，传说的"说"，寓言的"言"，童话的"话"，小说的"说"，都有着叙事的意义和意味。叙事包含讲述者的理解和态度，表达了他们的立场和动机。从叙事动机上看，这些故事带有鲜明的民族特色和时代烙印，人类运用想象和虚幻的文学手法实现叙事的意图和价值。

神话是人类童年时代飞腾的幻想，是人类祖先对世界诸多问题的认识和解释，如对超能力的崇拜、斗争，对理想追求、文化现象的理解与想象。世界各地的神话都不约而同创造出"宇宙卵"等母题，在"灭世神话"中都经历了一场大洪水。民间传说是老百姓口头创作的故事，线索单一，想象丰富，结局圆满，常常设计"善有善报、恶有恶报"的因果情节，表达了老百姓对美好生活的向往。

经过人类集体创作的神话传说和民间故事的时期，其他文学故事在萌芽和发展中走进个人创作的时代。

寓言长着一张教师的面孔，喋喋不休地说着一个或深或浅的道理，道理是寓言的核心和关键。当然，叙事的基因和文化传统，让人们在自觉或直觉中知道，道理得有一个"载体"，为了说明这个道理，就创编出一个故事。童话是大人以小孩子的口吻，说给小孩子听的话，童话故事里的幻想更多带有儿童审美的韵味。小说里充满着生活的影子，是对现实生活的再创造，将对社会的认识和理解通过虚构的故事呈现给读者。

在文学发展史中，文学故事中的想象世界逐渐从神怪走向自然，从虚无走向现实，从现实走向未来。小说，则继承了所有其他文学故事的想象内容和表现方式，成了文学故事想象的巅峰。

（二）叙事：从口头到书面

在人类漫长而丰富的叙事活动中，从口头言语到文字书写，叙事活动经历了由低级到高级、由简单到复杂的过程。

山歌是用来唱的，故事是用来讲的。很久很久以前，先人们围着火堆，席地而坐，讲述着一天的见闻；夏夜的大树下，一张小板凳，听爷爷讲过去的故事；孩子依偎在妈妈的怀里，叫嚷着还要继续往下听故事……口耳相传是故事表达最本真的面目，口语是故事最初流传的方式。

《漏》作为民间传说故事，虽然在教材中以书面语的方式呈现，但依旧保留着口语化的特征。因此，人物的语言带有高度的生活化与具象化，如老公公与老婆婆之间的对话；在叙述过程中带有明显的模式化与重复性，如"贼"和"老虎"在逃跑过程中的心里话。地域化和方言化也是其语言特征之一。

在口语化的讲述中，常常出现带有"一"字的短语。如神话故事《女娲补天》在开头这样讲述："不料有一年，天地忽然发生了一场大变动。天上露出一个大窟窿，地上也裂开了一道道黑黝黝的深沟……"反复出现的"一"体现了口语在声音表达上所要追求的艺术效果。

当文字出现之后，为了让故事得以更好地传承，人类就将故事搬到了书中，故事的语言就变成了书面语。相较于口语，书面语有了更多的修饰空间，再加上文人的记录，文学语言的审美价值日渐显著。神话《盘古开天地》中原先重复性和反复性的口头语言就演变成对仗性的书面语言，如"阳清为天，阴浊为地""天日高一丈，地日厚一丈，盘古日长一丈""天数极高，地数极深，盘古极长"等。与生活化的口语相比，书面语结构严谨，层次分明，逻辑紧密，叙述规范。

作为脱胎于神话传说的中国小说，在语言表达发展的历史进程中，经历了口头语与书面语的双重转化、不断发展的过程。小说语言的第一个发展期是志怪志人文言小说，形式大都是残丛小语、尺寸短书。小说语言的第二个发展期是唐传奇和宋元话本，古白话章回体小说正是在这个基础上发展起来的。小说语言的第三个发展期是"五四"时期以后，中国白话小说在借鉴西方小说的语言和结构的基础上不断探索，在语言表达形式上不断创新与突破。因此，小说在古典散文中经历过一个妊娠期的"诗化"和"散文化"的原始胚胎阶段，加之神话、民间传说和说唱文学的滋养，小说语言得到了最大程度的艺术化。

如萧红的自传体小说《呼兰河传》描写祖父的园子时，笔尖溢出来的都是诗："蜻蜓是金的，蚂蚱是绿的。蜜蜂则嗡嗡地飞着，满身绒毛……""祖父戴一顶大草帽，我戴一顶小草帽；祖父栽花，我就栽花；祖父拔草，我就拔草。""采一朵倭瓜花，捉一个绿蚂蚱，把蚂蚱腿用线绑上，绑了一会儿，线头上只拴着一条腿……"这些对果园里活动的描述十分生动有趣且极富诗意，让读者身临其境，走进了这个充满浓浓诗情画意的浪漫乐园，走进了这个水乳交融的诗化世界。

（三）叙事：从内容到形式

最初的叙事更重视内容。叙事，首先得有一个故事，因此，有人认为故事是小说的基本面，或者将人物置于故事的核心。从原始岩画的动物形象，到神话故事、民间传说中的半人半兽的神人和英雄形象，故事中的主角逐步由动物走向人类。

小说作为最具典型性的故事，从内容层面看，故事中的主角经历了从英雄写到普通人、从普通人写到小人物、从小人物写到可怜人的过程，人物越来越回归真实生活。从人物的性格特征的塑造上来看，从类型化走向个性化，从扁形人物走向圆形人物，人物的性格特征越来越接近于真实生活。

随着对艺术化的追求，有了一个好的故事内容之后，怎样讲好这个故事成为艺术家们孜孜以求的问题，于是故事的形式逐步走向前台。正如著名作家、南京大学中文系教授毕飞宇所说："在我看来，小说想写什么其实是不着数的，对一个作家来说，关键是怎么写。"小说就是叙事，叙述是小说的基本表达形式，一篇小说可以没有奇绝的想象，可以没有鲜明的人物，但一定不能没有叙述。

谁来讲这个故事，这是叙述视角的问题。同一篇故事，不同的人来讲，会产生不同的艺术小说。小说的作者拿起笔的时候，首先会思考，这个故事由谁来讲：是他自己呢，还是由作品中的人物代劳？如果由作品中的人物来讲，谁来讲更好呢？

雨果在写《"诺曼底号"遇难记》的时候，就选择自己来讲述这个故事，在讲述的过程中还时不时地跳出来说话，发表几句议论。

鲁迅在写《孔乙己》时，有意让咸亨酒店里的小伙计来讲这个故事。小伙计是孔乙己悲惨命运的见证人，故事以小伙计的耳闻目睹和亲身感受去讲述孔乙己的悲惨遭遇，提升了故事的可信度与深刻性。

著名作家芥川龙之介的小说《竹林中》，后由黑泽明改编成电影《罗生门》的讲述更有代表性。故事讲述了云游和尚、砍柴人和乞丐在城门底下避雨，三人闲聊，话题开始，故事的序幕拉开：一个武士和他妻子路过荒山，遭遇了不测。妻子被侮辱，而武士惨遭杀害。惨案如何酿成？凶手、妻子、借武士亡魂来作证的女巫，都各有说法。真相只有一个，但是各人提供证词的目的各不相同。为了美化自己的道德，减轻自己的罪恶，掩饰自己的过失，人人都开始叙述一个美化自己的故事版本。荒山上的惨案，成了一团拨不开、看不清的迷雾。谈论完毕，雨过天晴，砍柴人在罗生门旁发现一个哭泣的弃婴。他决定收养下来，抱着婴孩往夕阳深处走去。让不同的人来讲同一个故事，不是在探讨武士是怎么死的，而是在探讨每个人为什么说法不一样，直抵人心。

故事总是有时间的，小说中的时间称为叙事时间，也可以称为文本时间，是故事内容在叙事文本中具体呈现出来的时间状态，是作者对故事内容进行创作加工后提供给读者的文本秩序。文本时间与真实生活中的实际时间上的先后和快慢，形成了叙述的节奏。

叙述的先后，就是传统意义上的顺叙、倒叙、插叙和补叙，故事的叙事顺序解决的其实就是这个故事从什么时候开始讲的问题。

叙述的快慢一般有三种结果：第一种是等述，文本时间和实际时间基本相等，在小说当中常常表现为人物的对话场景。第二种是概述，是将很长的一段时间进行压缩，小说中主要是对背景全貌的介绍与故事之间的过渡。第三种是扩述，就是文本时间大于实际时间，就像是慢镜头，从不同角度将时间放慢和拉长。说书先生的"小姐下楼"可以讲三天三夜，电影中炸弹爆炸的前一分钟常常是一长段多角度惊心动魄的画面叠加。

叙述的节奏形成了故事叙述内容和形式上的万般变化。

四、叙事学：语言的教学形式

2010年，四川外国语大学熊沐清教授在《叙事教学法论纲》等一系列论文中引入"叙事教学法"，并在外语教学中进行推广和运用。学生学习的经历就是一段故事。叙事学在教学层面的认识就是用叙事的思维去规划学生的学程。叙事教学法是关于语言教学的一种新的理念、思路和方式。

（一）叙事：作为教学的内容

叙事性作品是统编小学语文教材选文中最主要的文类，文学故事又是叙事性作品选文中分量最重的一类。这就决定了对教材中故事的重视，对叙事艺术的探讨应作为教与学的重要内容。

统编教材中的文学故事采取了集中与分散的单元组合方式，在单元内主要以精读和略读的选文方式出现，在单元的人文主题与语文要素下，与其他文体的选文进行统整性教学。集中单元在编排的过程中常设置"快乐读书吧"，试图进行"以篇及本"的阅读。

文学故事的安排体例中，童话出现最早，是一年级到四年级的主要故事教学内容，四年级下册第八单元是最后一个童话阅读单元。神话、传说、寓言等文学故事有序安排，其中寓言阅读单元编排在三年级下册第二单元，神话阅读单元编排在四年级上册第四单元，传说阅读单元编排在五年级上册第三单元。小说教材中出现得最晚，三年级开始编排，五、六年级集中编排，见表1-1。这样的安排与学生的认知水平的发展是密切相关的。

表1-1 统编小学语文教材小说类文本分布情况

册次	选文分布
三年级下册	第六单元：《剃头大师》
四年级上册	第五单元：《麻雀》
	第八单元：《王戎不取道旁李》
四年级下册	第六单元：《小英雄雨来（节选）》《*芦花鞋》
	第七单元：《"诺曼底号"遇难记》
五年级上册	第二单元：《将相和》
	第六单元：《慈母情深》
五年级下册	第一单元：《祖父的园子》
	第二单元：《草船借箭》《景阳冈》《*猴王出世》《*红楼春趣》
	第五单元：《摔跤》《他像一棵挺脱的树》《两茎灯草》《刷子李》
	第六单元：《跳水》
	第八单元：《杨氏之子》
六年级上册	第四单元：《桥》《穷人》《*金色的鱼钩》
	第八单元：《少年闰土》
六年级下册	第二单元：《鲁滨逊漂流记（节选）》《*骑鹅旅行记（节选）》《*汤姆·索亚历险记（节选）》
	第五单元：《*他们那时候多有趣啊》

统编教材中的小说涉及了各种题材和风格。从主题类型上看，有童真、成长、亲情、革命、古典、科幻等，表现了主题的多样化。从时代上看，涵盖了古代、近代、现代和未来等不同时期，体现了时间跨度的覆盖性。从篇幅上看，有长篇小说节选、中长篇小说节选、小小说等，呈现了作品容量的差异性。从语言风格上看，有文言、古白话、白话文，展现了不同历史时期的语言风貌。从地域来看，有国内外不同地域的优秀小说。相比较而言，统编教材更多选取的是代表中华优秀传统文化、革命文化和社会主义先进文化的中国小说，是文化自信的体现。

统编教材中的小说依据课程标准和儿童的认知发展规律，学习内容整体规划，阅读难度进阶安排。将不同题材和风格的小说适宜地安排在相应的学段进行学习。内容上，从反映儿童的生活小说《剃头大师》《我们家的男子汉》《小英雄雨来》《芦花鞋》读起，逐步读到不同年代、不同风貌的内容。篇幅上，从单篇到节选，从节选到整本书，六年级下册第二单元的"漫步名著花园"是长篇小说阅读单元。语言上，从生活化走向文学化，五年级下册第一单元的《祖父的园子》充满了诗意化的语言，五年级下册第二单元古典名著是古白话，该单元四篇课文语言改编也是由"白"到"文"的进阶，时代词和文言词大量出现；六年级上册的《少年闰土》体现了现代文学初创时期的语言风格，出现了很多"错别字"、方言词和文言词。知识上，从民间文学故事读起，自然过渡到小说阅读。在童话阅读中，学习通过人物动作、语言、神态体会人物内心，在神话阅读中学习了解故事起因、经过和结果，把握故事主要内容等，这些为小说的人物、情节、环境三要素的学习奠定了基础。

（二）叙事：作为教学的方法

布鲁纳将叙事能力作为教育目标之一，将叙事法作为一种教学方式。叙事就是讲述故事，叙事能力就是讲述故事的能力，叙事法就是运用讲述的方式促进学生学习故事，培养学生叙事的理解力与表达力。

故事讲述作为一种教学方法要遵循学生心理规律。讲述要求学生在记忆的基础上用自己的语言对故事内容进行综合提炼，清楚流畅地说出来，是将故事语言变成自己的语言的内化过程。在这一过程中，学生将故事中发生的事件经过加工组织成有意义的口语语篇。因此，讲述是一个集理解、识记、构思、想象、表达于一体的复杂的心理过程，能有效提升学生的言语思维能力。讲述的心理过程主要包括提取与识记、区分与梳理、整合与表达三个阶段。第一阶段是言语材料的提取与识记，主要从文本以及母语环境中获取，是对言语材料中相关信息的汲取与储存。第二阶段是相关信息的区分与梳理，教师提供学习支架，学生联结已有的言语经验，进行区分和梳理，形成新的言语信息。第三阶段是言语信息的整合与表达，依据一定的形式，对新的言语信息进行结构化表达。

故事讲述作为一种教学方法要体现叙事思维图式。故事常展现的生活是围绕人物"问题解决"和"目标实现"的过程。具体包括：故事发生的时空背景，引发主角产生困扰的事件，主角为了解决问题和实现目标而采取的行动和计划，以及人物总是在故事情节的摇摆和陡转中展现命运轨迹。这些构成了叙事的思维图式。对叙事性作品的讲述就是借助叙事性作品中事件的结构安排和表达方式等构建话语框架，使讲述的内容层次清晰、逻辑严密、中心突出。这是学生学习语言文字运用，丰富和生成故事思维图式的过程。叙事思维图式在生长的过程中一般经历"同化"与"顺应"的过程。学生在讲述中要能够准确把握作者的思维轨迹和情感路径，并纳入自身的叙事图式之中，稳定和丰富原先的叙事图式。最终，学生通过讲述来理解讲了一个什么故事和学习如何讲一个故事。

故事讲述作为一种教学方法要体现故事交际功能。讲述在真实生活中随处可见，我们常常通过见闻来讲述自己的一段生活经历，也经常听别人的故事来丰富自己的人生经验。人们时常通过讲故事来达到教育人的目的。因此，讲述是真实存在于日常生活交际之中的。真实语境下的讲述活动还原了故事与人、世界的真实关系，通过积极的言语和鲜活的言语实践活动，体现了言语的交际功能。一个人的语言能力不仅体现在能说出合乎语法的句子，还包括能在一定的语言环境中灵活地使用语言的能力。学生在真实或拟真的语言环境中，依据对象、场合和目的，准确、高效、得体、艺术地将故事进行再造。在复述的过程中发现并提炼出语言运用的规律，形成言语经验，并在生活化的语境中加以实践运用，熟能生智，从而化知为能，提升表达的能力。

（三）叙事：作为教学的过程

《义务教育语文课程标准（2022年版）》强调基于核心素养的发展，教学要从学科逻辑向生活逻辑转变，构建语文学习任务群。用叙事化的思维来设计语文学习任务群，就是锚定学生在未来生活中可能经历的真实事件，用故事的特质来组织教学，创设或模拟"语言运用"相关事件的"故事"来规划学生的一段学习历程。学生在故事情境中学习有目的地运用语言文字来做事，在自发的做事体验中不断梳理与反思，最终发展语文核心素养，在故事化的学习任务中体验"立言与立人"和"成事与成人"。

在学习过程中，可以从人物、情节、环境，也可以从叙述视角、叙事时间、叙述语言等叙事化思维对故事文本进行生活化情景创造和故事化经历规划。

不同角色代入：角色代入是学生真实经历叙事学习过程的起点。在故事的情境中，不同的角色会有不同的立场和目的。如《跳水》中，将列夫·托尔斯泰在小说中"制造危机的秘密"改造成一场孩子爬上桅杆险些丧命的责任认定的情境来规划学生的学程。学生可以分别从孩子和水手的角度向船长陈述"危机产生"的过程，作为事中人，一定会站在自己的立场来讲述，这就颇有电影《罗生门》的意味；学生也可以以一个旁观者或者陪审团的角色，客观地发现正是由于水手的"笑"、猴子的

"逗"、孩子的"气",外加一顶帽子的"面子",让孩子一步一步走上桅杆的最顶端,步入危险的境地。单个看似乎都没有错,仔细看,这些行为交织在一起,就形成了"意外"。

复杂剧情挑战:意外是叙事的动力,应和了生活的复杂性。如《枣核》的教学中,县官被打掉了下巴,一定会去村子里找枣核算账。学生定位"枣核"的角色,面对县官带来的新一轮麻烦,会说什么,会做什么,来战胜县官这个坏人。老百姓要过好日子,坏人继续来捣乱,这天晚上小偷来偷米,枣核又会怎么做?还有哪些坏人会来找麻烦?枣核还会怎么做?在这些"意外"不断中,学生根据枣核"很小"和"会蹦"的特点,依据"麻烦—办法—结果"的叙事思维图式演绎了一个又一个新的故事。在故事的最后,可以和学生一起探讨:是什么战胜了坏人?学生会发现,是枣核的勇敢和智慧,更是老百姓想过上美好生活的愿望战胜了坏人,这彰显了民间故事"惩恶扬善"的主题。

两难境地抉择:故事常常将人物置于"两难境地"之中,从而打出人物的原形。小说《桥》中的"老汉"与《穷人》中的"桑娜"就是典型的代表。老汉的"村支书""老党员""父亲"的多重身份与桑娜的"穷人"的身份,使人物在两难境地中更显人性的光辉。小说是生活的影子,学生可以化身发现者的角色,以"抉择"为话题,寻找生活中的凡人英雄,抒写他们的故事,坚守自己的本心。

用故事化的思维设计学习任务群,好比是制造未来生活世界的"演习"与"实战"的场景,教师充当总导演的角色,学生代入角色,完成一系列的挑战性任务。

第二章
建构我们的"小说课"

课标，课本，课型
指南，地图，手册
蓝天中的飞行
大地上的故事
我们的小说课
想要有点不一样

一、小说课：用小说的方式教小说

说起小说课，我们自然可以想到许荣哲的《小说课》与毕飞宇的《小说课》。

许荣哲的《小说课》一共两本，书名中的副标题很有意思，"折磨读者的秘密"和"偷故事的人"。许荣哲是一位小说家，也是一位编辑和导演，两本书的题目就带有讲故事的味道。这两本书直接向读者传授讲故事的心法，从小说创作的65个关键词入手，带着读者看懂故事吸引人的秘密，让读者学会用3分钟讲好一个故事。许荣哲的《小说课》是一本实用的创意写作教材，让读者学习用小说的方式写小说。

和许荣哲直接传授故事心法的《小说课》不同，毕飞宇的《小说课》是一本关于阅读小说的书。书中辑录了他在南京大学等高校课堂上与大学生们谈小说的讲稿，所谈论的小说皆为古今中外名著经典，既有《聊斋志异》《水浒传》《红楼梦》，也有哈代、海明威、奈保尔乃至霍金等人的作品。毕飞宇的《小说课》向读者阐释了如何用小说的方式去读小说，在阅读中发现小说建构的图式。

学生是一群特殊的读者，他们对小说的认识一般是在课堂这个特殊的场域中开始的，在小说教与学的过程中，就形成我们的小说课。我们的小说课是小说课标、小说课本、小说课型三位一体的建构体。小说课标，是小说课教学的纲领性内容，规定了学生的学习目标和评估指标。小说课本，是基于小说课标下的学习内容的选择和组合。小说课型，是为了实现学习目标而规划的教与学结构化的实践方式或路径。

二、小说课标：小说教与学的指南

小说课标，是对学生在经过一段时间的小说学习经历后形成叙事素养的界定和表述，是小说教与学的指南。

小说课标的制订需要结合《义务教育语文课程标准（2022年版）》中的相关描述，需要梳理统编教材中的叙事性作品语文要素。在深入领会《义务教育语文课程标准（2022年版）》的精神，深入认识统编教材语文要素安排意图的基础上，从叙事素养的视角，建构相应的学习目标要求、叙事要素图谱和学习评估标准等，引导学生成长为主动的阅读者、创意的表达者、积极的分享者和智慧的生活者。

（一）培育小说的阅读力

朗读与讲述是把文字转化为有声语言的一种创造性活动，是阅读故事最基本的两种方式与能力。小说中的故事会读了，能讲了，也就理解了。在朗读与讲述的过程中，小说中故事蕴含的语言、结构、情感、意境等自然就会内化于心，外化为"声"。

1.朗读力：读出来的能力

朗读是阅读小说的起点，朗读力是读出来的能力。张颂在《朗读学》中指出：朗读对朗读者，除需要严格的识字、组词、造句、谋篇布局方面的分析综合能力、理解感受能力、积极思维能力、感情引发能力、语言驾驭能力之外，还需要声音运用能力、语言表达能力、对象交流能力、把握状态能力、自我调节能力等。这些能力的提升，都可以通过朗读来获得和表现。

《义务教育语文课程标准（2022年版）》将朗读作为小说这类文学作品学习的基本组织形式与教学目标，在学业质量描述中体现了过程性表现评价标准，见表2-1。

表2-1　朗读的过程性表现评价标准

学段	过程性表现评价标准
第一学段（一、二年级）	朗读时能使用普通话，注意发音；注意用语气、语调和节奏表现对文本的理解和感受。
第二学段（三、四年级）	尝试用不同的语气、语调朗读，通过节奏和停顿表达自己的理解与感受。
第三学段（五、六年级）	能借助语气语调、重音节奏等传递汉语声韵之美，在反复朗读中加深对文本内容的理解。

因此，朗读是对小说的认读与识记、理解与感受、评鉴与创造的过程。学生朗读小说，能积累较为丰富的语言材料和言语活动经验，并在语言材料间建立起有机的联系，能在探究中逐渐理解、掌握语言文字运用的规律，最后在真实的语言运用情境中进行自如、得体的表达与交流。

2.讲述力：讲出来的能力

小说就是讲故事，故事总是用来讲的。讲述是用讲的方式将阅读小说的体验、理解和感悟等呈现出来，加工组织成有意义的口语语篇。因此，讲述是一个集理解、识记、构思、想象、思辨、情感、表达于一体的复杂过程，是阅读能力的一种具体表现。在《义务教育语文课程标准（2022年版）》学业质量标准中对于讲述有这样的描述，见表2-2。

表2-2　讲述的过程性表现评价标准

学段	过程性表现评价标准
第一学段（一、二年级）	能借助关键词句复述自己读过的故事或其他内容，愿意向他人讲述读过的故事，尝试提出问题。
第二学段（三、四年级）	能复述读过的故事，概括文本内容；能向他人讲述主要内容；能结合关键词句解释作品中人物的行为，从某个角度分析和评价人物，根据自己的阅读理解提出问题并与他人交流。
第三学段（五、六年级）	能用文字、结构图等方式梳理作品的行文思路，用复述呈现对作品内容的理解；能借助与文本相关的材料，结合作品关键语句评价文本中的主要事件和人物，提出自己的观点或看法。

小说的讲述要求学生在理解和记忆的基础上，能用自己的话对故事内容进行梳理提炼，并完整连贯地讲出来，能对小说中人物行为等评说自己的感受和体会，并能在真实的语言运用情境中，依据对象、场合和目的，准确、高效、得体、艺术地将故事进行再造，实现表达与交流的功能。在小说讲述的过程中，能发现并提炼出故事的图式和语言运用的规律，形成言语经验，在生活语境中加以实践运用。

（二）发展故事的创造力

读小说，不仅要做一个会读故事的人，也要做一个会写故事的人。《义务教育语文课程标准（2022年版）》要求学生能结合所阅读的作品，了解诗歌、散文、小说、剧本写作的一般规律，在积极观察、感知生活的基础上，发展联想和想象，激发创造潜能，丰富语言直觉，提高语言表现力和创造力，提升形象思维能力。我们不难发现故事创作的发展史是作家们仿写、改写和添新的过程，好比是一场故事创造力的接力赛。王鼎钧先生在《文学种子》中提出写作分为"胎生"和"卵生"两种情境，"卵生"是由外而内，"胎生"是由内而外。学生写小说故事亦是如此，一个是借鉴小说的叙事图式写出新的故事，在模仿中创造；另一个是先有写作的意图，然后按照自己的意愿运用叙事图式写出新的故事。

1.模仿力：借别人的思路创作故事的能力

读小说，不仅要读出故事的内容，更要读出写好故事的秘密，这个秘密就是叙事图式。叙事图式可以认为是故事叙述的思路与结构的心理认知，是作家创作小说的思路与思维。根据篇幅、题材、流派等不同的划分标准，小说有着不同的分类及不尽相同的叙事图式。学生要能准确捕捉小说中的叙事图式，不断建构诸如"愿望""冲突"等基本的叙事图式，并借助这些叙事图式，沿着作者的思路进行续写、仿写小说故事。

2.创生力：照自己的意愿创作故事的能力

学生把握了小说的叙事图式，可以按照自己的意愿对小说进行改写，对叙事图式进行运用和创造，这是对小说原作的一种超越或者说重构。如能改变故事的结局，改变人物的关系，改变故事发生的背景来对故事进行再创造等。

小说是生活的影子，小说世界与生活世界相通。学生按照自己的意愿，发挥自己的创意与想象，借助叙事图式将生活中的一些故事、一些现象、一些思考等用小说叙事的方式来改造或创作属于自己的故事。

（三）涵养文学的审美力

审美是文学阅读最基本的功能，小说是用故事表达人对内外世界感受与看法的艺术形式，作为艺术的小说是美的，小说学习理应是一种审美活动。学生学习小说，在感受、理解、欣赏和评价中不断提升对语言文字的敏感度，不断唤醒自己的人性，不断进行自我对照、自我教育，使个体精神世界不断发展并趋向完美，拥有一双发现美的眼睛，形成初步的感受美、发现美、表现美、创造美的能力。

1.叙事艺术的欣赏力

小说的审美情趣是在小说家的小说观、文学观的视域下建立起来的故事表达形式。小说以语言为建筑材料，以人物和故事为基本元素，以时代和生活现场为背景，形成一个完整的文本架构。从人物到故事设计，从语言风格到叙事策略，从情节设置到整体结构，无不体现作家的艺术匠心和审美趣味。

朱自强在《儿童文学概论》中这样认为：文学作家和儿童读者都是凭借故事来体认生活的，所不同的是，作家用故事思维进行创作，而儿童读者则凭借故事思维进行文学欣赏。学生阅读小说，要能从语言、构思、形象、意蕴等多个角度欣赏作品中的叙事艺术，从而获得审美体验，认识小说的美学价值，发现作者独特的艺术创造，发展文学的想象力。

2.精神世界的生长力

一个人的阅读史，就是其精神成长史。王安忆认为小说是心灵的历史，是独立的心灵世界。小说中蕴含着作者对生活和生命的思考，最容易引起学生对生活与生命的深刻共鸣。小说是人生的教科书，学生阅读小说，就是经历一段特殊的人生，开启一段心灵的滋养旅程。学习小说，要调动想象的能力去接近作家创作的世界，在这个过程中，能看到人物对生存世界的深沉感情和无尽眷恋，能看到人物对命运苦难的挑战，能看到作者对生活世界真善美的颂扬，对假恶丑的揭露和批判等，能不断唤醒、增强和丰富精神生命体验，获得精神生命表达的新形式。

（四）滋养生活的洞察力

小说是人生的教科书。美国著名批评家乔纳森·卡勒说："故事教我们认识世界，向我们展示世界是如何运转的，通过不同的聚焦方法，让我们从别的角度观察事情，并且了解他人的动机，而我们通常是很难看清这些的。小说提供了充分了解他人的可能性，弥补了我们在'真实'生活中对他人的无知。"小说是最接近人生的一种文本，乔纳森·卡勒的话阐明了学生学习小说的价值：一是可以使他们看到人性的可能性与多重性，二是帮助学生认识生活世界的多样性和复杂性。

1.识"人"之力

薛法根老师认为：初读小说，读者最关心的就是故事情节和人物命运，却很少去用心琢磨情节背后的小说主题和决定命运的人物性格。一个优秀的读者，需要一种阅读穿透力，读到特定时代中的人情世故，学会"识人"。诚然，读小说，要能在故事营造的特定环境中，关注人物的身份，从人物的行为表现中把握人物的性格和命运，并能将故事中的读"人"之力联结现实生活，学会在现实生活中识"人"。

华莱士·斯泰格那在《斯坦福大学写作课》中说："读小说肯定会丰富我们的认知。小说的写作来源于生活，当我们把虚构的小说映射到我们真实的世界中，我们可以从中找寻到自己。"读小说，要从别人身上读到自己，初步形成内省力。

因此，学生在学习小说的过程中，能学会分辨善恶美丑，从而获得情感上的体验和对人性的认知和超越。

2.处"世"之道

读小说就是读世界、读人生。正如普鲁斯特所说，小说并不能帮我们解决生活中的实际问题，但却有如一面生活的镜子。小说呈现的是从过去到现在，由现在往未来的生活世界。小说的故事里承载着人类几千年来共享的人生体验和生存感悟，每打开一本小说，扑面而来的是不同地域、不同民族的风景画卷和人情世故。小说读得越多，学生经历的人生也就会变得越加丰富，从而能更好地认识这个复杂的生活世界，从此，学生不再局限于对自己周边的认识，而是跳出那个"井"，重新认识自己和周围的世界，见识到更广阔的天空，寻找自身价值。

小说讲述的是几个人或者几种人的生活侧面或者人生轨迹。小说中人物经历着学生现在和未来生活中所要面对的各种各样的困扰：怎么学习，怎么生活，怎么工作，等等。这些问题，学生都能通过小说的学习或多或少找到适合自己的答案。

三、小说课本：小说教与学的地图

小说课本，是以小说文本为内容的学生学习语言的材料，是小说教与学的地图。

现行统编教材中的小说主要包括由文言小说、古白话小说改编进入教材的文本，现代小说的原文或节选，以及一些外国小说翻译文本。作为教学内容的小说还包括基于教材，选取古今中外名家作品进行开发的小说文本，如单篇的微型、短篇小说和整本书的中长篇小说。

我们应结合儿童阅读叙事性作品的相关理论，梳理统编教材中的叙事性作品，尤其是统编教材中叙事性作品的编排体系，领会统编教材叙事性作品的编排意图，依据儿童小说阅读层次和叙事要素编排，从内容重组、任务重设、活动重构三个角度开发和设计适合儿童阅读的小说课本。

（一）重组小说单元

用组块教学的思维，打破教材编排的局限，引领学生将小说学习与社会生活融合起来，选择适合学生学习的小说内容，围绕语文核心素养，依据生活逻辑与学科逻辑重组教学内容，形成动态的、即时的、开放的小说单元板块。

1.生活逻辑：遵循小说世界与儿童生活经历的呼应

以语文与生活的联系为线索，按照人与自我、人与自然、人与社会进行组织编排，从而体现学生生活外延不断拓展的一般规律，不断扩展学生认知的生活圈。

可以根据《义务教育语文课程标准（2022年版）》中学段的学习要求，结合现行统编教材，适当补充课外小说学习资源，围绕多样的学习主题创设主题性、进阶性的阅读情境。如以童心天真、童年趣事、成长脚印、英雄童年等为逻辑建构"小说中的童年"学习体系；以爱与责任、芸芸众生、生活百态、英雄赞歌等为逻辑建构"小说中的生活"学习体系。在主题情境中，开展文学阅读和创意表达活动，引导学生感受文学之美，表达自己独特的感受，促进学生精神的成长。

2.学科逻辑：遵循叙事要素与儿童思维发展的回应

在现行统编教材中，作为教学资源的小说文本，除选文外，还分布在语文园地、练笔习作、"快乐阅读吧"等处，以节选或整篇的形式出现，与选文形成互文性的文本，从深度、广度上扩展了学生对小说的理解。

结合现行统编教材小说编排体系，学生在学习小说的过程中，要遵循在篇幅上由短变长、在语言表达上由易到难、在叙事要素上由浅入深的逻辑链，这样层递性的安排契合学生对故事的理解和欣赏的能力的发展规律。如从小说"三要素"出发，可以建立相关的叙事要素结构图谱和学习评估标准，见表2-3。

表2-3 学习评估标准

要素	要点	评估标准
人物	人物角色	在生活中联结人物角色
	人物性格	从行动中准确把握人物性格
	人物愿望	准确捕捉人物愿望，合理预测故事情节
情节	情节时间轴	发现叙述的节奏
	情节行动链	领会叙述的摇摆
	情节起伏线	感悟情感的起伏
场景	场景分布	发现场景在小说叙事中的分布
	场景选点	捕捉场景中的意向
	场景意图	把握场景安排的意图

（二）重设学习任务

学习任务是为了达到既定的学习目标而设计的议题和活动，是以学习主题统整的情境化、结构化的学习过程。不同的小说，不同的目的，相应的学习任务也是不同的。

1.不同的小说，不同的学习任务

小说数量庞大、类型众多，不同的小说有不同的特点，相应有属于这一类、这一篇的学习任务。依据篇幅，小说可分为长篇小说、中篇小说、短篇小说、微型小说等。如阅读微型小说要能发现情节转折与结尾安排上的艺术魅力，阅读长篇章回体小说要能体会宋元话本表达的艺术特点；阅读长篇小说的节选要能从这一篇走向这一本等。按照流派，小说可分为古典主义小说、现实主义小说、意识流小说、魔幻现实主义小说，等等。很显然，用古典主义小说的阅读图式来阅读意识流小说，肯定难以读明白。魔幻现实主义小说的基本手法是荒诞化，而现实主义小说主张按照生活的本来样子精确描写，采用同样的任务来学习，肯定是行不通的。

2.不同的目的，不同的学习任务

从阅读来看，阅读的目的大致可以分为三类：为乐趣而阅读、为信息而阅读、为学习而阅读。不同的阅读目的，设计的学习任务自然就有差别。如为了破解小说表达的秘密，可以设计"破译制造和化解危机的秘密""谁是讲故事的人""创造难以忘怀的人物"等学习任务；为了提升生活的洞察力，可以设计"大千世界你我他"等学习任务；为了汲取小说中的力量，可以设计"成长小说中的成长"等学习任务。同样是"成长小说中的成长"这个学习任务，围绕体验和发现不同环境中的成长的秘密，又可以《童年》为例设计"在苦难中成长"，以《小英雄雨来》为例设计"在斗争中成长"等。

（三）重构言语活动

综合性和实践性是语文学习的基本特点。语文学习任务是素养导向的语文实践活动，实质就是真实情境下的语言文字运用。由此，语文学习任务就是用语言做事，经历完整而有意义的学习过程。

1.从"做题"走向"做事"

崔允漷教授在《素养时代的学习评价》中指出：通俗地讲，核心素养就是能做事，"关键能力"指能做成事，"必备品格"指习惯做正确的事，"价值观念"指坚持把事做正确。素养导向的语文学习任务设计，就是要从"书中学"转向"做中学"，从"做题目"走向"做事情"，使学生人人想做事、个个会做事、事事都做成，事事做正确，正确做好事。

在小说的故事语境中，读好讲好小说，还原故事场景，回到故事现场；在文化精神语境中，探讨小说的现实意义，汲取为人处世的智慧；在现实生活语境中，用小说的思维来解决生活中遇到的问题等，这些都是用小说来"做事"。

2.从"经历"走向"经验"

薛法根老师说过："教得完整不如学得充分。"经历完整的小说学习过程是产生经验的前提。完整的经历意味着内容要"瘦",小说从不同层面解读可以有很多教学点,要学会选其一点,重点突破,切忌面面俱到;完整的经历意味着时间要"够",小说的学习是浸入式阅读、探讨式阅读的过程,这就要求留给学生更多的时间与文本对话。

没有经历,就不会有经验,有了经历也未必会形成经验,只有思维参与的经历才会产生经验,这才是有意义的学习过程。经历有意义的小说学习过程就是要像专家一样学习和思考,这既强调了小说典型的学习方式,更是强调一种指向更高素养的学习。学生从朗读、讲述、鉴赏、创作等不同角度像专家一样去解读、思考,逐步形成高品质的心智模式,从而积累高品质的言语经验。

四、小说课型:小说教与学的手册

小说课型,是以小说为语言学习材料,以叙事素养形成目标的教学结构和程序,从叙事学的角度提取和整合小说中的叙事要素,寻找契合的教学路径,根据不同的路径进行课型的建构与分类。

小说课型,是梳理著名特级教师执教小说课的经典案例,结合叙事教学法的相关理论研究与思考,从对应叙事要素的学习地图、达成教学目标的活动阶梯、化知识为能力的读写支架三个方面对小说课堂活动的重新设计和研究,并在此基础上建立相关单篇阅读、整本书阅读和联类阅读三位一体的小说课的课型。

无论是哪一种课型,学生都可以定位为做事的四个基本角色,像专家一样学习和思考,进而展开一段完整而有意义的学习过程。

(一)做朗读者:像朗读家一样去读

学生定位朗读者的角色,根据朗读表现性评价,学会运用不同的语气、语调、重音、节奏等技巧来表达阅读的理解和感受。简单来说，最基本的朗读技巧就是：语音的轻重、语速的快慢、语意的停连、语调的高低。小说学习中，朗读技巧的运用是一种将声音艺术与故事意义相结合的阅读表现力，分为"读进去"的体验性朗读和"读出来"的表现型朗读。

1.体验性朗读

朗读就是理解和体验。学生理解小说，用朗读的方式进行体验和表现时，首先要读"准"。"准"就是准确，即在朗读小说时没有读错字，做到语音规范、准确，不错读，不误读，吐字清晰，让人听得清楚、明白。正如朱熹所说："凡读书……须要读得字字响亮，不可误一字，不可少一字，不可多一字，不可倒一字，不可牵强暗记，只是要多诵遍数，自然上口，久远不忘。"这是朗读小说最基本的要求。

其次是读"顺"。"顺"就是流畅、自然，流畅主要是指语速适当，自然主要是指语调变化自然，声音强弱变化恰当，从而使小说的朗读初步具备抑扬顿挫、高低起伏、轻重快慢的节奏感，让人听起来比较舒服。

最后是有"情"。"情"就是有感情。有感情地朗读小说，就是要将小说中蕴含的作者立场和丰富情感，通过语调的变化、语速的快慢、音量的大小等充分地表达出来，从而产生阅读的审美体验。

2.表现型朗读

朗读是声音的艺术。小说的朗读是用声音还原故事场景和表现人物形象的艺术。首先用声音塑造角色。小说中的语言有人物语言和叙述语言，朗读中应对这两种语言表现出来的声音进行区分。人物的语言就是角色语言，要在把握人物身份、年龄、性格等基础上，运用不同的语气、语调，利用好重音、停顿等技巧，再现人物的性格及其在特定情境下的情绪状态、情感态度等。

其次用声音再现风景。小说中的风景是对自然环境的描摹，自然环境有冷暖色调之分，有的萧条、悲怆，有的淡雅、恬静，有的热烈、奔放。在朗读过程中要把这些色调读出来。萧条、悲怆的环境描写，朗读时语气要低沉，语速要低缓，凸显萧瑟景象的词语要低沉地重读。淡雅、恬静的环境描写，朗读时语气要舒缓、语调要平和、语速要缓慢，营造平静之感。热烈、奔放的环境描写，朗读时应语气激昂、声音洪亮、语调上扬。

最后用声音推进情节。小说的情节常具有一波三折和跌宕起伏的特点，作者谋篇布局体现了张弛有度、有紧有松、有快有慢的叙事节奏，其间通过设置悬念和情节突变增强戏剧效果。朗读时，要在把握小说基调的基础上运用恰当的语速、语调表现情节舒缓与紧张的变化，营造故事的节奏感。

（二）做讲述者：像讲演家一样去讲

学生在讲述小说中的故事时有两种基本的角色定位：一种是讲故事的人，用复述的方式再现故事；另一种是看故事的人，用评述的方法表达观点。

1.复述故事

"复"指第二次或者重复，"述"就是讲述。复述，就是再次讲述。复述作为现行统编教材中语文要素的一个重要组成部分，体现了年段、单元和单篇的整体性、阶段性和操作性的要求。一、二年级借助图片、关键词句或根据表格内容复述故事，复述要求分散在单篇课文教学中；三年级下册把复述故事作为单元语文要素集中训练；四年级上册是简要复述，重点复述主要情节，按事情发展顺序复述；五年级上册是创造性复述。遵循学生的认知规律，体现了能力进阶，培养了学生表达能力，提升了思维能力和想象能力。

一是详细复述。能熟练地用普通话讲述，做到完整、连贯，重点部分能讲具体。学习将对话语言转换成叙述语言。主动和别人分享故事。

二是简要复述。能区分详细讲述和简要讲述。学会用提炼、组合要点（画结构图）的方法简要复述，语句准确、连贯。

三是创造性复述。学习转换角度、变换顺序、改编情节等方法创造性地讲述。初步做到围绕主题恰当地表达自己的情感态度，根据文体特点及听众对象，把握语气、语调及语态的分寸等。

2.评述故事

评述就是评论和叙述。《义务教育语文课程标准（2022年版）》中对学生阅读与鉴赏叙事性作品时提出：了解事件梗概，能简单描述自己印象最深的场景、人物、细节，说出自己的喜爱、憎恶、崇敬、向往、同情等感受。这些感受的表达就是对故事的评述。作为叙事性作品的小说是以塑造人物为核心的，学生在阅读的过程中，评述的重点自然是落在人物的身上。

一是从性格到命运。性格是小说塑造人物的灵魂，小说中人物性格体现在其行动之中，即人物在什么情况下，说什么话，做什么事，等等，这是评述的切口。小说常常制造"两难抉择"来凸显人物性格，用孙绍振的话来说，就是"把人物打出常规"，学生要善于从这些情节的转折处和关键处进行评述。人物的性格决定命运，评述时要从人物在故事中某一阶段的表现看到故事后续的发展，包括作者所没有描述的情节。

二是从简单到复杂。小说中的人物各有性格，有的性格简单，有的性格复杂。英国小说家福斯特在他的《小说面面观》里，将小说中的人物分为"扁形人物"与"圆形人物"。学生开始阅读小说时，一般认识的是性格比较简单的扁形人物，这些人物性格单一，不会随着情节的发展而变化，学生一望而知，常用"好人"和"坏人"来判断和评述。随着认识的加深，性格复杂的圆形人物出现在学生的视野中，这类人物打破了好人、坏人的简单分类方法，性格有形成与发展的过程，往往都是多义与多变的，可以从不同角度去认识和评述。

三是从特殊到一般。从"扁形人物"到"圆形人物",小说中的人物越来越接近真实而复杂的生活。小说按照生活的本来面目去刻画人物形象,更真实、更深入地揭示人性的复杂、丰富。学生要从小说中读到生活中人物的影子,评述小说与生活的关联。

(三)做发现者:像评论家一样去看

学生要拥有小说评论家的眼力,从结构和语言两处重点看出小说的叙事之美。

1.看出结构之美

小说结构是小说作品的形式要素,是指小说各部分之间的内部组织构造和外在表现形态。一部小说的结构过程,就是小说家根据自己对生活的认识,按照塑造形象和表现主题的要求,运用各种艺术表现手法,将一系列生活材料、人物、事件分轻重主次,合理而匀称地加以组织和安排的过程,包括小说作品情节的处理、人物的配备、环境的安排以及整体的布置等。

小说就是一栋用文字搭成的建筑,不同结构决定了不同的风格,不同的风格形成了不同的流派。学生在阅读时,在篇幅上,既要看到长篇小说的社会画卷展开的宏阔,也要看到微型小说的生活横截面选取的精致;在情节上,要看见作家时间安排的艺术,既有情节先后的时序,又有情节快慢的节奏,更有情节起伏的跌宕;在人物上,既要看见人物之间的关系,也要看到人物性格与命运的关联;在风景上,既要看到风景出现时机的秘密,也要看到风景在意象选取上的用意;等等。

2.看到语言之美

汪曾祺认为写小说就是写语言。小说魅力之所在,首先是小说的语言,小说的语言是浸透了内容的,浸透了作者的思想的。我们有时候看小说,看了两三行就看不下去了,因为语言太粗糙了,语言的粗糙就是内容的粗糙。如果说,一个小说家应该像追求真理一样去追求语言,那么，一个评论家就应该像领会真理一样去领会语言。

从小说语言的发展上看，要发现不同时期作品的语言特色，体会文言的雅致和白话的通俗；从语言的地域上看，要在比较中感受不同地域和民族语言表达的习惯和差异；从语言的规范上看，要在小说的一字一词、遣词造句中发现语言对人物塑造、情节推进、风景描摹等方面的精妙之处；从语言的个性上看，要发现陌生化语言的表达奥秘，要感受不同作家的语言风格。

（四）做创作者：像小说家一样去想

一般的读者读小说，往往读到的是小说中的故事。但小说是讲故事的艺术，读者之所以能对一个好的故事欲罢不能，真正的魅力还是在于小说家们编织故事的技巧。高明的读者常常能透过小说的故事看到背后讲故事的秘密，这个秘密就是叙事图式，是故事叙述的思路与结构的心理认知。歌德说过："题材人人看得见，内容意义经过努力可以把握，而形式对大多数人是个秘密。"读小说就是要让自己变成一个高明的读者，甚至具有小说家般的能力的创作者。

1.从图式到图示的表征

小说中的叙事图式主要指叙事的思维模型，是小说家进行小说创作的心智模式。学生阅读小说，要从叙事内容中读出隐藏的叙事图式，并用图像化的方式进行建模，稳定在自己的叙事思维中，并在此基础上进行迁移、衍生、创造。

一是提取叙事的元素。人物、行动、场景等是小说叙事中最基本的元素。学生在阅读小说的过程中，要随时留意人物的出场、特别的举动、场景的转化等，用圈画、批注等方式捕捉小说叙事元素，这也是确定表征的基本要素。

二是建模叙事的思维。小说中的叙事元素是按一定的结构组合的，这种组合有相对稳定的一面，如人物总是从动机出发，动机产生愿望，在实现自己愿望的过程中不断遇到困难与挑战，人物面对困难与挑战，可能会成功，这就是喜剧；也有可能会失败，这就是悲剧。这是小说最基本的叙事思维结构。同时，叙事结构会在不断解构和重构中焕发新的生命力，如困难与挑战的来源，可能是外在的因素，是由别人制造的；也有可能是内在的因素，是由自己制造的。在稳定与变化中产生和发展了千变万化的叙事思维模式，这些需要学生不断地发现和积累。

三是绘制叙事的模型。叙事思维模型显性化的表现常用的就是图文式的支架，即用图示的方式将图式表征。一开始，可以建立以图为主的显性叙事模型，将诸多叙事元素用图画的方式结构化表现。随着叙事思维的进一步发展，可以图文结合的方式，从"图画示意"逐渐向"文字示意"过渡。当叙事的结构思维逐步成熟之后，用纯文字的方式展现叙事的思维模型，直至这种思维模型内化于心。

2.从图示到叙事的表达

怀特海说："知识的要义在于知识的运用。"朱建军在《语文课程"读写结合"研究：理论、标准与实践》中提出"读写的共享知识就是图式"。叙事从图式到图示，为学生像小说家一样去想、一样去写，提供了创作的思维模型，同时在创作的实践中稳定和优化叙事图式。

一是借图示接着写。学生借助绘制的叙事图式，沿着作者的叙事思维模型接着往下写，在不改变原有小说基本叙事元素的基础上，将故事进行到底。如根据人物的性格，变换不同的场景，让人物继续接受一次次的挑战，成就人物的形象。

二是用图示照着写。美国的帕内斯提出的"滑栏创作法"就是用图示照着写的一种创作方式，见表2-4。

第一步：确定故事的要素，如"人物""地点""目的""障碍""克服障碍的手段""结局"等。

第二步：列表，分别填上提示想象的内容。如在"人物"一栏，分别填上"厨师""医生"等,在"地点"一栏,分别填上"商店""菜市场"等。

第三步:将一把尺子放在表格上,上下滑动,滑到哪一个,就根据此栏的提示编写故事。如滑到"医生"一栏,就编写一个属于"医生"的故事;滑到"商店"一栏,就编写一个发生在"商店"的故事。

表2-4 滑栏创作法

人物	地点	目的	障碍	克服障碍的手段	结局
医生	商店	医治病人	无任何医疗器具	高超的医术	治好病人
厨师					
	菜场				
		博得欢心			
			停电		

这就是用"愿望的实现"来照着写不同内容的故事。

三是化图示编着写。学生依据在生活中的经历,产生了创作的欲望,就会有写出自己想写的故事的冲动。这是创作的最高层次,接近于小说家的创作动机。在这个阶段,学生会运用图式原型启发,建构自己的一系列的叙事图式,根据自己的意愿,编织全新的小说故事世界。

第三章
从"三要素"出发教小说

故事三千，三千故事
新视野，新思路
看山看水，三境界
你看我看，不一样

一、叙事学视角下小说"三要素"教学的再认识

在中国现代文学史上，小说的要素三分法曾是推动我国小说变革的重要力量。长期以来，小说教学一直以人物、情节、环境三要素为依据确定教学内容，并形成背景介绍、情节梳理、人物分析、环境赏析、主题探讨、手法评点的基本教学模式。综观三要素教学模式，主要的问题是重内容、轻形式的模式化教学。从叙事学的视角出发，重新定义小说的三要素，将焕发小说教学新的生机。

二、贴着人物教小说

作家汪曾祺曾回忆说，沈从文先生在写作课上传授的小说写作的要诀是："贴着人物写小说。"在沈先生看来，人物是小说创作中最重要的要素，所以一切都要贴着人物来写，人物生活在特定的环境中，人物的行动构成了小说的情节。在小说教学时，我们也可以贴着人物来教，打开小说教学的一扇窗口。

（一）对人物内涵的认识

1.性格是人物塑造的核心

小说中的人物形象包含人物的相貌特点、性格特征和道德精神，其核心是性格。英国小说家福斯特在《小说面面观》中提出了"扁形人物"和"圆形人物"的概念。"扁形人物"称为性格人物，其性格特征单一，现在有时被称作类型人物或漫画人物，这类人物往往容易辨认和记忆。在中国早期古典小说中能够找到许多这样的类型化的人物形象，读者通过人物的外貌描写大体可以看出此人的忠奸善恶，如《三国演义》中诸葛亮的出场："孔明身长八尺，面如冠玉，头戴纶巾，身披鹤氅，飘飘然

有神仙之概。"所谓"圆形人物"是指具有复杂性格特征的人物,这类人物的性格在小说中有形成与发展的过程,体现性格的多义与多变,打破了好人、坏人的简单分类方法,更接近于人物在生活中的本来面目。如《红楼梦》中的王熙凤既不是个纯粹的好人,也不是个完全的坏人,在她的身上善恶共存,美丑兼具。

"扁形人物"与"圆形人物"本身没有高下优劣之分,在同一篇小说中往往是"扁形人物"与"圆形人物"共生,展现出丰富多样的生活情境,表现着人性的真善美和假恶丑,凸显了小说的主题。

2.角色是人物活动的舞台

小说中的人物是环境的产物,有着特定的角色功能。《"诺曼底号"遇难记》中的哈尔威船长,《在柏林》中的战时后备役无名老兵,《穷人》中的桑娜等穷人群像……人物的出生背景、生活经历、职业身份等都会影响人物性格的塑造,决定他们的思考和行动的方式,体现人物的价值观。

谈歌在《桥》中塑造了一个多重角色的老汉形象。作为一名村支书,面对突如其来的灾难,忠于职守,无私无畏,勇于献身;作为一个父亲,他和天下父母一样深爱着自己的儿子,在生死关头,他做出的重大抉择,表现出的大爱让我们为之动容。他的身上充满着崇高的人格魅力,闪耀着灿烂的人性光辉。

3.愿望是人物行动的动力

美国写作研究者杰里·克利弗提出:故事是任何一个叙述的基本元素。没有故事就没有叙述,写小说的关键在于能够写好故事。小说中的故事包含三个要素:冲突、行动、结局。一个人遇到一个难题(冲突),他必须努力奋斗(行动),于是他成功了或者失败了(结局)。冲突一旦结束,故事就结束了。这是小说的基本结构。而冲突与行动的动力来源于人物的愿望,当小说中的人物拥有愿望,故事就开始了。

人物在实现愿望的过程中，不断地面临困难，不断地付出解决困难的努力，这就是小说情节展开的过程。人物也正是在围绕努力实现愿望的过程书写着自己的性格特点与命运轨迹。

（二）从人物打开文本"缺口"

1. 还原，走进人物生活世界

小说中，曲折的情节是为了展现人物的性格，环境描写是为了塑造人物形象，人物性格在特定的环境中形成，人物形象在情节的发展中丰满。阅读时，读者要把自己当作小说中的人物，穿越到小说特定的时代背景和生动的生活场景中，借助联想和想象，还原人物的生活场景，进而实现对人物形象的把握。

小说中的人物的对话能够营造场景。如《穷人》一文中桑娜与丈夫渔夫的对话，联系人物当天的经历，分角色朗读对话，再现当时的情境，在还原中感受桑娜自作主张抱回西蒙的两个孩子之后面对丈夫的忐忑不安与紧张害怕，所以时刻小心应对，说话断断续续；渔夫在恶劣天气中一条鱼未打到，总算活着回来后的无奈，在得知西蒙去世后，想到把两个孩子抱回来的直爽。

2. 错位，触摸人物内心波动

孙绍振认为："小说写的往往不是一个人，而是几个人。面对冲突时，几个人从相同的心态变成另外一种心态，有三种可能：完全相同；完全不同；部分相同，部分不同，即本来处于同一情感状态的人物，发生了情感错位。"

再以《穷人》为例，在还原的基础上联系生活经验，在朗读中揣摩桑娜说话时内心的真实想法。桑娜焦急地等待丈夫回来，但回来时她对丈夫说的竟然是："哦，是你！""是啊，是啊，天气坏透了！哦，鱼打得怎么样？"丈夫历经生死劫难，竟然还问："鱼打得怎么样？"按常理桑娜最该说的和问的应该是："你终于回来了，你还好吗？为你回家感到庆幸。"这些反常的话语反映了桑娜复杂的内心,她想的是孩子怎么办,自己如何跟丈夫说。读者可以在这种错位中触摸人物语言与内心的矛盾,感受"穷人"闪烁人性善良的光辉。

3. 比照,寻觅人物生活原型

小说中常常能找到生活的影子,小说中很多人物是以生活为原型塑造的,通过人物的故事传达对生活的认识和理解。读小说,就是体验和丰富人生经历,通过小说中的人物来找到自我。

成长小说反映的是人物自幼年或少年至成年、自天真无知至成熟世故的历练过程,成长小说是最接近学生生活的。如《童年》中的阿廖沙在成长过程中经历的关键事件:挨打——多次被外祖父打,几乎在每个章节都有;争吵——家庭成员之间相互争吵,尤其是为了利益分家的争吵;死亡——父亲的去世、母亲的离世、小茨冈的惨死等;搬家——经历着不断地搬家的过程……探讨这些关键事件对阿廖沙的影响,可以发现苦难是人生成长中的必修课。在此基础上学生联系自己的生活实际,谈谈自己成长中的关键事件,学生在比照中发现自己与小说投影的交集,既有阅读的亲近感,也会获得心灵的慰藉与成长。

(三)依托人物设计学习活动

1. 绘制情节地图,激活人物性格

人物的性格是在情节发展中不断显现和完成的。以某一人物的角度,提取人物在故事中的关键事件,有助于发现人物的生活轨迹,把握人物的性格。如教学《"诺曼底号"遇难记》时,可以用小标题的方式来概括:驾船夜航—不幸被撞—指挥逃生—与船共亡。人物的命运在情节梳理中一目了然,人物的形象也因此得以明晰。

人物的性格会在情节的突转处显现。情节的突转功能就是把人物打出生活常规,进入一个意想不到的新境界,使之来不及调整,目的是把人物在常规环境中隐藏得很深的心灵奥秘暴露出来。在情节梳理的过程中，借助情节图展现情节的"摇摆"与"陡转"，在陡转处激活人物的形象。

如教学《孤独之旅》时，梳理杜小康成长的关键事件：为了集体，从家里拿来十几把镰刀；命令毛鸭划船载同学们过河；和桑桑烧红薯造成火灾后大胆承认错误；摆摊；放鸭子……

接着根据关键事件绘制杜小康成长轨迹图。通过观察轨迹图，发现"放鸭子"是杜小康成长经历中发生"陡转"的部分，也是对他触动最会深、成长最快的事件。

揣摩"放鸭子"中的两次"哭"：第一次哭是因为面对巨大的孤独，内心非常恐惧；第二次哭的内涵更丰富——闯过巨大困难之后的欣慰、激动，也有承担超过自己能力和责任的委屈等。这样，人物的性格便会深深地留在每一个学生的心中。

2.关注环境情节，探讨人物形象

统编教材六年级上册第四单元的语文要素是"关注情节、环境，感受人物形象"。小说中，人物的性格在其行动中展现，不仅表现在他（她）做什么，更表现在处于什么情况下如何去做。《桥》中的大雨和洪水，《穷人》中的艰难的生活现状，人物在特殊的环境中的选择决定着自我的形象。因此，教学时应该把人物还原到其生活的具体场景中，结合人物当时的生活背景和环境，联系人物的言行、心理细节设计人物评价、话题探讨等学习活动。

如在《桥》的教学中，可以设计这样一个话题：同一个人，在不同人的眼中会有不同的评价，结合故事发生的环境，联系故事中老汉的动作、语言、神态描写，说一说故事中的村民、小伙子和你（读者）分别会怎样评价他。

再如在《穷人》的教学中，可以探讨这样一个话题：你认为小说中的"桑娜""西蒙""渔夫"是真正的穷人吗？选择一个人物，从人物所处的生活环境和人物的行动两个方面去探讨。在探讨中可以发现：小说的题目是"穷人",小说中虽然没有出现一个"穷"字,小说中的环境描写却处处在向读者述说着"穷人"的穷苦;这些可敬的"穷人",在苦难面前的所作所为,给了我们许多美好的感动,穷人,不穷!

3.梳理人物关系,揭示人物意义

小说中的人物极少单独存在,而是存在于相互的关系中,即使是流落于荒岛的鲁滨逊,也要与"礼拜五"发生交往。人物角色之间的关系就是社会环境的缩影。作家塑造人物,常常抓住人物之间的矛盾冲突来刻画人物,揭示其价值和意义。

如教学《在柏林》,借助人物关系,抓住小说中老妇人称呼的变化,完成如图3-1所示的人物资料卡片。

```
人物资料卡片
姓名:
性别:女
年龄:
身份:老妇人、老兵的妻子、三个儿子的母亲
健康状况:身体虚弱而多病、神志不清
家庭情况:三子战亡、丈夫即将上战场
住址:疯人院
```

图3-1 人物资料卡片

学生依据资料卡片,发现作者塑造了一个战争时期的普通人。借助这个普通人,通过其与战时后备役老兵和两个小姑娘之间的人物关系,深入感受战争对人物命运的摧残,体会战争的残酷。

再如教学《爱之链》,梳理出"乔依""老妇人""女店主"之间的关系:乔依和老妇人是"陌生人",老妇人是女店主的"陌生顾客",女店主是乔依的"妻子";他们之间不知道彼此经历的事件。

在此基础上进行讨论:故事的结局"亲爱的,乔依……"如果改成"亲爱的,汤姆……",有什么不同?作者这样构思有什么用意?

通过讨论可以发现:如果故事最后女店主的丈夫不是主人公乔依,

而是别的人，阅读时就没有"意料之外、情理之中"的惊喜之感；作者如此构思人物关系，意在让"爱"永远传递，想告诉人们：你付出了爱，就一定会得到爱，即表达爱让"一切都会好起来"这一朴素的主题。

三、循着情节教小说

故事是小说的基本面，情节构成了故事。教学中，将小说中情节的叙述顺序、人物行动和叙事弧线绘制成可视化的结构地图，可以帮助学生直观明白情节安排的用意，掌握情节推进的过程，发现小说讲故事的秘密，提升学生讲故事的思维能力。

（一）时间轴，感知时间的先后与快慢

故事总是会有发生、发展、结束的过程，古往今来，小说中的故事，都脱不了开端、高潮、完结这个套数。小说总是按照它自己特有的方向前行，一个个时间点串联成故事发展的脉络，这脉络就是小说故事里的时间轴。

简单的小说故事一般按照起因、经过和结果来展开叙述。如《草船借箭》这个故事讲述了周瑜忌妒诸葛亮，用十天内造十万支箭的任务来为难、陷害诸葛亮。诸葛亮利用草船向曹操"借"了十万支箭。结果诸葛亮借箭成功，周瑜自叹不如。根据时间轴，通过"为什么？""怎么样？""结果呢？"三个问题梳理小说故事的内容。

相对复杂的故事按照发生、发展、高潮和结局来叙述。如《景阳冈》讲述了武松进店饮酒，不听劝告，执意过冈；武松上冈，见了官府榜文，才知真的有虎，但决定继续上冈；武松赤手空拳与猛虎搏斗，终于打死了老虎；武松一步一步挨下冈来。这就是小说情节的发生、发展、高潮和结局四个部分。阅读中可以按照这样的时间轴来感知故事的内容。

《金色的鱼钩》是一篇长征题材小说，小说中出现了"1935年秋

天""一天""从那以后""有一次""第二天""挨了一天又一天""这天上午"等表示时间顺序的词语。阅读时，学生可以圈画出这些时间词，用简洁的语言概括每个时间点发生的事；按照时间的变化，绘制小说的时间轴，从而整体把握小说的故事情节。

叙事学认为故事有两种时间顺序：一种是故事时序，是故事从开始发生到结束的自然排列顺序；另一种是叙事时序，是作者讲述故事的先后次序。很多情况下两者是不一致的，这就造成了时间的"扭曲"，主要表现在叙事的"先后"与"快慢"，形成叙事时间上特有的节奏感。借助时间轴的绘制，学生可以感受叙事的节奏，提升对小说的篇章结构艺术的认识。

小说的叙事时序，一般有顺叙、倒叙、插叙、补叙和预叙。统编教材小学阶段中小说常用的是顺叙，也就是按照事情先后的顺序进行叙述。如《"诺曼底号"遇难记》《小英雄雨来》《桥》《穷人》等。但有些小说打破这"先后"的顺序，如科幻小说《他们那时候多有趣啊》讲述的是2155年5月17日这天，玛琪和托米之间发生的关于一本很旧的书和学习的故事，但是故事中时间时不时地回到过去，时间的先后顺序已经打破，起到补充说明、铺垫、照应等作用，能使文章结构更具变化，这就是插叙。倒叙，就是将故事结束的时间放到小说的开端，引起读者的阅读兴趣。而预叙，最有代表性的就是加西亚·马尔克斯《百年孤独》的开场部分。阅读时，学生通过时间轴的绘制可以清晰地发现小说中的叙事时序与故事时序是否一致，明确作者采取的叙事时序。在此基础上可以将叙事时序进行调整和变换，在比较中感受时间"先后"的秘密，体会作者调整叙事时序的用意。

小说中"小姐下楼"的情节，说书先生可以讲述三天三夜，《少年王冕》中王冕的少年时代"不知不觉三四年就过去了"，这就是小说中时间的"快慢"。阅读《金色的鱼钩》，学生在绘制时间轴的过程中会发现，小说中有的时间点是"一段时间",叙述却很简单;有的时间点是"一天时间",叙述却很具体。学生在探讨中要明确:在这个时间轴上,"一天时间"中的情节是小说故事叙事的重点,因此时间的脚步就慢了下来。

(二)行动链,发现事件的因果与冲突

情节是人物在特定环境中所采取的行动,人物一系列的行动形成行动链。小说中的人物外在行动常常以"话语推进"和"动作连缀"两种方式进行叙述。如《"诺曼底号"遇难记》中哈尔威船长在"诺曼底号"即将沉没之时沉着镇定地指挥着,人们在黑暗中听到了他与洛克机械师、奥克勒福大副的一段简短有力的对话。小说通过"话语推进"的方式叙述了这一情节。《景阳冈》中,在"喝酒"的情节中用的是"话语推进",在"打虎"的情节中用的是"动作连缀"。故事的时间在这里就慢了下来。阅读时,通过朗读、表演、想象等方法来还原当时的场景,并选择其中一个人物的视角,抓住人物的话语和动作去揣摩人物的内心,发现人物外在表现背后的意图,就能很好地概括情节中的事件。将人物的行动连接起来,绘制成行动链,就能把握人物行动的轨迹。小说中人物内在的行动往往以心理描写的方式进行展现,如《穷人》一文中,桑娜的心理变化推动了情节的发展。学生可以在阅读中找出描写桑娜内心的语句,用"担忧""担心""忐忑不安""紧张害怕"等词语提炼桑娜的内心感受,形成心理轨迹图。只有这样,学生对桑娜一系列的外在行动才会有深刻的认识。

情节按照时间顺序来推进,强调情节之间的因果关系。只有发现人物行动之间的逻辑关联,才能揭示情节的内涵。学生自己阅读,往往不太会将事件前后的因果关系勾勒出来进行深入地思考,而教学正是促使学生养成关联性思考的阅读习惯。

借助人物行动链,能帮助学生领悟情节构思的艺术。如阅读《"诺曼底号"遇难记》时,可以抓住哈尔威船长的几次命令:"妇女先走,其他乘客跟上，船员断后。必须把六十人救出去""哪个男人胆敢抢在女人前面，你就开枪打死他""把克莱芒救出去"，绘制人物行动链。接着借助"因为……所以……"说一说几次命令之间的关系。学生就会更加深入地理解哈尔威几次命令背后的用意，感受人物的高大形象。

美国写作研究者杰里·克利弗提出：小说的故事包含三个要素——"冲突""行动""结局"。一个人遇到一个难题（冲突），他（她）必须努力奋斗（行动），于是他（她）成功了或者失败了（结局）。冲突一旦结束故事就结束了。"冲突"是小说的动力，有了"事故"，才会有故事。小说中的人物会不断遇到"意外"，这些"意外"促使人物采取相应的行动，展现人物性格，表现故事主题。在情节链中，可以用"没想到……"将人物的行动连接起来绘制行动链。如阅读《景阳冈》，酒家的酒"三碗不过冈"，没想到武松喝十八碗还要执意过冈；上冈见到大虫伤人的印信榜文，没想到武松依然决意上冈；遇到大虫梢棒折断，没想到武松赤手空拳打死老虎。这一系列的"没想到"正是小说情节的"意外"与"冲突"，推动情节的发展，吸引着读者阅读的兴趣，增强读者阅读故事的体验。

小说中，人物的"愿望"是情节"因果"和"冲突"的出发点，小说的故事往往是按照"愿望的实现"这一叙事模型进行叙述的，人物在实现自己愿望的过程中不断遇到意外。教学中，要引导学生发现人物行动背后的"愿望"，这样才能对人物的形象有更深的认识。《"诺曼底号"遇难记》中哈尔威船长在危急的情况下，巍然屹立在他的船长岗位上，沉着镇定地指挥着人们有秩序地撤离，控制着当时的局面，领导着乘客和船员脱险。船员和乘客脱险后，他屹立在舰桥上，一个手势也没有做，一句话也没有说，随着轮船一起沉入了深渊。哈尔威船长的举动正是船长天职的表现，他要保证每一位乘客和船员的安全，"诺曼底号"是他生命的一部分。到此，学生才能够理解哈尔威的选择与行动，才能明白他一生都要求自己忠于职守，履行做人之道，面对死亡，他又一次使用了成为一名英雄的权利。

（三）起伏线，体会叙事的摇摆与陡转

小说的情节一定会创造出一种令读者满意的情感体验，这种情感体验就像一条优美的弧线。美国作家杰克·哈特提出了叙事弧线的概念，他认为一条真正的叙事弧线会随着时间向前延伸，看起来就像一股即将撞碎的波浪，蓄势待发，下一秒就要迸溅成美丽的浪花，如图3-2所示。

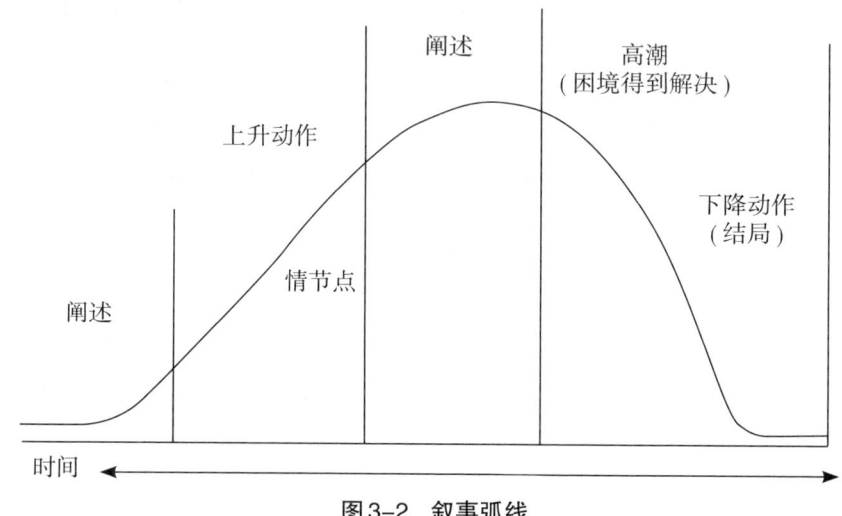

图3-2　叙事弧线

在阅读《景阳冈》时，学生可以根据阅读感受，摆放"喝酒""上冈""打虎""下冈"表示四个情节词语的位置，形成故事的弧线图，体会故事带给读者的阅读体验，如图3-3所示。

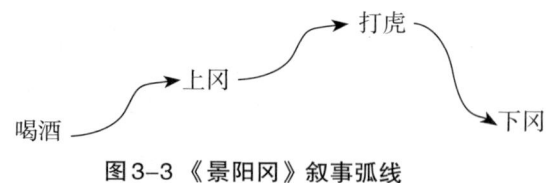

图3-3　《景阳冈》叙事弧线

曹文轩说，当抽去小说的内容去看纯粹的结构时，我们会发现，那是一个经过若干次摇摆后留下的曲折、回绕、反反复复的图形。阅读《两茎灯草》时，学生会发现严监生临死前伸出的两根手指引起"诸亲六眷"

的猜测，严监生"三次摇头"和"一次点头"，情节在摇摆中推进，人物形象也跃然纸上。这种摇摆类似于相声中的"三翻四抖"，先在反方向做三次铺垫，让听者形成"人之常情"的习惯性定势，造成强烈期待，然后突然急转直下，造成强烈反差，从而达到讽刺的效果，如图3-4所示。

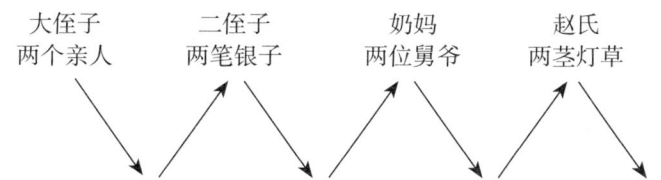

图3-4 《两茎灯草》叙事弧线

无论是弧线，还是摇摆，总会有一个高潮的顶峰或者低谷，或在某一处的弧线和摇摆幅度特别大，这就是小说情节中的陡转处，曹文轩将之称为拐角处。要看好风景，就到陡转处，小说情节的陡转处往往是突出人物形象，揭示主题意义等的关键处。阅读《跳水》，学生根据"发生""发展""高潮""结局"绘制叙事弧线，发现小说情节的陡转处在船长拿枪从船舱出来，船长沉着、决断、智慧的形象立刻凸现，设计"遇到的问题—当时的条件—适应的对策—问题的解决"等环节，设身处地揣测船长的内心活动，探寻人物背后的思维过程。阅读《草房子》中关于杜小康的章节《红门（一）》和《红门（二）》时，学生梳理杜小康成长的关键事件：为了集体，从家里拿来十几把镰刀；命令毛鸭划船载同学们过河；和桑桑烧红薯造成火灾后大胆承认错误；摆摊；放鸭子……接着根据关键事件绘制杜小康成长轨迹图。通过观察轨迹图，学生发现杜小康少年时代命运的轨迹和成长的历程，"放鸭子"是杜小康成长经历中发生陡转的部分，也是对他触动最深、成长最快的事件。在一个暴风雨的夜里，杜小康和父亲奋力追赶惊散的鸭群，杜小康拢住走散的鸭子，觉得自己突然长大了，坚强了，激动得哭了。对于杜小康而言，这是一场孤独的时空之旅，也是一场孤独的内心之旅，抓住杜小康的两次"哭"

的情节感受他战胜了恐惧和孤独变得成熟与坚强,从而更好地体会小说中"在苦难中成长"的主题。学生还可以运用这样的方法去阅读《草房子》中桑桑、秃鹤等其他人物成长的故事,按照时间轴、行动链、起伏线绘制人物成长历程和命运轨迹,在情节的陡转处去找到人物成长的内因与动力,并结合自身的成长经验,丰富对"在苦难中成长"这一主题的认识。

四、欣赏小说中的风景

作为小说三要素的环境一般可分为自然现象、社会背景和物质产品等三种类型。对于小学阶段的小说文本,自然现象的描写是重点,这些自然现象的描写造就了一道风景。这道风景在小说中具有多重的意义,人物的塑造和情节的展开基本上是在自然环境中进行的。我们对小说文本中的这道风景进行梳理,有助于学生从更宽的视野去欣赏小说文本的艺术。

(一)风景的呈现形式

1.风景的频率

风景的描写是随着小说情节的展开而进行的,是为塑造人物形象服务的,离开叙事与人物的风景就失去了意义。随着故事的发生、发展、高潮和结尾,风景会在小说中出现一次或多次,这就是风景的频率。

风景在小说中单次出现的情况一般有三种:风景在故事开头出现,如《三打白骨精》这篇小说,一开始就说唐僧师徒四人来到一座高山前,只见山势险峻,峰岩重叠;风景在故事进行中出现,如《少年王冕》,在文章的中间部分进行生动地描写雨后的一番风景;还有的风景是在故事结束时出现的。

如果风景在小说中多次出现,一般出现在故事的叙述中各个阶段或者情节之中。如《爱之链》一文中在乔伊帮助老妇人这个情节中出现了大雪纷飞的乡村公路，在老妇人帮助女店主这个情节中出现了十分破旧、光线昏暗的餐馆。再如《祖父的园子》一文中，在故事的开头出现了一个属于动物的园子，在故事的结束部分出现了一个属于植物的园子。

2.风景的变化

当风景在小说中出现多次后就会发生变化。风景的变化主要是针对故事叙述的空间而言，空间没有发生变化的描写可以称为静态风景，如《祖父的园子》，文中对祖父园子的两次描写虽然一次侧重于园子中的动物描写，一次侧重于园子中的植物描写，但其描写的风景始终是在这个园子里。而《爱之链》不同，随着故事的展开，从乡村公路的大雪纷飞、空无一人到小餐馆那一抹昏暗的灯光，由于地点的转变，风景随之也在发生动态的变化。

3.风景的描写

国画技法上有工笔和写意两种类型。风景的描写大体上也可分为工笔描写与写意描写两类。

工笔描写：工笔即"精巧""精细"。用笔工整，注重细部的细描、细绘，是对故事展开过程中某一个节点上的自然现象进行细致地描摹，使读者能够身临其境，仿佛看到这一草一木，这一山一水。如《少年王冕》中的一段风景描写："转眼间，阴云密布。一阵大雨过后，天空中黑云边上镶着白云。阳光透出来了，照得湖水通红。山上青一块，紫一块；山下树木葱茏，青翠欲滴。树枝像水洗过一般，绿得尤其可爱。湖里有十来枝荷花，花苞上雨水点点，荷叶上水珠晶莹透亮。"

写意描写：用笔不求工细，画出轮廓，形象较虚，注重抒发作者的情趣。写意描写常常描写与抒情并重，使读者能感受和进入小说所叙述的心境之中。如《祖父的园子》中对于园子的一段风景描写："太阳在园子里是特别大的，……花开了，就像睡醒了似的。鸟飞了，就像在天上逛似的。虫子叫了，就像在说话似的。一切都活了，要做什么，就做什么。

要怎么样，就怎么样，都是自由的。倭瓜愿意爬上架就爬上架，愿意爬上房就爬上房。黄瓜愿意开一朵花，就开一朵花，愿意结一个瓜，就结一个瓜。玉米愿意长多高就长多高，它若愿意长上天去，也没有人管。蝴蝶随意地飞，一会儿从墙头上飞来一对黄蝴蝶，一会儿又从墙头上飞走一只白蝴蝶。它们是从谁家来的，又飞到谁家去？太阳也不知道。天空蓝悠悠的，又高又远。"

（二）风景的表达作用

小说中的风景基本上有这样一些表达作用：从叙述的角度看，有引入与过渡，调节节奏，营造氛围的作用；从塑造人物的角度看，有烘托和反衬的作用；从审美的角度看，有象征，创造美感等作用。就小学语文教学而言，其引入与过渡，烘托与反衬，氛围与象征是主要表达作用。

1.引入与过渡

以风景作为一篇小说的开头，或在开头交代故事发生的自然环境背景，是一种常见的方式。开头的风景描写在交代了故事发生地点，引入故事的同时，有的是为这篇小说奠定一个基调，如《爱之链》开头中"已是黄昏了，伴随着寒风，雪花纷纷扬扬地飘落下来"，表现主人公一种落寞的心迹；也有的是预示着故事的发生，如《三打白骨精》开头的"一天，唐僧师徒四人来到一座高山前，只见山势险峻，峰岩重叠"，预示着"山高必有怪，岭峻定生精"。特级教师窦桂梅在《三打白骨精》的教学中关于故事开头的风景描写是这样教学的。

师：让我们走进故事发生的场景中。

生：一天，唐僧师徒四人来到一座高山前，只见山势险峻，峰岩重叠。

师：再读原著里的这段话，看你又有什么感受。

生：唐僧师徒四人来到一座高山前，看不尽峰岩重叠，涧壑湾环。虎狼成阵走,麂鹿作群行。无数獐豝钻簇簇,满山狐兔聚丛丛。千尺大蟒,万丈长蛇。大蟒喷愁雾,长蛇吐怪风……万古常含元气老,千峰巍列日光寒!

生:不仅山高,而且仿佛看到"虎狼成阵、千尺大蟒、万丈长蛇",真吓人。比课文里的环境恐怖多了!

生:这地方令人毛骨悚然。你想啊,这样的环境,能生出什么好东西,什么大蟒长蛇,没准儿白骨精就是它们的领导呢!

师:常言说,"山高必有怪,岭峻定生精"。在这穷山恶水的环境中,必定有可恶的妖精。这样的环境描写,真妙呀,它预示着惊险的故事即将发生。

小说的叙事是按照一定的时序有节奏地安排故事的情节,形成故事叙述的快慢、曲折等。情节与情节之间需要有连接,这样故事的叙述才能平稳过渡。利用风景描写来完成过渡,是小说叙述比较常用的方式。如《少年王冕》中对于雨后风景的描写。

师:表面上在写雨后山荷,实际上是在表现王冕的灵感、冲动。这些原本是看不见的,作者却写得看得见了。不会写作的人可能就会这样写,也通顺。(教师出示删减"景物描写"的语段:一天,正值黄梅时节,天气闷热,王冕放牛累了,便在绿草地上坐着。转眼间,阴云密布。一阵大雨过后,湖里十来枝荷花美不胜收。王冕不禁看得入了迷……)

生:这样写的话,王冕画荷花的灵感和冲动就是直接说出来的,而不是形象生动地表现出来的。作者用雨后美景来形象生动地表现王冕内心那份看不见的天赋,实在巧妙。

2. 烘托与反衬

小说为了表现人物丰富的心境、复杂的性格，往往将人物置于多种不同的风景之中，用以"刺激"人物，以记录人物的种种行为，从而显露人物的性格。小说中经常结合风景描写，用烘托与反衬的手法来表现人物性格。如《爱之链》一文中用雪景的描写来烘托乔伊失业以后凄凉的心境。又如《少年王冕》一文中雨后景色的描写烘托了王冕的"出淤泥而不染"的品质，从《儒林外史》整部小说来看，反衬了小说中形形色色的官场人物。烘托与反衬不一样，前者是正向性的，后者是反向性的。特级教师薛法根在《爱之链》一文的教学中是这样引导学生关注风景描写，体会环境烘托人物的心境的。

师：我们读小说，一般关注小说中的人物与情节，而往往忽视小说中特定的环境描写。要知道，环境描写是小说的三个要素之一。这篇小说一开始就写了这样一个环境，谁来给大家朗读一下？

生：在一条乡间公路上，乔伊开着那辆破汽车慢慢地颠簸着往前走。已是黄昏了，伴随着寒风，雪花纷纷扬扬地飘落下来。飞舞的雪花钻进破旧的汽车，他不禁打了几个寒战。这条路上几乎看不见汽车，更没有人影。乔伊工作的工厂前不久倒闭了，他的心里很是凄凉。

师：这里写的环境是乡间公路。哪个词最能概括你对这个环境的感受？

生：凄凉！

师：作者选取了哪些景物来写这个凄凉的环境呢？

生：黄昏，寒风，飞舞的雪花，破旧的汽车，几乎看不见汽车和人影的公路。

生：还有不平整的公路，很荒凉。

师：破汽车，破公路，破天气，还有一个……

生：穿破衣服的人。（众笑）

师：一个落魄的人！你知道为什么要选择这样一些景物，写这样一个环境吗？

生：为了写出乔伊同样凄凉的心境。

生：暗示乔伊的生活很艰难。

师：为什么不能选择早晨，阳光明媚的天气，平坦的公路，飞驰的汽车？

生：这样的环境与乔伊凄凉的心情不协调。

生：这些景物都给人美好的感觉，可是乔伊的心里很难过，很灰暗。

生：我看到电影里都是这样的，风雨交加的时候，是主人公面临灾难的时候。这里的环境就是给人这样的感受。

师：这叫环境衬托，凄凉的环境衬托凄凉的心境。好好读一读这段环境描写！

3. 象征与氛围

玫瑰象征爱情，白鸽象征和平，荷花象征高洁……大自然的风景经过思维与文化的浸染与积淀之后包裹了精神的价值与意义，成为一种文化符号。《三顾茅庐》中卧龙岗的风景描写，山灵水秀之地必有贤才，蜿蜒的卧龙山冈名字与诸葛卧龙一致，又象征着诸葛亮是一条等待腾飞的卧龙。特级教师孙双金是这样教学的。

师：隆中是怎样的景色呢？作者写了山冈、溪流和竹林，哎，写"山冈"用了什么词？

生：蜿蜒。

师："蜿蜒"是什么意思，看它的偏旁。

生：就是弯的意思。

师：弯弯曲曲的，像蛇一样。中国汉字的偏旁帮助我们理解词义。弯曲高低在人们眼中就像一条什么？

生：等待时机腾飞的卧龙。

师：像谁？

生：诸葛亮。

小说常用生动的风景描写，来创造故事的特定氛围，从而增强故事的真实性。氛围既是用来感染作品中的人物的，也是用来感染读者的。一种氛围能使读者情不自禁地进入一种精神、情绪或美学状态，从而产生一种忧伤，或是一种冲动，或是一种喜悦等。

（三）风景的写作方式

1.意象的选取

小说中的风景不单单是景物，它们仿佛会开口说话，表达着人物的心情，当景物带有情感的时候就称为意象。描写人物的心情不同，所以选用的意象也不同。如薛法根老师在教学《爱之链》一文中是这样处理的。

师：里屋是乔伊夫妇休息的地方。小说的结尾却省略了这样一个环境描写，如果我们要补写一段环境描写，你认为应该怎么写？

生：选择一些景物来写，比如破旧的桌子，褪了色的窗帘，还有一个燃得很旺的火炉。

师：为什么桌子、窗帘是破旧的，而火炉要燃得很旺呢？

生：桌子、窗帘破旧说明他们家穷，而火炉旺说明他们家很温暖，充满希望。

师：你怎么知道他们家一定充满希望？

生：小说结尾不是说"一切都会好起来的"吗？火燃得旺就是生活有希望。

师：火炉有象征意义！还可以选择哪些事物或景物，来体现"一切都会好起来"？

生：可以写早晨的阳光，写孩子们在堆雪人。这样可以写出希望和生机。

生：还可以写桌子上的那张纸条，因为这是一根"爱"的链条。

生：可以写窗外的鲜花、草地。

师：冬天的草地上还开满鲜花吗？不能因为心情美好，什么季节都能开满鲜花的。

2.描述的选择

风景在描述过程中不是可有可无的，根据风景呈现的方式和表达的作用来看，风景的出现和描写必须为作者塑造人物、调节叙述等方面服务。小说作者在叙述的时候会根据需要，合理选择风景呈现的位置和方式。如薛法根老师教学《爱之链》时，在教学最后阶段追问为什么作者在结尾的地方没有进行一段风景的描写，这样就能体会到作者在短篇小说的创作中所留下的让读者想象和回味的空间了。再如，可以在阅读小说和欣赏根据其改编的影视作品时，关注风景描写的片段、画面出现的位置和方式，体会风景描写的秘妙。

当然，小说中的风景还有很多值得我们去研究的地方，比如依托风景描写展开"类篇"的主题性阅读、开发风景读写的微课程等，这些需要我们在教学实践中去做进一步探索。

第四章
重建小说教学新样态

不一样的小说
有不一样的阅读之法
不一样的学生
有不一样的教学之法

一、文言小说

文言小说是中国小说的萌芽。文言小说，即古代以文言的形式记录的故事，包括异闻、杂说、寓言、民间故事等。文言小说数量众多，内容庞杂，大致可分为三类：一是记鬼神怪异之事的志怪小说。如《列异传·宋定伯捉鬼》。二是搜奇记逸的传奇小说。《唐传奇》是这类小说的代表作，标志着文言小说发展的一个新时期。三是记人物言行的志人小说，或记所闻轶事的杂录小说。南朝刘义庆的《世说新语》，就是专记魏晋文人、名士的言行和风度的。小学阶段统编教材中的《王戎不取道旁李》和《杨氏之子》就选自《世说新语》。

关于文言文教学，王荣生教授主编的《文言文教学教什么》中有学者提出了"一体四面"说："一体"指文言文，"四面"指文言、文章、文学和文化。文言小说教学也理应在此范围内。文言是文言小说的语言表达方式，故事是文言小说的文章构式和文学样式，故事背后折射出古人的思维，承载着传统的文化。

（一）诵读中触摸语言，感受"历时"的表达

俗话说："熟读唐诗三百首，不会吟诗也会吟。"诵读是古代阅读教学最传统的方法，也是最有效的方法。学生要在文言小说的诵读中理解故事、积累语言和培养语感。

1.依据句读，声断气连地读

文言小说在古代典籍中的记录大都是没有分段、没有标点符号的，旧时童子入馆开蒙，先生的一大教学任务就是帮助学生"明句读"。如今的文言小说，经过历代学人的圈点标注，编选进入教科书，早已有了比较清晰的段落划分和标点符号提示。但对于小学生而言，阅读文言小说中的语句时该如何停顿，还是有难度的。

文言小说记录的是人物的行动，在表示人物称呼的词语后面常常要断句。如《杨氏之子》中"孔君平／诣／其父，父／不在，乃／呼儿出"。这与现代文朗读中的语义停顿类似。

文言小说叙述中常带有语气词，有的放在句首强调语气或领起全句，在此后面要适当停顿，如《自相矛盾》中的"夫／不可陷之盾／与无不陷之矛，不可／同世而立"。有的在句中表示停顿以舒缓语气，在此后也须停顿，如《伯牙鼓琴》中"善哉乎／鼓琴"。有的在句尾表示对应的语气，往往不停顿。如《自相矛盾》中"吾盾之坚，物／莫能陷也"。文言小说叙述中的连接词，与语气词的停顿不同，如《伯牙鼓琴》中的"少选之间／而／志在流水"中"而"的前后都要停顿。

小学阶段中文言小说中的句读知识不必教得太透彻和深入，常用的知识必须在大量的诵读过程中去体会。诵读的过程大体经历跟着老师读、学着老师读、自己尝试读、自己学习读等阶段。特别要注意的是：诵读过程中在停顿的时候一定要注意"声断气连"。

2. 把握语调，抑扬顿挫地读

优秀的文言小说往往气韵丰沛，非常耐读。文言小说朗读要注意语调的抑扬顿挫，并从中体味情绪与情味。王宗海在《童向朗读》一书中将文言文的朗读定位在"诵读调"，将文学故事的朗读定位在"讲读调"，文言小说的朗读语调大体可定位于这两种基调。

"诵读调"强调的是朗读的节奏和韵律。文言是一种雅言，读法与现代文有所差异，如果说现代文追求自然的话，文言文则要"拿腔捏调"，朗读时有时还需配合节韵"摇头晃脑"。如《伯牙鼓琴》叙述时采取了整句和散句结合的方式，朗读时要读出语言的节奏鲜明、富于变化、音调和谐、错落有致等感觉。

"讲读调"就是要读出故事的感觉，读故事中的"叙述语"应追求自然语调，"对话语"应注意角色的定位，更多追求角色声音的变化，"评说语"宜有"意味深长"之意。同时从故事结构看，还要区分故事表达的情绪变化，如《伯牙鼓琴》中"伯牙鼓琴，锺子期听之"这部分可采用轻快的语调，"锺子期死，伯牙破琴绝弦"则须采用沉重的语调。

3. 还原场景，绘声绘色地读

文言小说中的人物常常会开口说话。绘声绘色地读好人物的语言能很好地体会人物内心，还原故事场景。朗读人物的语言要明确说话人的身份，说话时的场合、对象和目的。

《自相矛盾》中那个鬻盾与矛者的楚人是个生意人，生意人的目的就是把自己的产品推销出去，一个"誉"字就很好地体现了这一点。面对大街上的顾客，他誉之曰："吾盾之坚，物莫能陷也。"又誉其矛曰："吾矛之利，于物无不陷也。"此刻，他期待自己的叫卖声让每个人都能听见。为了更好更快地推销自己的产品，这个生意人"誉"其盾和矛的时候，说话的时候"吾盾之坚"的"坚"和"吾矛之利"的"利"一定会重点突出地"誉"，"物莫能陷也""于物无不陷也"也会十分卖力地"誉"。

再看旁观者，或曰："以子之矛陷子之盾，何如？"这位路人，会用怎样的语气来读？是质疑的语气？是嘲笑的语气？还是不咸不淡的一问？每一种语气都代表了一种立场，这种立场既是故事中的人物立场，也是作者的写作立场，更是读者的阅读立场。如此说来，"不咸不淡"更具有讽刺意味。

（二）讲述中感受叙事，表达别样的故事

很多文言小说中的故事改编成现代文后，成为一代又一代人小时候的启蒙故事。故事总是可以用来讲的。学生在故事讲述中要发现文言小说的叙事图式，用不同方式表达别样的故事。

1. 贴着人物讲述

故事就是人物的一连串的行动。抓住人物做了什么，借助注释和插图等，连起来就能把一个文言小说故事用自己的话讲出来。

《杨氏之子》讲述了"杨氏之子"和"孔君平"之间的故事。可以先用不同的符号圈画出表示两个人物的称呼。"杨氏子""其""儿""君"等是故事中对"杨氏之子"的称呼,"孔""夫子"等是对"孔君平"的称呼。接着发现"孔君平诣其父,父不在,乃呼儿出"中的"乃呼儿出","为设果,果有杨梅"中的"为设果"省略了人物,将其补充完整为"孔乃呼儿出""儿为孔设果"。最后借助注释,用自己的话说说"杨氏之子"和"孔君平"在故事之中分别做了什么。

需要注意的是,讲述过程中要避免文言教学中逐词逐句地翻译句子,只要大致的意思正确即可。教师在关键处做恰当提示:如"果有杨梅"表示水果有很多,其中有杨梅。

如果这个故事要讲给弟弟妹妹们听,不仅要讲清楚,而且要讲生动。此时,就需要学生展开合理和丰富的想象。学生可以把自己想象成故事中的人物,想象人物在故事场景中的语言、动作、神态、心理等。如"乃呼儿出"中孔君平呼儿出的时候,会说什么?会有什么动作呢?"孔指以示儿曰",孔君平说这话的时候,心里在想什么?表情是怎样的?故事这样讲就更加有趣了。

2. 依据结构讲述

文言小说故事内容短小精悍,叙述结构却有不同类型。人物往往在故事的第一句话登场,如"宋人有耕田者""炎帝之少女,名曰女娃"等。通过比较,学生发现讲述文言小说故事可以从介绍主人公开始。

文言小说故事一般分成"起承转合"四个部分。教学时可以借助"四联漫画"将文言小说故事结构化与图像化。如《王戎不取道旁李》可以绘制成"诸小儿游""诸儿竞取,唯戎不动""人问之""取之信然"四幅漫画。在每一幅漫画中配上文字,可以是文言原文,也可以是现代文,学生可以依据"四联漫画"创作与讲述故事。

文言小说故事中人物称呼的变化是叙述的结构的线索。如《精卫填海》

中精卫的称呼经历了"女娃"到"精卫",身份也从"炎帝之少女"变成"精卫鸟"。人物称呼的变化背后有着不同的故事。

文言小说故事中常常在开头或结尾的时候对人物进行评述,如"梁国杨氏子九岁,甚聪惠"等。有些故事也会省略这些评述,这些评述可以交给作为读者身份的学生去完成。

3. 变换视角讲述

同样的一个故事,不同的人来讲,会有不同的讲法。文言小说中故事的讲述者一般是作者,我们不妨让故事中的人物来讲故事。《书戴嵩画牛》中出现了"杜处士"与"牧童"两个人物,可以选择其中一个角色,给出下列的提示讲述这个故事。

> 杜处士:我姓杜,人称杜处士。我读了不少书,可就是不愿意做官。平生最爱就是收集书画……
> 牧童:今天天气很好,放牛去喽!还没出村子我就看见……

讲述者的视角不同,立场也会不同,故事内容也会被讲述者进行重组。在讲述的过程中,还可以提供相应的讲述场景。如杜处士在与其他的文人墨客交流书画的时候,会怎样讲这个故事;牧童会如何将这个故事分享给自己的小伙伴。讲述的场合不同,目的就不同,故事内容就又有了重组的价值。

(三)思辨中传承文化,汲取古人的智慧

阅读文言小说,就是与古人对话。要从故事中人物言行的特别之处读出古人的思维和思想,汲取古人的智慧,传承优秀的传统文化。

1. 角色代入,发展思维

《世说新语》中儿童形象最为突出的特点是"聪慧",这些儿童形象,既有儿童特有的自然本真,又有那个时代社会思想文化的印记。学生与

故事中的儿童心理是相通的，可以让学生走入故事场景，以角色体验的方式，揣摩人物的思维过程，在比较中理解不同思维的差异。

《王戎不取道旁李》中，一起游玩的小伙伴，看到的是同样一棵李树，为什么却出现了两种不同的做法？可以让学生选择"王戎"或者"诸小儿"这两种角色中的一个，说说自己内心的想法。学生在故事情境的体验中把人物的思维过程讲出来，教师通过追问的方式帮助学生明晰人物思维，学生在比较中发现王戎的聪明在于他能从不同的角度去想问题，而诸小儿只看到了"多子折枝"，却没看到"道"。

2.话题探讨，领悟智慧

对于《世说新语》中"智童"的深入领悟，还可以设置话题，让学生浸入故事情境中探寻和研讨。

《杨氏之子》中"梁国杨氏子九岁，甚聪惠"。"聪惠"中的"惠"在注释中同"慧"，意思为智慧。《说文解字》："惠，仁也。"据此可以设置"杨氏之子'聪惠'在何处？"这样一个话题进行探讨。学生走入故事中，从杨氏子的"巧妙应答"和"应声答曰"中看出"智"，从"为设果"中的礼貌有加，面对孔君平的"逗"，还称对方是"夫子"，用"未闻"委婉得体地回击了孔君平等行为中看出"仁"。

3.设置情境，传承文化

文化传承不是靠讲出来的，学生需要在情境活动中体验、想象和共情，把文化的种子种进自己的心田。

《伯牙鼓琴》代表的是知音文化，不仅彰显着古代中国的社会关系，更显示着音乐文化或者是精神文化，给人以无穷无尽的滋养。当锺子期死、伯牙破琴绝弦之时，可以创设一个"琴师对话"的情境：伯牙还有一位琴师好友，见伯牙如此，一定会追问伯牙为何破琴绝弦，为何终身不复鼓琴，为何以为世无足复为鼓琴者，为何我不能成为第二个锺子期。在伯牙与这位琴师好友持续对话中体会锺子期不仅能听懂伯牙的琴音，更能听懂伯牙的心音，这才是真正的知音。

《王戎不取道旁李》教学设计

【文本解读】

《王戎不取道旁李》选自《世说新语·雅量》。"王戎七岁，尝与诸小儿游"点明故事的起因。"看道边李树多子折枝，诸儿竞走取之，唯戎不动"，一静一动的对比中展现主人公王戎的智慧。"人问之，答曰：'树在道边而多子，此必苦李。'"路人看到反差极大的这一幕，一定心生好奇，于是产生了想问问这个孩童的想法，故事发生转折。"取之，信然"，故事的结局是人们认同了王戎的看法。故事到此结束，但是读者仍然意犹未尽。"道旁苦李"这一成语便出于此文。

故事内容简短、语言浅显，却生动地给我们刻画出了一个善于思考、冷静推断的聪明孩童形象。

【教学要点】

1. 多种方式，理解字词。

学生学习文言文，字词理解是重点，也是难点。教学时，要求学生将学习白话文理解字词的经验，迁移运用在文言文的阅读中。可以直接借助注释理解，也可以结合学习的积累理解，还可以联系上下文理解。

2. 依据结构，讲述故事。

这则文言故事中出现了三类人：王戎、诸儿和路人。学生要在理解字词的基础上，抓住每一类人的言行，用自己的话就能将故事的内容讲出来。按照故事发生的起因、经过、结果的顺序就能讲得更清楚。对于关键的画面，展开想象就能讲得更具体。

3. 行为对比，领悟智慧。

王戎的行为与诸儿的行为形成了鲜明的对比。行为不同的背后是思维的不同。教学时，要启发学生揣摩王戎的思维过程，领悟智慧。同时，诸儿的行为和思维是属于正常孩童所拥有的，不要因为王戎的"超常"，而贬低诸儿。

【教学目标】

1. 朗读文言故事。

2. 借助注释和图片，依据故事结构，用自己的话讲故事。

3. 说说为什么"树在道边而多子,此必苦李"，比较中体会王戎的智慧。

【活动设计】

学习任务一：咬文嚼字，朗读文言故事

1. 根据题目，把握内容。

（1）今天，我们一起走进第八单元。第八单元的课文可有意思了，讲了很多人的故事。读一读这些题目。

出示：王戎不取道旁李　西门豹治邺　扁鹊治病　纪昌学射。

（2）在第七单元的学习中，我们学到了把握故事主要内容的一些本领。

出示：

题目有时能提示文章的主要内容。——第七单元交流平台

关注主要人物和事件，学习把握文章的主要内容。——第七单元语文要素

（3）今天，我们学习第八单元的第一个故事。这个故事写了谁？写了他什么事？

要点：根据题目把握故事的主要内容，教学"戎"字。

2. 多种方式，理解字词。

（1）你知道"尝"的意思吗？你是怎么知道的？

出示：借助注释理解。

提示："借助注释理解"是我们学习文言文的一种好方法。读一读其他的解释。

（2）"竞"是什么意思？"走"呢？

出示：结合学习经验。

提示：在古文中，"走"为"跑"的意思，如"兔走触株，折颈而死"。"兔走"说的是兔子跑过来。再如杨万里的诗句"儿童急走追黄蝶，飞入菜花无处寻"。

（3）"诸小儿"是什么意思？你又是怎么知道的？

出示：联系上下文解释。

提示：联系上下文解释，这也是我们理解文言文中字词的好办法。

（4）文中有三个"之"，你能联系上下文说说它们的意思吗？

出示：诸儿竞走取之，唯戎不动。人问之，答曰："树在道边而多子，此必苦李。"取之，信然。

要点：第一个"之"指的是李子，"人问之"的"之"是指王戎，第三个"取之"的"之"也是指李子。

小结：同一个字，在不同的语境中却表示不同的意思，这叫"一字多义"。我们不但要在这篇课文里注意，在其他的文言文中，遇到"之"也要联系上下文多想一想。

3.声断气连，读出韵味。

（1）词语理解得不错，课文有个长句子，你能读好吗？

出示：看 / 道边李树 / 多子折枝，诸儿 / 竞走取之，唯 / 戎 / 不动。

（2）根据理解，读好全文的节奏。

要点：文言小说的朗读要注意节奏，要做到"声断气连"，才能读出古文的味道。

学习任务二：依据结构，讲述文言故事

1.课文主要讲了王戎和谁？

要点：除了王戎外，还有诸小儿和路人。

2.他们之间发生了什么事？

（1）用下面的句式说一说，他们看到了什么，又分别是怎样做的。

出示：_____看（听）到_____，就_____。

例：

诸小儿看到道旁李树多子折枝，就竞走取之。

王戎看到道旁李树多子折枝，就站在原地不动。

路人看到诸小儿竞走取之，王戎站在原地不动，就问王戎为什么不去摘李子。

王戎听到路人问自己为什么不去摘李子，就告诉路人李子树在路边竟然还有这么多李子，这一定是苦李子。

路人听了王戎的话，就去摘道旁的李子，一尝，果然是苦李子。

（2）按照故事发生的顺序把故事讲完整。

小结：抓住了人物和事件，我们就把握了故事的主要内容，按照一定的顺序就能把故事讲完整。

3.把故事讲生动。

提示点1："多子折枝"是一幅怎样的画面？描述一下。

提示点2：看到这么多的李子，大家都争着跑过去摘李子，一边跑一边还会说什么？

学习任务三：发展思维，领悟人物智慧

1.王戎和诸小儿都看到了李树多子折枝，为什么行动却不相同，他们又是怎么想的？

出示：看到多子折枝的李树，诸小儿_____，诸小儿想的是_____；唯戎_____，王戎想的是_____。

提示：看来，遇到事情不能急于下结论，要好好思考一下啊。

2.于是王戎答曰："树在道边而多子，此必苦李。"听了王戎的这一番话，大家会怎么称赞他呢？

例：王戎会观察，善推理，能判断也！

3. 从王戎身上，你又得到了什么启示？

4. 学了这个故事，不但认识了王戎这个人，还明白了一些道理，再讲这个故事，你一定会有更多的收获。你能不能把王戎的想法和大家的赞叹放进去，再来讲一讲这个故事。

拓展阅读：

王戎观虎

魏明帝于宣武场上断虎爪牙，纵百姓观之。王戎七岁，亦往看。虎承间攀栏而吼，其声震地，观者无不辟易颠仆，戎湛然不动，了无恐色。

注释：

[魏明帝] 曹魏明帝曹叡。

[断虎爪牙] 剪断老虎的指甲，敲掉老虎的牙齿。

[承间] 承着空隙。

[辟易颠仆] 神色慌乱，躲避不迭，以致跌倒。

[湛然] 深沉稳重的样子。

1. 讲一讲王戎的故事。

出示：_____看（听）到_____，就_____。

2. 说一说王戎的思维。

出示：戎湛然不动，了无恐色。人问之，答曰："_____。"

例：虎在栏中而断爪牙，此必无险也！

3. 夸一夸王戎的智慧。

出示：众人听之，曰："_____。"

例：善思考，善推断，真乃神童也。

【板书设计】

王戎不取道旁李

（聪慧）王戎

  诸小儿 看（听）到 就

  路人

《杨氏之子》教学设计

【文本解读】

《杨氏之子》选自《世说新语·言语》，讲述了梁国一户杨姓人家中的九岁男孩与客人孔君平机智对谈的经过，勾勒出一个机敏善对的聪慧男孩的形象。

故事颇有趣味，尤其在人物语言上见功力。主客两人，一个说得巧，一个答得妙，表现出斗智的乐趣。孔君平说"此是君家果"，意思是说："你姓杨，它叫杨梅，看来这杨梅是你杨家的果子啊！"这信手拈来的玩笑话，十分幽默风趣。孩子迅速听出了客人话里的玄机，于是由孔君平的姓联想到了"孔雀"。最妙的是，孩子没有生硬地对答"孔雀非夫子家禽"，而是委婉地说"未闻孔雀是夫子家禽"，既表现出了应有的礼貌，又表达了"既然孔雀不是您家的鸟，杨梅岂是我家的果"的意思，使孔君平无言以对。因为只有孔君平承认孔雀是自家的鸟，之前他说的"此是君家果"才站得住脚。由此可见杨氏之子思维敏捷，应答得体。

【教学要点】

1. 发现称呼的秘密。

文言故事中对人物的称呼，一般一开始是连名带姓的全称，接下来讲述的时候就会只出现"名"或者"姓"，常常还会以"人称代词"称呼，有些时候还会省略。这符合文言文"短小精悍"的特点。学生学习文言故事的时候，要能发现这个秘密。

2. 贴着人物讲故事。

文言故事中人物的行动构成了故事的情节，只要抓住人物的行动，故事的大概意思就能读明白、讲清楚。文言故事一般按照起承转合的结构表达，贴着人物按照结构就能将故事讲得吸引人。

3. 对话中领悟智慧。

故事中人物的智慧往往隐藏在对话之中，孔君凭借"杨梅"与"杨氏之子"之间同有一个"杨"字，借机想试探和逗一逗杨氏之子，说他们是一家人。杨氏之子以同样的方式机智地回答，并做到有礼有节。教学时，要在充分朗读感受的基础上，领会人物"言外之意"的智慧。

【教学目标】

1. 发现文言故事中对人物称呼的秘密。
2. 借助注释和图片，贴着人物用自己的话讲故事。
3. 读懂人物的话外之音，体会杨氏之子的"甚聪惠"。

【活动设计】

学习任务一：发现人物"称呼"的秘密

1. 聊称呼，了解称呼的使用。

（1）学生聊一聊对自己名字的理解，说一说对老师的称呼。

要点：交流自己姓名的由来，知道对老师、长辈等要尊称。

（2）杨氏之子是称呼什么人的？

要点：杨氏之子是对姓杨的孩子的称呼，杨氏之子是一个小孩子。

追问：如果称呼你自己，还可以称呼什么？

例：王氏之子、李氏之女等。

（3）这个故事里，除了杨氏之子外，还有一个人物——孔君平。孔君平是谁？

例：孔坦，字君平，孔子的第26代后人，官至廷尉，人称"孔廷尉"。

2. 读故事，发现称呼的秘密。

过渡：一个小孩子，一个廷尉，他们之间会发生什么故事？自己大声读一读这篇文言文，争取把每个字的字音都读正确。

（1）标记多音字："为设果"，"应声答曰"。

提示：这个故事里有两个多音字，谁能读正确？为什么读作这个音？

你知道这句话的意思吗?

要点:"为"第四声,表示杨氏子为孔君平摆上水果;"应"第四声,表示随声相和,指接着孔君平的话马上说。

(2)故事里哪些称呼是指"杨氏之子",哪些称呼是指"孔君平",再自由读读这个故事,用笔圈一圈。

要点:"杨氏子""其""儿""君"是对"杨氏之子"的称呼;"孔君平""孔""夫子"是对"孔君平"的称呼。

(3)依次读一读故事中对两个人的称呼,说说你的发现。

要点:从"杨氏子"到"其""儿""君",从"孔君平"到"孔""夫子",称呼越来越短;"君""夫子"是对别人的尊称。

(4)出示:"乃呼儿出""为设果"。

提示:故事中对人物的称呼有的地方还会省略,完整地说应该是"孔乃呼儿出""儿为孔设果"。

(5)谁愿意把这个故事读给大家听一听?

提示:在人物称呼的后面要适当做停顿。

学习任务二:贴着人物,讲文言故事

1.把故事讲清楚。

故事里,杨氏之子和孔君平分别做了什么呢?能不能借助注释,用自己的话讲一讲这个故事。

提示:"为设果,果有杨梅"中的水果不止杨梅一种。

点评:说清楚人物做的事,我们就能把这个故事讲清楚。

2.把故事讲生动。

关键点1:"乃呼儿出",孔君平呼儿出的时候,会说什么?会有什么动作呢?

关键点2:"为设果",杨氏子会怎么做?

关键点3:"孔指以示儿曰",想想看,孔君平说这话的时候,表情是怎样的？

关键点4："儿应声答曰"，杨氏子会有什么动作吗？

点评：讲文言故事的时候，我们可以合理想象，把故事讲得更有趣一些。

3. 把故事讲曲折。

这个故事最有意思的地方在哪里？提示文言故事一般都按"起承转合"四个部分讲述，在讲最后两句的时候可以做个停顿，卖个关子等。

学习任务三：朗读对话，领悟人物的聪慧

过渡：这个故事很有意思，有意思就有意思在两个人短短的对话里。我们一起再来读一读他们的对话。

1. 孔君平的"话外之意"。

（1）果盘里有很多水果，孔君平为什么仅仅指着杨梅说呢？他说"此是君家果"究竟是什么意思呢？

要点：既然你们姓杨，"杨梅"中也有一个杨，你们就是一家人。

（2）追问：他们真的是一家人吗？孔君平真的不知道他们不是一家人吗？孔君平故意这么说是何目的呢？

要点：杨氏子很有礼貌，孔君平看了很喜欢，于是就想逗逗他。早就听说杨氏子聪慧，故意要考考他。

（3）朗读孔君平的话：孔君平的这句话该怎么读？

要点：手指杨梅，面带微笑，注视杨氏之子，重音落在"君家"二字上。

小结：听人说话时，我们既要听清楚别人说话的表面意思，也要领会话的言外之意，还要能揣摩说话人真实的意图。

2. 杨氏子的"言外之意"。

（1）杨氏之子说"未闻孔雀是夫子家禽"是什么意思呢？

要点：没有听说孔雀是夫子家的鸟；提示"家/禽"的停顿。

（2）杨氏之子的言外之意是什么？

要点：我姓杨，你说杨梅是我家的果子，孔君平姓孔，自然孔雀也是他家的鸟。

（3）读好杨氏子的话。

要点：重音落在"夫子家"。可以加上动作，装作假意不知。注意"应声答曰"不是说得快，而是接话接得快。

（4）师生同桌表演读。

3. 领悟杨氏子的聪慧。

过渡：面对这么聪明的一个小孩，孔君平最后一定会干一件事？会怎么夸？

要点：可以用文言夸，也可以用白话夸，核心词是"聪明"。

小结：夸的时候一定会说这三个字——"甚聪惠"。

（1）理解"聪惠"字面之意。

出示：①惠，同"慧"，智慧。②惠，仁爱也。

（2）领悟"聪惠"行为之举。

杨氏之子的聪明我们都感受到了，他的"仁爱"体现在什么地方呢？再读读这个故事。

要点："为设果"礼貌有加；面对孔君平的"逗"，还称对方是"夫子"；用"未闻"委婉得体地回击了孔君平。

拓展阅读：

张吴兴亏齿

张吴兴年八岁亏齿，先达知其不常，故戏之曰："君口中何为开狗窦？"张应声答曰："正使君辈从此中出入！"

注释：

[亏齿] 门齿脱落。

[先达] 有德行学问的长辈。

[狗窦] 狗洞。

[常]平凡。

1. 讲一讲：圈画故事中出现的人物称呼，对照注释，读读故事，讲讲故事。

2. 说一说：张吴兴聪明在何处？

要点："应声答曰"反应机敏；"正使君辈从此中出入"顺水推舟，巧妙地将长辈类比成狗。

3. 比一比：杨氏子回复很委婉，张吴兴为什么直接说君辈是狗？

要点：孔君平有礼，称"君家"；先达无礼，直说"开狗窦"。对话时，不仅要回答得当，说话的方式也要得体。

【板书设计】

杨氏之子

	杨氏子	杨梅	君家果
（甚聪惠）	孔君平	孔雀	夫子家禽

《伯牙鼓琴》教学设计

【文本解读】

《伯牙鼓琴》选自《吕氏春秋》。伯牙与锺子期"高山流水遇知音"。伯牙将自己的情操和志向融入琴声，锺子期每次都能快速、准确地听出来。"善哉乎鼓琴"表现了锺子期对伯牙高超琴艺的赞叹；"巍巍乎若太山"和"汤汤乎若流水"是锺子期对琴声的描述，更表明他真正听懂了伯牙通过琴声表现出的情怀。锺子期知其"音"，更知其"志"。锺子期死后，伯牙"破琴绝弦，终身不复鼓琴"，因为他"以为世无足复为鼓琴者"。

《伯牙鼓琴》的故事千古流传，体现出真知己的境界。"高山流水"是音乐，也是伯牙孤寂清高、超凡脱俗的言说，更是知音文化的象征。

【教学要点】

1. 朗读知音故事。

这则文言故事中出现了"而""乎"等表示语意连接的虚词。教学时，要提示"而"字单独停顿，"乎"连着前面的内容停顿。朗读时，要注意节奏分明，声断气连，自然流利。

2. 讲述知音故事。

依据故事出现的两个场景，学习从伯牙的角度，用"伯牙鼓琴"和"伯牙绝弦"来概述故事。在具体讲述"伯牙鼓琴"这个场景时，按照伯牙"志"在何方，琴音"若何"，讲述和续述故事。在具体讲述"伯牙绝弦"的场景时，入情入境表露伯牙的心声。

3. 体悟知音文化。

在创设情境中进行话题探讨，链接课后的资料袋，深入透彻理解伯牙在锺子期死后，破琴绝弦，终身不复鼓琴的行为，体会《高山流水》是知音文化的象征。感悟"朋友易得，知音难求"。

【教学目标】

1. 了解故事的文言特点，背诵故事。

2. 讲述文言故事，体会艺术之美。

3. 区分"朋友"与"知音"，感受知音文化。

【活动设计】

学习任务一：正音畅句，概括故事

1. 导入新课。

（1）聊聊朋友：说说自己的好朋友和为什么会成为朋友的故事。好朋友往往有着很多相同的地方，如兴趣爱好、性格脾气等。今天，老师和大家一起学习一对好朋友的故事。

（教师板书课题，学生齐读课题。）

（2）这个故事选自《吕氏春秋》，出示介绍。提问：这个传说讲述的是哪两个人之间的故事？

多媒体出示：《吕氏春秋》是战国末期秦国的相邦吕不韦组织门客编写的著作。它记载了大量先秦诸子的旧闻佚说、历史故事和传说。《伯牙鼓琴》就是其中的一篇传说。

（3）通过预习，你对伯牙和锺子期有什么了解？

例：伯牙是琴仙，锺子期是樵夫。

（4）一个琴仙，一个樵夫，他们之间会发生怎样的故事？

（5）学生运用学习文言文的经验，自由读文。

2. 正音畅句。

（1）出示：少选之间而志在流水；汤汤乎若流水；以为世无足复为鼓琴者。

要点：一是根据注释确定读音，如"少""汤""为"；二是根据虚词和理解确定断句。"而"字单独停顿，"乎"连着前面的内容停顿，"以为"根据意思进行停顿，以为／世／无足复为／鼓琴者。

（2）自由朗读故事，做到节奏分明，声断气连，自然流利。

3. 概括故事。

（1）这个传说分为两个小故事，能不能分别找出一句话说一说。

例：伯牙鼓琴，锺子期听之。锺子期死，伯牙破琴绝弦。

（2）第一个小故事可以用伯牙鼓琴概括，第二个小故事可以怎么概括？

例：伯牙绝弦。

小结：伯牙鼓琴，锺子期听之；锺子期死，伯牙绝弦。这对好友之间的故事由"琴"而生。

学习任务二：讲述故事，初识知音

1. 走进人物。

（1）伯牙是琴仙，他的琴艺如何？我们先走进第一个小故事，找出相关语句说一说。

要点:"方鼓琴而志在太山;少选之间而志在流水。"伯牙即兴创作,一个"志"字,伯牙用"心音"表现"琴音","方"与"少选之间"的娴熟,表现他"心之所念,必手而得之"的高超琴艺。

(2)锺子期是伯牙的好友,他听懂了伯牙的琴声吗?

要点:"巍巍乎若太山,汤汤乎若流水。"锺子期从伯牙的"琴音"中听到了他的"心音"。

2. 讲述故事。

(1)分角色朗读故事、讲述故事。

要点:角色朗读锺子期的语言,关注"乎",通过"删比"的方法,感受"乎"字传情的作用。

(2)出示明月、清风、细雨的图片,用"方鼓琴而志在_____。善哉乎鼓琴,_____乎若_____。少选之间而志在_____。善哉乎鼓琴,_____乎若_____"的句式续编故事。

例:方鼓琴而志在清风。善哉乎鼓琴,徐徐乎若清风。少选之间而志在明月。善哉乎鼓琴,皎皎乎若明月。

3. 初识知音。

(1)探讨:故事为什么不写伯牙志在明月、清风或细雨?

出示资料袋:

高山景行:出自《诗经·小雅》。原句为"高山仰止,景行行止"。高山,喻高尚的德行。景行,大路,比喻行为正大光明。高山景行,喻崇高的品行。

上善若水:语出《老子》。指的是至高的品性像水一样,泽被万物而不争名利。水有滋养万物的德行,它使万物得到它的恩泽。

要点:伯牙之"志",在于高山流水的高远与宽广。

(2)伯牙弹的这首曲子是什么?代表了什么?

例:伯牙弹的这首曲子是《高山流水》,高山流水代表伯牙的琴艺高超和志向远大。

（3）伯牙鼓《高山流水》，这首《高山流水》还有什么意味？

出示资料袋：

伯牙、子期相传为春秋时代人，关于他们二人成为知音的传说，《吕氏春秋》《列子》等古书均有记载，也流传于民间。由于这个传说，人们把真正了解自己的人叫作"知音"，用"高山流水"比喻知音难觅或乐曲高妙。

例：高山流水遇知音。

学习任务三：话题探讨，再识知音

1. 创设情境。

（1）出示：锺子期死，伯牙破琴绝弦，终身不复鼓琴，以为世无足复为鼓琴者。

（2）当听闻锺子期死这个讯息后，伯牙做了些什么？

例：破琴，绝弦，终身不复鼓琴。

2. 话题探讨。

（1）伯牙还有一位琴师好友，见伯牙如此，一定有几个问题要问伯牙，他会问什么？

例：为何破琴绝弦？为何终身不复鼓琴？为何以为世无足复为鼓琴者？

（2）如果你是伯牙，你会怎么回答？

要点：你听不懂我的想法和志向等。

出示资料袋：

摔破瑶琴凤尾寒，子期不在对谁弹！春风满面皆朋友，欲觅知音难上难。——《警世通言·俞伯牙摔琴谢知音》

（3）伯牙和子期的千古佳话，影响了中国一代又一代的文人墨客。

出示资料袋：

锺期一见知，山水千秋闻。——孟浩然

钟期久已没，世上无知音。——李白

故人舍我归黄壤，流水高山心自知。——王安石

3.链接生活。

说说生活中的朋友与知音。

【板书设计】

伯牙鼓琴

心音　琴音　知音　　锺子期

伯牙绝弦

二、古典白话文小说

古典白话文小说是中国传统文化的瑰宝，其厚重的历史文化、跌宕起伏的故事情节、鲜明的人物形象、独特的表现手法，将中国古代叙事学推向了新的高度。现行统编教材语文五年级下册编排了五篇章回体古典白话文小说节选，分别是《草船借箭》《景阳冈》《猴王出世》《红楼春趣》《两茎灯草》。这是小学生初步接触带有文言性质的长篇小说文本，学习阅读古典白话文小说的方法，获得体验语言的经历，积累阅读经典的经验，受到传统文化的浸润，是一段有意义的学习历程。

小说是叙事性的文学体裁。古典白话文小说与现代小说相比，具有鲜明的叙事特点：在叙事语言上，呈现文白夹杂、韵散结合等鲜明的语言特色；在叙事结构上，呈现回环特色，单篇有情节铺陈上的回环结构，比如《景阳冈》中老虎的"一扑""一掀""一剪"，《两茎灯草》里大侄子、二侄子、奶妈的"三猜"等，整本书进行分章叙事，采用"章回"结构；在人物塑造上，多塑造了一些个性鲜明的扁平人物形象，人物性格呈现静态变化。

小说阅读教学，要着力扩展学生的阅读经验，更要指导学生学会读

小说的方法，帮助学生建立起小说阅读图式。王荣生在《阅读教学设计的要诀》一书中给我们阐释了"用文学的姿态"阅读小说的两种方法：一是浸润式地感知文学作品；二是借助文学解读的工具或行家的指点，扩展、加深对作品的理解和感受，看到自己原本看不到的地方、看不出的意思和意味。在教学中，教师应引导学生循着作者的方式和手法在阅读中打开思维，训练思维，发展思维。

（一）触摸经典，浸润语言

古典小说萌芽于先秦两汉，发展于魏晋南北朝，成熟于唐代，宋代出现了白话小说，也称"话本小说"，实现了"小说史上的一大变迁"。宋代话本增强了小说的言语表现力，提高了小说的社会功能，其在描写对象、思想观点、美学情趣等方面的转折变化，奠定了白话小说和长篇小说的特点，直至明清小说的蓬勃。

文白夹杂，是白话小说最显著的文体特征，也是学生在阅读小说时最先遇到的障碍。文中夹杂着许多带有文言色彩的词语，比如"筛酒""拱伏无违""一声不倒一声"等，这些词语可以通过联系上下文猜一猜进行理解，不知道的可以告知。文中还有些是具有时代意义的词，比如"榜文""客官""印信"等，这些词语都有浓烈的古代生活气息，反映着当时人物、事物的历史印记，可以通过查阅资料、结合看过的影视剧作品进行了解，同时也能增进对古代人文生活的了解。还有一些文言虚词，比如"乃""遂""罢"等，在教学中要引导学生扫清字词障碍，同时也感受文言文的特点，为今后的文言文阅读积累经验。

韵散结合，这是白话文小说又一特殊的语言运用形式，小说文本在散文体的叙述中掺杂着有韵的诗、词、曲、赋等形式，使文体呈现韵散结合，参差错落的语体面貌。比如《猴王出世》中"那猴在山中，却会行走跳跃，食草木，饮涧泉，采山花，觅树果；与狼虫为伴，虎豹为群，獐鹿为友，猕猿为亲；夜宿石崖之下，朝游峰洞之中"等，这些句式对仗工整的骈文，需引导学生通过朗读体会语言的音韵美感，初步感知语言的韵律和节奏。

学生仅从教材选文感知白话文小说的特点，认知比较局限，学完单篇以后，教师可引导学生进行整本书阅读。当前提供学生阅读的版本比较多，比如《西游记》，教师可以出示三类不同版本的白话文小说，选择其中《猴王出世》片段进行对比阅读，引导学生感受不同版本的白话文语言特征，揭示阅读的方法，给予学生分层的选择。

同时也可以通过影视作品片段，带领学生通过欣赏影视作品中的人物语言，感受白话文小说文白夹杂的特点。

（二）绘制地图，感知结构

古典白话文小说属于传统小说，而传统小说最大的特点是故事情节，情节有因果关系，强调事与事之间、事情内部之间的因果联系。在教学中，我们可以将小说情节的"叙述顺序""人物行动"和"叙事弧线"绘制成可视化的情节地图，这样可以直观把握小说情节的推动和发展，发现小说叙事的秘密，提升学生的叙事思维。

"起因—经过—结果"是最基本的叙事结构。如《草船借箭》讲述了周瑜妒忌诸葛亮，要诸葛亮在十天内造好十万支箭，欲借此陷害他；诸葛亮同周瑜斗智，利用草船向曹操借来十万支箭，令周瑜自叹不如。《猴王出世》以石猴出世、石猴探洞、石猴报喜、石猴称王为故事情节展开叙述。《红楼春趣》以放风筝的起因、经过、结果为故事情节展开叙述。

以上课文呈现出单一、传统的叙事结构，易于学生厘清故事情节，快速把握故事内容，但缺乏一种能够引发读者情绪体验的弧线。而在《景阳冈》一文中，它虽然按照故事的"发生—发展—高潮—结局"来进行叙述，但是在言语表现上，它能激发读者的阅读感受，形成阅读情感的起伏变化，尤其是"打虎"文段，在武松和老虎几次三番的较量中，使读者的情感体验达到巅峰，酣畅淋漓，痛快不已。由此，我们绘制出伴随读者情感体验生成的情节地图。

《两茎灯草》中，紧扣严监生临死前伸出的两根手指头引起诸亲六眷的猜测，抓住严监生的"三次摇头"和"一次点头"，通过揣摩严监生心理的起伏变化，绘制曲折的情节地图。

仅从故事内容上来关注节选文的叙事结构，显然是狭隘的。教材中呈现的都是章回体古典白话文小说节选，因此，在教学中，应借助整本书来体认章回体的结构。"章回体小说"的特点是分回标目。在教学《猴王出世》，可出示《西游记》第一回回目《灵根孕育源流出　心性修持大道生》，引导学生揣摩回目和故事内容之间的关系，从而发现回目往往是故事主要内容的概括；再出示回目《唐三藏路阻火焰山　孙行者一调芭蕉扇》，让学生根据回目猜测故事内容；接着出示一则故事内容，让学生尝试写回目，发现回目字数相同、对仗工整的特点。通过欣赏《草船借箭》的说书片段，感受章回体小说"上回说到""预知后事如何，请听下回分解"的叙事特点。同时还可以借助章回体回目，猜测故事之间的关联，体会故事之间的因果关系。

（三）复述故事，稳定图式

故事是用来讲的。复述，是讲故事的常用手段，但它不是简单地对文字内容的重复，而是对文本结构的内化和外显，易于学生稳定叙事图式。复述可以根据教学设计进行"变脸"。

1. 简要复述

例如《草船借箭》，根据情节地图，按照故事的起因、经过、结果的顺序说说故事的主要内容，同时讲清每部分主要人物的主要行动，以及人物行动之间的关联。

2. 详细复述

即生动复述，可以加上适当的语气、表情、动作。比如《两茎灯草》，可以依据情节地图，分配角色，以严监生临死前伸出的两根手指为典型动作，进行情景再现。古典白话文小说篇幅较长，教师可以选择其中较为经典的精彩片段指导学生进行生动复述。比如《景阳冈》中"武松打虎"的片段,复述时,可以先让学生分别圈画出武松打虎和老虎扑人的动作,发现动作描写的回环,用"交替叙述"的方式,适当加以语气、动作、表情,生动地讲述这个情节,还原场景。

3. 变换视角复述

即以故事中其他人物的身份讲述这个故事。比如《两茎灯草》里,大侄子、二侄子、奶妈、赵氏分别会怎样讲述这个故事;《景阳冈》中如果我是武松,我会怎样向别人讲述打虎的故事等。这样的复述相应地改变文本的语言,需要学生转变思维,转化语言,创造性地复述。

4. 表演性复述

即模仿说书人表演进行简单的故事复述。教师可先带领学生简单了解说书传统的表演形式,包括定场诗、开脸儿、摆砌末等,也可进行简单的书场布置。说书时要做到声音洪亮、抑扬顿挫。说书对学生表达要求较高,教师应降低要求,引导学生感受即可。

(四)揣摩人物,丰富经验

人物是小说的灵魂。读小说,就是读人性的成长史、发展史。阅读小说,可以使读者看到人性的可能性与丰富性,可以使读者"跳出来"认识世界,明白处身涉世的道理,从而丰富人生的经验。尤其在古典小说中,人物形象的塑造有其鲜明的时代气息和生活背景,个性鲜明的人物往往会决定命运的结局,所谓"性格决定命运"。认识人物,可从以下三方面入手。

1. 依托情节,发现性格

人物性格是在情节的发展中不断显现和完成的。在五篇古典白话文节选片段中,情节的提取,都是抓住主要人物的关键事件,从而发现人物的生活轨迹,把握人物的性格。根据上文所示的情节地图,我们可以一目了然。尤其是在情节的陡转处、叙事弧线的置高处,人物的性格更加凸显。

2. 关注细节,体会性格

人物的语言、动作、神态、心理等描写,都是为表现人物性格服务的,不然,我们怎能从诸葛亮的"一笑"中感受到他的成竹在胸,从武松的"一闪"中感受到他的机智勇猛,从严监生的"三摇一点头"中感受到他的吝啬?因此,在教学中,要引导学生关注细节,从而深入体会人物的性格。

3. 关联比照,突出性格

感受人物的特点,我们还可以将同一个人物前后不同的表现、不同人物面对同一件事情的反应进行比较,来发现和体会人物特点。比如《草船借箭》中,周瑜的刻意刁难与陷害,诸葛亮主动立下军令状,两相比较,周瑜的气量狭小、心怀狡诈,而诸葛亮的顾全大局、考虑周全,一览无遗。《景阳冈》的课后练习中,还出现了通过比照人们对武松的评价,形成自己对武松这一人物形象的认识,从而丰满武松这一人物形象。再如《猴王出世》,学生对"孙悟空"这一形象通过影视剧作品或者之前的阅读已经有了初步的认识,通过本文的学习,又会发现一个立体丰满的石猴形象。

(五)创意表达,濡染文化

感受古典名著的魅力,还可以通过多种形式有创意地表达自己的阅读感受和收获,体味不同人生,获得成长的力量,同时通过丰富的言语活动,使学生获得言语表达高阶能力的提升。

1. 人物名片展

为本单元的每个人物制作一张人物名片,可以从姓名、外号、特长、性格等多方面对人物进行基本信息收集,开展"人物名片展"活动。

2. 小小评书会

根据《水浒传》开脸资料袋,选取本单元课文中喜欢的人物,也可以是四本中国古典小说中的其他人物,改写成古典小说人物开脸,在班内开展"小小评书会"活动。

3. 经典趣配音

从四篇课文中分别选取一段影视，或者一组图片，运用文中的语言完成"古典小说趣配音"活动。

4. 课本剧表演

小组内选取感兴趣的一段场景，讨论怎么表演课本剧，根据讨论内容进行排练，再在班上表演。

5. 读后感分享

选择本单元的一篇文章或一本书，写一篇读后感，在班内进行分享。

当然，阅读教学最本质的价值在于丰富、扩展学生的语文经验。入编教材的古典白话文都是名著选段或改编，单篇和整本书阅读必然是紧密关联，通过单篇的学习掌握阅读古典名著的方法，感知古典白话文小说的叙事技巧，学生在阅读整本书的过程当中，自然就会实现方法的迁移，经验的积累，从而建构起阅读小说的图式，在阅读中受到传统文化的熏陶感染，在溯源中激发对传统文化的热爱，形成价值意义层面上的文化传承。

《草船借箭》教学设计

【文本解读】

《草船借箭》改写自罗贯中的《三国演义》第四十六回"用奇谋孔明借箭 献密计黄盖受刑"。"草船借箭"是小说中有关诸葛亮的精彩章节，故事发生在"赤壁之战"前，东吴的周瑜故意提出限期十天造十万支箭的任务刁难诸葛亮。诸葛亮识破周瑜的计策，利用大雾天和曹操多疑的性格特点，用草船诱敌，巧妙地从曹军那里"借"到了十万多支箭。故事充分表现了诸葛亮的足智多谋与运筹帷幄。

小说的冲突来自周瑜因为忌妒诸葛亮的才干而采取的设计陷害：正常情况下不可能完成的造箭任务、安排军匠拖延、材料不备齐、让鲁肃打探情况等。由此构成了小说的悬念：诸葛亮会不会中计？读者带着这个悬念，好奇诸葛亮的种种应对，怀疑鲁肃会不会保守诺言，担心周瑜会不会耍其他的手段……直到诸葛亮成功地从曹操那里"借"到"十万多支"箭，才如释重负，发出会心的微笑。

选文以诸葛亮为中心人物串联起孙、刘、曹三方和四位人物，以鲁肃为纽带连接起故事内容，情节紧凑，叙事线索清楚。选文通过大量的人物对话描写，兼以恰当的环境、神态描写，栩栩如生地塑造了诸葛亮、周瑜、鲁肃三位人物形象，也部分揭示了曹操多疑的性格。

【教学要点】

1.语言积累与感受。

比较"阅读链接"与课文对应段落，感受古白话文小说在用词、节奏上与今天的语言不同的特点。

2.故事梳理与复述。

围绕课题"草船借箭"梳理小说情节，明确故事的起因、经过和结果，并指导学生按照起因、经过和结果的顺序概括复述故事，把握故事的主要内容，感受情节之间的因果联系。根据学情，也可以选择周瑜、鲁肃、诸葛亮其中一人的角度，以向他人描述事情经过为任务情境，进行创造性复述。

课文是节选，故事的前后联系缺少交代，人物形象没有呈现发展脉络，再加上相关历史背景知识了解得不足，都可能会对学生理解课文内容造成一定的困难。教学时，可以联系原著中"草船借箭"的前后情节，也可以适当补充三国历史背景资料，帮助学生更好地理解课文内容。

3.人物形象揣摩与比较。

中国古典名著传播方式多，传播时间长，学生对古典名著中的典型人物形象都或多或少会有一定的了解。以此为起点，指导学生通过揣摩人物言行表现、比较人物表现的异同等方法，进一步感受人物形象，增进对人物的了解,激发阅读名著进一步了解人物的兴趣。

【教学目标】

1.学习生字新词,对比课文与"阅读链接",感受古白话文小说的语言特点。

2.复述课文,感受故事的起因、经过、结果,了解故事主要内容,体会情节的起伏变化。

3.运用提问与比较策略,关注人物的言行表现,感受和揣摩人物特点。

【活动设计】

学习任务一:学习词语,感受故事

1.学习生字词语。

(1)出示词串一:都督　鲁肃　诸葛亮　曹操。

要点:读准字音,注意"都"这里读"dū"。说说对这些人物的了解,明确这四个人物各自所属的军事集团,知道"都督"一般指的是军事统帅,这里指周瑜。

(2)出示词串二:妒忌　惩罚　探听　疑惑。

要点:读准"惩"字,后鼻音,第二声。结合上下文说说词语的意思,发现这些词语都是写周瑜的,表现出了他对诸葛亮的刁难甚至陷害。

(3)出示词串三:遮起来　擂鼓　呐喊　神机妙算。

要点:读准"擂"字,边音,第二声。结合上下文说说词语的意思,发现这些词语都是写诸葛亮精心安排、成功"草船借箭"的足智多谋。

2.了解故事内容。

要点:连起来读词串,选用其中的词语说说对故事内容的大致了解。

学习任务二:理清顺序,复述故事

1.厘清故事的起因、经过、结果。

(1)回顾《普罗米修斯》的学习,围绕"盗火"说说故事的起因、经过、结果。

要点：普罗米修斯盗火—宙斯惩罚—赫拉克勒斯搭救。

（2）围绕"草船借箭"说说故事的起因、经过和结果。

要点：周瑜设计刁难诸葛亮—诸葛亮草船巧借箭—周瑜哀叹不如诸葛亮。

2. 复述故事。

（1）根据人物之间的关联快速把握故事的展开。

要点：默读课文，发现起因部分主要写的是诸葛亮和周瑜之间的事，经过部分主要写的是诸葛亮和鲁肃之间的事，结果主要写的是周瑜和诸葛亮之间的事。围绕发现快速记忆重要信息，即主要人物的主要行动。

（2）按照起因、经过和结果复述故事。

要点：自主练习后指名复述，师生共同评价。围绕是否讲清每个部分主要人物的主要行动，人物行动之间是否有关联来进行评价。

3. 体会情节的起伏。

要点：交流听故事时的心理感受，引导学生发现，我们阅读小说时内心的起伏，是根据小说情节的发展引起的，这就是小说情节的起伏，也是我们阅读小说的一种乐趣。

学习任务三：提问比较，感受人物

1. 运用提问策略，感受人物的特点。

（1）学生交流批注。

要点：充分运用学生自主学习的成果，在交流互动中，实现对人物特点的初步感受。

（2）运用提问策略引导学生抓住体现人物特点的句子进行批注。

例：

诸葛亮说："怎么敢跟都督开玩笑？我愿意立下军令状，三天造不好，甘受惩罚。"周瑜很高兴，叫诸葛亮当面立下军令状，又摆了酒席招待他。

提示：

①引导学生抓住诸葛亮的话，联系与周瑜的话之间的不对应，思考：诸葛亮为什么主动提出三天、立军令状和甘受惩罚？进而安排学生批注、交流，指导学生感受诸葛亮的胸有成竹，以及对孙刘联盟大局的顾全。

②引导学生抓住周瑜的表情，思考：周瑜为什么"很高兴"？在批注交流中，发现周瑜对诸葛亮的忌妒，内心狡诈甚至有点阴险。

（3）学生自主批注、交流。

要求：选择能体现人物特点的语句，先提出问题，再进行批注，用比较简洁的语言概括人物的特点。

2. 进行比较阅读，感受人物的特点。

引导：感受人物的特点，还要联系起来看，将同一个人物前后不同的表现、不同人物面对同一件事情的反应等进行比较，发现和体会人物的特点。

（1）关于造箭。

周瑜是利用造箭刁难、陷害诸葛亮；诸葛亮主动提出三天时间完成并立下军令状。两相比较，可以体会到周瑜的气量狭小、心怀狡诈，而诸葛亮则是顾全大局、考虑周全。

（2）关于借箭。

从材料的准备、时机的选择、两边受箭的安排等，能够充分体会到诸葛亮的运筹帷幄与超凡的军事才干。

而曹操是"我们看不清虚实，不要轻易出动……"，可见他的小心谨慎与多疑。

3. 说说对诸葛亮认识的变化。

（1）说说之前对诸葛亮的了解。

要求：说清楚认识及其依据或来源。

（2）交流现在对诸葛亮有哪些进一步的了解。

要求：联系小说的具体情节，说清依据。

例：

从借箭材料的准备、时机的选择、两边受箭的安排等，能够充分体会到诸葛亮的运筹帷幄与超凡的军事才干。

（3）说说还想了解诸葛亮的哪些故事。

要求：一是触发学生对诸葛亮的深入了解，二是激发学生进一步阅读《三国演义》整本书的兴趣。

4.交流对周瑜、鲁肃了解的变化。

要求：联系小说的具体情节，说清依据。

学习任务四：对比阅读，感受语言

1.出示"阅读链接"，找出课文对应段落（第8、9自然段）。

2.比较阅读，发现不同。

要点：先出声读，再圈出相同意思的不同表达。

3.说说两处的语言有什么不同。

要点：原著语言表达比较简洁；说某人时有时只用一个字，如"操"指曹操；有些词语今天不大用了，如"差人"，今天多用"派人"；停顿也与今天的白话文不大相同等。

4.推荐阅读《三国演义》。

《景阳冈》教学设计

【文本解读】

《景阳冈》选自元末明初施耐庵的《水浒传》第二十三回，选作课文时有删减，题目为编者所加。按照故事发展的顺序，小说讲述了武松进店饮酒，不听劝告，执意过冈；武松上冈，见了官司榜文，才知真的有虎，但决定继续上冈；武松赤手空拳与猛虎搏斗，终于打死了老虎；

武松一步一步挨下冈来。这就是小说情节的发生、发展、高潮和结局四个部分。小说刻画了武松豪放倔强的性格和无所畏惧的英雄气概。

作为古典章回体小说的节选改编，小说中出现了大量的文言词和时代词，如"筛酒""请勿自误"是文言词，"榜文""印信"是时代词。

【教学要点】

1. 生字识写。

"梢棒""印信""榜文""大虫"等时代词理解时可根据阅读和看过的影视作品猜一猜；"筛酒""但凡""请勿自误""各宜知悉"等文言词可以根据上下文猜一猜意思。在阅读的过程中，遇到较难理解的词句，在不影响阅读理解的情况下，不用反复琢磨。

2. 故事概述。

小说就是讲故事。快速默读故事，按照故事的发展顺序提取信息，完成情节地图"喝酒—上冈—打虎—下冈"的整理，依据阅读的心理，发现故事的起伏，知道这是小说情节的发生、发展、高潮和结局。依据情节地图，抓住武松的行动简单说一说故事。

3. 情节讲述。

武松打虎的情节是小说的高潮，抓住武松和老虎的动作绘制表格，依据表格用"交替叙述"的方式详细讲述这个情节，还原场景。讲述的过程中，根据理解，可以加上适当的语气、表情和动作。

4. 人物评述。

《水浒传》塑造了众多好汉形象，武松就是其中最有代表性的一个。武松具有多元性格：他倔强多疑，他死要面子；他谨慎小心，他力量过人。英雄不全是优点，也有缺点。《水浒传》中的好汉，个个具有鲜明的特点，可以联系《李逵杀虎》认识其他好汉形象。

【教学目标】

1. 认识"时代词""文言词"，感悟古典小说语言特点。

2. 讲述故事，感知古典小说叙事的起伏感。

3. 评述人物，感受鲜明的"好汉"形象。

【活动设计】

学习任务一：学习词语，感悟古典小说语言特点

1. 出示词串一：肚中饥渴 一碟热菜 血泊 胸膛 横拖。

（1）读准词语，发现"泊"是个多音字，在这里读"pō"。

（2）提示："饥""碟""膛""拖"书写时左窄右宽。

（3）联系上下文和生活经验，说说对这些词语的理解。

2. 出示词串二：梢棒 印信 榜文 大虫。

（1）朗读词语，结合阅读经验和看过的影视作品猜一猜这些词语的意思。

（2）发现这些词语都是古代人对一些事物的说法，这是古典小说中的"时代词"。

3. 出示词串三：筛酒 但凡 请勿自误 各宜知悉。

（1）朗读词语，发现这是古典小说中的"文言词"，感受这组词语中文言的味道。

（2）结合文中的句子，运用猜读和拆解的方式理解词语的意思。

要点：

筛酒：斟酒。

但凡：凡是，只要。

请勿自误：误，受伤害。请不要使自己受伤害。

各宜知悉：各，每个人。宜，应该。知悉，知道了解。每个人都应该知道了解。

（3）提示：古典章回体小说中的"文言词"还可以查阅《古代汉语词典》来理解。

4. 默读小说，找一找小说中的"时代词"和"文言词"，感知古典小说的语言特点。

要点:"酒家""气力""官司""杖限""擒捉发落""申牌时分"等。

(1)出示交流平台中的相关内容,学生间相互交流发现。

(2)阅读古典小说的过程中,遇到较难理解的词句,在不影响阅读理解的情况下,不用反复琢磨。

学习任务二:概述故事,感受古典小说叙事起伏

1.出示:喝酒—(　　)—(　　)—(　　)。

(1)按照故事的发展顺序,把括号内的内容补充完整。

要点:喝酒—上冈—打虎—下冈。

(2)提示:这是小说的四个主要情节。

2.根据阅读感受,摆放"喝酒""上冈""打虎""下冈"表示情节的四个词语位置,形成故事的情节图,如图4-1所示。

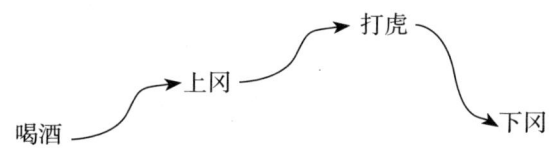

图4-1 《景阳冈》情节图

提示:这是小说情节发展过程中的发生、发展、高潮和结局四个部分,也是古典小说讲故事的基本结构。

3.根据情节地图,抓住武松的行动,按照故事发展的顺序,说一说故事的主要内容。

要点:晌午,武松进店饮酒,不听店家劝告,执意过冈;武松上冈,见了官司榜文,才知真的有虎,但决定继续上冈;武松赤手空拳与猛虎搏斗,终于打死了老虎;武松一步一步挨下冈来。

学习任务三:讲述情节,还原武松打虎场景

1.小说最精彩的就是"高潮"部分——"武松打虎"。默读这个部分,圈画表示武松如何打虎动作的词语。

要点：翻身下来，拿梢棒，闪青石旁……

2. 老虎要吃武松，又做了些什么，圈画表示老虎动作的词语。

要点：跳出，两爪在地下略按一按，望上一扑……

3. 将武松打虎的动作与老虎想吃武松的动作填写在表 4-1 之中，说说发现。

表 4-1　动作表

武松	
老虎	

要点：小说先写老虎的动作，再写武松的动作，交替描写，武松与老虎交战了多个回合。

4. 根据情节图，用自己的话详细讲述武松打虎的部分，可以加上适当的语气、表情和动作。

小结：描写武松时，用"轮""劈""揪""按""踢""提""打"等几个字，字字千钧，虎虎生风，形象生动地凸显了武松打虎的英雄气概。

5. 在武松打虎的过程中，"闪"字尤为精彩。

出示：说时迟，那时快，武松见大虫扑来，只一闪，闪在大虫背后……武松却又闪在一边。

讨论：一段话里连用了多个"闪"字，是不是重复了？文中也出现了"武松只一躲，躲在一边"，能否将这些"闪"字都换成"躲"字呢？

要点："闪"既是本能的反应，又是防御的手段，准确刻画了武松在遭到大虫的突然袭击、毫无防备的情况下的动作。"闪"这个动作，具有突发性，用在这里很能表现人物的机警敏捷。而"躲"却显得很被动。这一个连一个的"闪"字，绝不是重复、雷同，而是凸显了武松的有勇有谋、智勇双全。

学习任务四：评述人物，感受武松人物形象

1. 读一读课后资料袋中对武松的介绍。

2.探讨：对于课文中的武松，人们有不同的评价。

出示：

武松真勇敢，"明知山有虎，偏向虎山行"。

武松很要面子，有些鲁莽，不听别人善意的劝告。

你有什么看法？运用四年级学过的批注的方式阅读这个故事，同桌之间讨论。

要点：抓住武松在喝酒时的语言、上冈时的心理和打虎时的动作进行批注。武松就是这样一个人——倔强、爱面子、要强、多疑，如果他不是这样的一个人，就不可能上冈；武松就是这样一个人——谨慎、机智、勇敢、力量惊人，如果他不是这样的一个人，就不可能打死老虎。英雄因为优点而可敬，因为缺点而可爱、而可信。

3.出示金圣叹评价武松的句子："武松天人者，固具有鲁达之阔，林冲之毒，杨志之正，柴进之良，阮七之快，李逵之真，吴用之黠，花荣之雅，卢俊义之大，石秀之警者也。"

要点：就像"一千个读者就有一千个哈姆雷特"，阅读《水浒传》每个人心中都有一个武松的形象。

学习任务五：比较阅读，感受好汉形象差异

1.出示《李逵杀虎》的片段，李逵也是《水浒传》中的一个人物，他也曾经打死过老虎，他有什么特点呢？

（1）用自己的话，按照故事的发展顺序，说一说《李逵杀虎》的故事。

要点：李逵放下母亲去接水—回来后，发现老母被老虎所吃—气愤之下杀了一窝四只老虎—李逵查看虎窝，洞中的老虎已被杀净。

（2）抓住李逵杀虎的动作，说一说这位"好汉"的形象。

要点：李逵孝顺、率真、鲁莽而勇猛。

2.拓展延伸：《水浒传》写的是北宋末年，以宋江为首的一百单八将在水泊梁山起义的故事，塑造了众多好汉的形象。读读《水浒传》的故事，说说《水浒传》中的好汉。

学习任务六：拓展阅读，感知古典章回小说特点

1. 出示原著《水浒传》第二十三回《横海郡柴进留宾　景阳冈武松打虎》，与课文进行比较式阅读。

（1）关注标题，发现前后两句字数相等。

（2）关注开头，有"话说"一词，发现原著《水浒传》有点说书的感觉，相机点明《水浒传》是在"宋元话本"的基础上发展来的。

（3）关注语言，发现文言词比课文中更多，但与我们学过的文言文的语言又不同，相机点明《水浒传》是明清的白话小说。

2. 出示《水浒传》目录，同桌之间说一说发现，交流中感知章回小说特点。

要点：章回小说是我国古典长篇小说的一种，是分章回叙事的白话文小说，是我国古典小说的主要形式，分回标目，段落整齐，首尾完整，是其主要特点。

《猴王出世》教学设计

【文本解读】

《猴王出世》选自明代吴承恩的《西游记》第一回，选作课文时有改动，题目为编者所加。按照故事发展的顺序，讲述了花果山上一块仙石孕育了一只石猴，这石猴与群猴玩耍时，因敢于第一个跳进水帘洞，被群猴拜为猴王的故事。

作为古典白话文神魔小说，"人物奇""情节奇""语言奇"是这篇课文最大的特点。如"石猴出世"的部分运用了大量排比和对偶的句式，节奏疏密有致、抑扬顿挫，体现了古典白话文小说中文言的影子。

【教学要点】

1. 诵读"石猴出世"场景。

"石猴出世"的部分运用了大量的排比和对偶的句式,节奏疏密有致、抑扬顿挫。可以组织学生进行轮读、比读、诵读等活动,咀嚼语言情味,感受古白话文凝练鲜明、优美奇特的语言形式。

2. 讲述"猴王出世"故事。

根据阅读古典白话小说和文言文的经验,学生"连估带猜式"地阅读故事,遇到不明白的地方,可以猜猜大致意思,继续往下读。在阅读过程中抓住"石猴出世""石猴探洞""石猴报喜"和"石猴称王"建立情节图。依据情节图,用自己的话讲一讲故事的主要内容,感受神奇的情节。

3. 丰富"人物形象"认知。

孙悟空的形象学生已在之前的阅读和影视作品欣赏中有了初步的感知,学习这篇课文时可以找出描写孙悟空形象的三处语句,在探讨中发现一个立体丰满的石猴形象,丰富学生对人物形象的认知。

【教学目标】

1. 诵读场景,感受古典白话小说的语言特色。
2. 讲述故事,探寻古典白话小说的阅读方法。
3. 探讨形象,丰富对人物形象的认知。

【活动设计】

学习任务一:诵读"石猴出世"场景

1. 出示词串一:耍子去耶 列位呵。

(1)朗读词语,注意"呵"同"啊",读"ā"。

(2)发现"耶"和"呵"都是语气助词。

(3)出示词语所在的句子,关注语气词,读好人物的话语。

2. 出示词串二:石崖 石窍 石碣 仙石 石卵 石猴。

（1）朗读词语，注意读准"窍""碣"。

（2）说一说文中带有"石"字的词语。

（3）抓住"仙石""石卵""石猴"三个词语，默读第一小节，用自己的话说一说石猴的出世。

3.出示词串三：狼虫为伴　虎豹为群　獐鹿为友　猕猿为亲。

（1）朗读词语，发现"獐""猕""猿"都是一种动物，这些字书写时都有反犬旁。

（2）出示句子朗读。关注四个"为"，感受句式工整，有节奏感；关注"伴""群""友""亲"，感受用词变化。

（3）提示这是一篇古典白话小说，小说的语言是古代的白话文。

4.出示课文第1自然段，朗读中感受小说的语言特色。

（1）范读：教师示范朗读，展现语言的节奏之美。

（2）轮读：同桌间轮流读，感受语言的对称之美。

（3）比读：文白对比朗读，感受语言的凝练之美。

出示：

石猴在山中行走跳跃，以草木为食，喝山涧的泉水，采山花，寻觅树果，和狼虫为伴，与虎豹成群结队，和獐鹿做朋友，与猕猴和猿猴为亲戚；晚上睡在石崖之下，早上在山峰洞穴之中游荡。

那猴在山中，却会行走跳跃，食草木，饮涧泉，采山花，觅树果；与狼虫为伴，虎豹为群，獐鹿为友，猕猿为亲；夜宿石崖之下，朝游峰洞之中。

（4）诵读：选择自己感兴趣的语句诵读。

学习任务二：讲述"猴王出世"故事

1.课文第1自然段讲述了"石猴出世"，课文还有三个自然段，分别又讲了石猴的什么事情？

要求：默读课文，运用阅读古典白话小说和文言文的方法，遇到不明白的语句,可以猜猜大致的意思,然后继续往下读。

要点:"石猴出世""石猴探洞""石猴报喜""石猴称王"。概括时注意区分"石猴"和"猴王"。

2.请学生将四个表示故事情节的词语书写在黑板上,形成故事情节图。依据情节图用自己的话简单说一说故事内容。

出示:

傲来国花果山山顶上有一块仙石,其中孕育一枚仙胎,有一天仙石崩裂产出一个山卵。因为见了风,化成了一只石猴。

一天,石猴与群猴在山洞中洗澡,其间泉水奔流,众猴说可寻源头,不伤身体者,立即拜他为王。石猴跳入泉中,发现一个石洞。

石猴把这个好消息告诉了众猴,众猴高兴地进入了水帘洞中。

众猴立刻拜石猴为王,将"石"字隐去,叫作美猴王。

3.小结:古典白话小说虽然已经是通俗小说了,但很多语言还是接近文言文,对于我们来说,很多地方仍须按照文言文的读法才能真正读通读懂。

学习任务三:探讨"主人公"形象

1.课文的主人公我们都认识,文中称"石猴""美猴王""千岁之王",这是众猴对他的称呼。你还知道他的其他称呼吗?

要点:他自称"齐天大圣";唐僧给他取名"孙悟空",生气时也叫"猴头";八戒当面叫"猴哥",背后叫"猴子",逼急了还骂"该死的泼猴,油烹的弼马温";沙僧称"大师兄";玉帝、太白金星等称他"泼猴""弼马温""大圣"……

小结:我们平时最常称呼他的是孙悟空,但细细读读《西游记》,你会发现对他的称呼有很多很多,每一个称呼的背后都展现了他不同的经历和形象。

2.探讨:课文中也有几处对他的描写,从中我们可以读到一个怎样的"石猴"？你有什么不一样的发现？

出示：

那座山正当顶上，有一块仙石。其石有三丈六尺五寸高，有二丈四尺围圆。四面更无树木遮阴，左右倒有芝兰相衬。盖自开辟以来，每受天真地秀，日精月华，感之既久，遂有灵通之意。内育仙胞，一日迸裂，产一石卵，似圆球样大。因见风，化作一个石猴。

忽见丛杂中跳出一个石猴，应声高叫道："我进去！我进去！"他瞑目蹲身，将身一纵，径跳入瀑布泉中……

石猴端坐上面道："列位呵，'人而无信，不知其可'。你们才说有本事进得来，出得去，不伤身体者，就拜他为王。我如今进来又出去，出去又进来，寻了这一个洞天与列位安眠稳睡，各享成家之福，何不拜我为王？"

要点：

语段一："三丈六尺五寸高，有二丈四尺围圆"中的数字暗合一年三百六十五天和二十四个节气，再加上"芝兰相衬、天真地秀、日精月华"都显示石猴乃天地之造化。

语段二："我进去！我进去！"表现出石猴急不可耐，但又充满信心。"瞑目蹲身，将身一纵"表现石猴艺高胆大，敢作敢为。

语段三："人而无信，不知其可"看出石猴引经据典定下基调，随后摆出事实"我如今进来又出去，出去又进来，寻了这一个洞天与列位安眠稳睡，各享成家之福"，最后得出结论"何不拜我为王？"。理由充分，论据充足，表现石猴的有勇有谋和王者之气。

从三个语段来看，不仅讲述了"石猴"到"猴王"的故事，也展现了"石猴"的成长过程。

《西游记》整本书阅读教学设计

【文本解读】

《西游记》是中国古代第一部浪漫主义章回体长篇神魔小说。作者是明代吴承恩。全书主要描写了孙悟空出世及大闹天宫后,遇见了唐僧、猪八戒、沙僧和白龙马,西行取经,一路上历经艰险,降妖除魔,经历了"九九八十一难",终于到达西天见到如来佛祖,最终五圣成真的故事。该小说以"玄奘取经"这一历史事件为蓝本,经作者的艺术性加工,更能深刻地描绘出明代百姓的社会生活状况。

作为章回体古白话文长篇小说的代表之一,其中的故事、人物、场景已经深深地影响了中国人的思想观念、价值取向。

【教学要点】

1.故事情节的阅读与讲述。

故事是小说的基本面,情节是故事的基本组成部分,故事总是可以用来讲的。《西游记》讲述了唐僧师徒四人一路降妖伏魔,历经整整"九九八十一难"取经的故事。学生应根据古典章回体小说的特点,运用本单元学习古典名著的方法,根据章回目录进行阅读。在此基础上,抓住师徒四人路过的地方,经历的险难,完成形式多样的取经路线图。依据路线图简单讲述故事,发现"愿望—困难—办法—结果"的叙事结构。

在《西游记》的故事中,出现了多次带有"三"的故事,三打白骨精,三借芭蕉扇,三探无底洞……这些故事展现了"一波三折"的叙事结构,阅读中,学生通过绘制情节图、讲述故事的情节,感受叙事的艺术。

2.人物形象的感受与理解。

小说反映社会生活的主要手段是塑造人物形象。《西游记》细腻而深刻地塑造了四个极其经典的形象:慈悲、宽厚但软弱、迂腐的师父唐僧;富有反叛精神、神通广大的孙悟空;自私狡猾、好吃懒做的猪八戒;任劳任怨、忠心耿耿的沙僧。除此之外还塑造了形形色色的神仙和妖怪。

学生在阅读中，通过帮助人物建立档案的方式，深入感受和理解人物形象。

3. 环境描写的认识与欣赏。

作为小说三要素的环境一般可分为自然环境、社会背景和物质产品等三种类型。《西游记》中自然现象的描写是重点，不管是"美境"，还是"恶境"，均有山有水，有风物，这些自然现象造就了一道风景。这道风景在小说中具有多重意义，人物的塑造和情节的展开基本上是在自然环境中进行的。学生在阅读中对这道风景进行梳理、比较，有助于从更宽的视野去欣赏小说叙事的艺术。

【教学目标】

1. 讲述故事，发现古典小说的叙事结构。

2. 评述人物，感受个性鲜明的人物形象。

3. 欣赏风景，发现环境描写的表达作用。

【活动设计】

学习任务一：运用阅读策略，绘制取经路线图

1. 运用阅读策略，自主阅读小说。

要点：根据阅读《猴王出世》的经验，自主阅读《西游记》，遇到不太明白的语句，可以猜猜大致的意思，然后继续往下读。时间约为两周。

2. 关注封面目录，再识章回体小说。

（1）出示《西游记》的封面，请学生介绍。

要点：学生根据阅读经验和搜集的资料，介绍作者和故事内容，知道这是我国古典四大名著之一，是一部神魔小说。

（2）出示《西游记》的目录，认识章回体小说。

要点：学生根据本单元的学习经验，结合"快乐读书吧"的介绍，知道古代长篇小说多是章回体小说。这些作品里，一回或若干回组成一个相对完整的小故事，连起来就串成了一个长篇故事。每一个"回目"就揭示了故事的内容。

3. 学习绘制取经路线图。

要点：根据阅读经验和章回目录，以师徒四人经历的"九九八十一难"为线索，抓住经过的地方，遇到的妖怪，解决的办法等绘制取经路线图，形式多样。

4. 依据取经路线图，讲述故事。

要点：依据取经路线图，简单讲述故事；在讲述中揭示"愿望—困难—办法—结果"的叙事结构；发现很多故事都是这样的结构，如《射雕英雄传》。

学习任务二：聚焦"三"的故事，体会情节的一波三折

1. 寻找小说中带有"三"的故事。

要点：根据阅读经验和章回目录，寻找小说中带有"三"的故事。

例：三打白骨精，三借芭蕉扇，三探无底洞……

2. 绘制"三打白骨精"情节图，讲述故事。

（1）出示《三打白骨精》章节。

要点：抓住白骨精的三"变"，孙悟空的三"打"，唐僧的三"责"，猪八戒的三"挑"绘制情节图。

（2）依据情节图，讲述《三打白骨精》的故事。

要点：讲述中感受"一波三折"的故事情节。

拓展：在其他古典名著中也有很多带有"三"的故事，如《水浒传》中的"三打祝家庄""三拳打死镇关西"等。

3. 迁移阅读小说中带有"三"的故事。

要点：运用所学到的方法，选择阅读《西游记》中带有"三"的故事，绘制情节图，讲述情节。

学习任务三：制作人物档案，感受鲜明的人物形象

1. 制作人物档案。

（1）选择《西游记》中最感兴趣的一个人物，根据故事内容和人物形象，结合自己的想象，绘制人物画像，并加以文字说明，如图4-2所示。

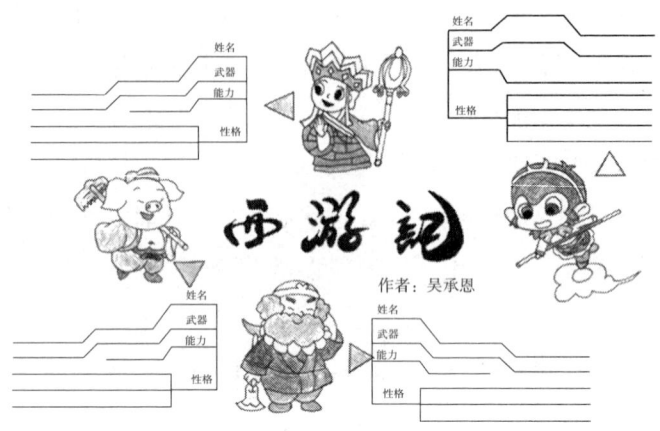

图 4-2 人物档案

（2）举行一次交流会，同学间互相解说。

2. 人物价值探讨。

探讨：假如"西天取经"的这个队伍中，非得去掉一个人，你会去掉谁？说说你的理由，可以结合作品内容，也可以联系生活实际。

要点：每一个人物都有其价值和意义，每个人都是必不可少的，一个团队需要各种人物的组成，要想完成任务，就需要大家一起朝一个方向努力。

学习任务四：欣赏小说中的一道道风景

1. 寻找《西游记》中的美景。

我们读小说，往往忽视环境描写。《西游记》中作者提到了海外仙山、天上灵霄宝殿、水中龙王宫、地下阎罗城，这一切都光怪陆离，那么你认为最美的是什么？

示例：我认为第一回作者在写寻访菩提祖师时，写到了他的住处很美，作者用了对偶、排比等手法写出了此景的独特之处，它是先总写，再分写的，句式也很整齐。

2. 发现风景描写的方式。

出示:"大闹五庄观"中孙悟空寻找人参果树一段,标出以下三句——"推开两扇门,呀!却是一座花园""又见一层门,推开看处,却是一座菜园""走过菜园,又见一层门"。

要点:有一种悬念,将主要的写在后面,层层推进,能吸引读者。有一种"千呼万唤始出来"的感觉。

3. 欣赏风景的表达作用。

出示:"三打白骨精"——峰岩重叠,涧壑湾环。虎狼成阵走,麂鹿作群行。无数獐豝钻簇簇,满山狐兔聚丛丛。千尺大蟒,万丈长蛇。大蟒喷愁雾,长蛇吐怪风。道旁荆棘牵漫,岭上松楠秀丽。薜萝满目,芳草连天。影落沧溟北,云开斗柄南。万古常含元气老,千峰巍列日光寒。

要点:常言说,"山高必有怪,岭峻定生精"。这穷山恶水的环境中,必定有可恶的妖精。这样的环境描写,真妙呀,它预示着惊险的故事情节即将发生。

4. 交流小说中的风景描写。

要点:选择小说中的一处风景描写,说一说作者表达的方式和用意。

三、儿童成长小说

"成长"是小说阅读的一个重要主题,深深浅浅的脚印,写满了成长的故事。六年级上册"快乐读书吧"的主题为"笑与泪,经历与成长",推荐阅读《童年》《小英雄雨来》《爱的教育》三部成长小说。学生阅读成长小说,定会经历言语与智慧的成长。

(一)认识成长小说

小说是虚构的,但处处有生活的影子。《小英雄雨来》是革命题材小说。儿时的管桦常和同龄孩子一起站岗放哨,在树上瞭望敌情,在水泽旁巡防,为八路军带路、打掩护、送鸡毛信,成年后的管桦做随军记者,亲眼见到了一个十三四岁的孩子为八路军引路而牺牲的故事。"雨来"这个小英雄,是融合作者个人经历、成长中的见闻和思想感情而创作出来的形象。导读《小英雄雨来》时,出示小说的目录、创作的时代背景和管桦的人生经历,可以让学生发现小说虽然是虚构的,却能找到作者儿时生活的影子。

高尔基的《童年》是自传体小说。教学时,补充列宁对高尔基说的话:"您应当把一切都写出来,老朋友,一定要写出来!这一切都是富有极好的教育意义的,极好的!"学生发现高尔基就是小说中"阿廖沙"的原型。明确自传体小说是作者在亲身经历的真人真事的基础上,运用小说的艺术写法和表达技巧经过虚构、想象、加工而成。接着出示《童年》最后两段:"去,去,走吧,到人间去吧……""就这样,我走向了人间";出示小说《在人间》的最后一句话:"这年秋天,我怀着也许可以设法上学读书的希望,出发到喀山去了。"关注句子中的"关键词"和"事件",猜测后两部自传体小说的书名。

《爱的教育》为日记体小说,讲述了一个四年级小男孩安利柯的成长故事,因此书名又叫《一个意大利四年级小学生的日记》。教学时,出示《爱的教育》的封面、亚米契斯的资料和小说目录,说说这本小说与"自传体"《童年》有什么不同。比较中发现小说是用日记的形式作为小说的基本结构,这就是"日记体"。

学生可以从小说主人公的年龄和经历等方面比较《童年》《爱的教育》《小英雄雨来》三部小说的相同点。通过比较发现小说中的主人公和六年级的学生年龄相仿,小说记录了他们的成长故事,展现了他们思想和性格的发展。读这些小说,要把自己当作小说里的人物,贴着人物读小说,与主人公一起经历成长中的"笑与泪"。

(二)追踪成长经历

学生贴着人物读小说,追踪着主人公跌宕起伏的成长经历,寻找着自己和生活的影子。

《小英雄雨来》中雨来面对日寇、伪军、汉奸带来的危险，用智慧一一化解。依据雨来"面对的危险"和"智慧的办法"绘制情节结构图，梳理成长历程。在此基础上形成情节曲线图，感受故事的起伏，体会在特殊时期的成长历程。根据情节图，提取关键事件，探讨这些关键事件对雨来成长的影响。

　　阅读《童年》，学生一起交流主人公阿廖沙童年成长过程中反复出现的事情。阿廖沙经常遭受暴戾的外祖父的毒打，甚至有一次被外祖父打得失去了知觉，并害了一场大病；两个自私、贪得无厌的舅舅为了分家，吵架斗殴，甚至打得头破血流；父亲的去世，母亲的离世，小茨冈的惨死，身边的人一个个离开……"挨打""争吵""死亡"等是阿廖沙童年成长中的关键事件。根据时间顺序选择关键事件，编制阿廖沙童年生活大事记。发现这些关键事件的共同点是"苦难"，探讨中体会阿廖沙经历着生活的苦难，苦难磨炼了他，他始终保持着对生活的信心和勇气。明确"苦难"是人生成长中的必修课。

　　《爱的教育》讲述了发生在安利柯身边各式各样感人的小故事，父母在他日记本上写的劝诫启发性的文章，以及老师在课堂上宣读的精彩的"每月故事"，他的成长最接近学生真实的生活，安利柯在爱的世界里滋润成长。安利柯的成长故事可以用时间轴串联，也可以根据"快乐"与"悲伤"的阅读感受进行分类。阅读中可以一起探讨：小说是虚构的，作者为什么要虚构一个如"女老师之死"的悲剧故事，为什么不设计一个完美的结局？学生结合《"诺曼底号"遇难记》的阅读感受悲剧的力量，每个人从出生起就在酸甜苦辣的生活中成长，欢笑和泪水伴随着我们的成长。

　　读着别人的故事，想着自己的生活。在与主人公一起经历成长过程后，学生回忆自己成长过程中的"笑与泪"，选择一件自己成长中的关键事件，关注小说中人物成长的关键事件与自己成长的关键事件之间的关联，用读后感的方式写一写体会。在成长经历中，快乐往往比悲伤要来得多，但成长之路，少不了苦难的点缀，只有经历磨难与痛苦，才能更好地汲取成长的智慧与力量。

（三）绘制人物图谱

成长小说中人物众多，小说中出现的每个人都影响着主人公的成长，给学生留下了深刻的印象。

阅读《小英雄雨来》，结合小说中人物的肖像描写和学生对人物形象的理解，选择其中的一两个人物绘制画像插图。接着出示连环画《小英雄雨来》中的人物画像，由学生进行辨认。最后将连环画中的人物画像与自己绘制的画像从人物形象的刻画上进行比较。也可以出示多个版本的连环画中雨来形象，说说哪个更符合你心中的雨来形象。

人物在故事里会依次登场。阅读《童年》，可以按照人物出场的顺序排列绘制人物出场图。厘清人物关系能够帮助学生更好地读懂故事，可以从阿廖沙的家人、朋友、导师等角度进行梳理和排列绘制人物关系图。作者在第七章以"两个上帝"为主题，用大量笔墨描写了外祖父与外祖母。小说中的人物也可以按照对"两个上帝"的理解分类，探讨"两个上帝"对阿廖沙成长产生的影响会发现：第一个上帝是仁爱的，具体聚焦在阿廖沙的外祖母，包括他的母亲，这些人给他以温暖，使他走向善良。第二类人物，包括外祖父、舅舅、继父等在内的，那是另一个上帝，他们是有罪的，甚至是罪恶的，这些人让阿廖沙经历痛苦与磨难，认识社会。

阅读《爱的教育》，可以尝试给小说中的人物画像配以文字介绍，也可以按照"人物出场的顺序""与主人公安利柯的关系""人物的特点归类"等方式绘制人物图谱。学生依据人物图谱从父母、老师和同学等多角度交流其他人物对安利柯成长的影响，一起探讨安利柯面对周围经历苦难的人的态度和行为。

读着小说中的人物，要联系自己的生活经历。学生结合自己的成长经历,谈谈生活中有哪些人对自己的成长产生了重大的影响。因为,在成长的道路上会遇到形形色色的人,有些人会让你感受温暖和美好,有些人会给你带来痛苦和磨难,我们要学会在这些经历中成长。

(四)欣赏风土人情

成长小说中的环境描写再现了不同时期、不同地域的风土人情画卷,成为成长经历中的独特风景。

《小英雄雨来》中多次出现"还乡河"的景色。找出这些景色,可以根据描述为小说绘制风景插图。可以探讨小说中"还乡河"景色的表达作用,说说这些景物描写与故事的发展有什么关系。如小说开头介绍了雨来的家乡及生活的环境,勾勒出芦花村的美丽景色,为故事情节的发展做了铺垫。"太阳已经落下去。蓝色的天上飘着的浮云像一块一块红绸子,映在还乡河上,像开了一大朵一大朵鸡冠花。"用红色做背景,意在营造悲壮的感觉。学生可以选择小说中的一处景色进行欣赏,体会景物描写的作用。还可以补写雨来脱险后还乡河的景色。根据小说中的描述,选取还乡河的景物,如天空、芦苇、河水、小虫等,表现雨来脱险后的快乐心情。

《童年》中的阿廖沙不断地在搬家,对新家,高尔基每一次都从儿童的视角进行了生动的描写。阅读时,找出阿廖沙搬家的地点,绘制搬家经历。同时找出小说中对每一次"家"的描写片段,用自己的话描述阿廖沙眼中的"家"。结合具体事件发现阿廖沙眼中的"家"与他的遭遇和心中的情绪有着密切的关系:面对一次次的搬家,面对家庭的不断变故,阿廖沙对"家"的认识不仅仅是眼中所看到的,更是自己在成长过程中的认识。

读着《爱的教育》,和主人公安利柯一起走进学校、走进自然,学生仿佛走进了自己的生活世界。这些美丽的风景是安利柯的眼睛所看到的，心灵所感受到的。学生将这些景色与自己的生活联系，用"爱"的眼睛去发现自己生活中的风景。

成长小说中的风土人情常常成为小说的"审美意象"，从儿童的视角体验感官之美，体会意境之美，体悟成长之美，擦亮学生发现生活美的眼睛。

《小英雄雨来》整本书阅读教学设计

【文本解读】

1. 主要内容。

抗日战争是中国人民抵抗日本侵略的一场民族性的全面战争。面对侵略者，中华儿女不屈不挠、浴血奋战。中国共产党领导建立了第一个敌后抗日根据地——晋察冀根据地，带领人民进行敌后抗日。

《小英雄雨来》讲述的是在抗日战争时期，冀东还乡河边的少年雨来和全村男女老少一起，以自己的方式保家卫国。雨来机智掩护交通员、把敌人引入地雷阵、夜送鸡毛信、放羊救八路……雨来与日本鬼子进行顽强斗争，从一个乡村小娃成长为一名英雄游击队员。

2. 文本特色。

整部小说洋溢着英勇战斗的革命主义精神，是进行革命传统教育、传承红色基因的优秀读物。在中国共产党领导的抗日根据地，呈现出了男女老少齐上阵、军民齐心打鬼子的昂扬的革命风貌。正是在这样浓郁的抗日氛围中，以雨来为代表的少年儿童也积极投身于保家卫国的斗争中，逐渐成长为抗日小英雄。

小英雄形象真实可敬。小说着力塑造的主人公雨来是一个12岁的少年，一方面，他坚定、勇敢、机智，无论是掩护交通员李大叔，把鬼子引进八路军布下的地雷阵，夜送鸡毛信，通过放羊把伤员带出去，还是被鬼子抓住了宁死不屈，都充分展现了他作为一名小英雄的本色，在读者心目中牢牢树起了英雄的形象。另一方面，他不听妈妈的话，跳进河里；和小伙伴冲锋演习，弄坏了村民的庄稼；受到误会，埋怨王二哥；等等，又表现出他作为孩子的顽皮淘气的一面。这样的人物成长轨迹真实可信，又让人物可亲可敬。

环境描写优美感人。小说中的环境描写，对表现人物情感和成长以及对叙事基调都起着重要作用。在这部小说中，作者多次写到芦花村的庄稼、天空、还乡河等景物。特别是对还乡河进行了多次描写：一是通过还乡河景色的变化勾勒出了情节发展的时间线；二是每一次描写都对情节的发展起着推动作用；三是具有强烈的抒情色彩，表现了作者对侵略者的痛恨，对同胞的关切热爱。

【教学要点】

1. 情节的梳理与概括。

这是读懂整本书的关键，也是一个难点。《小英雄雨来》的目录没有章节号，也不是按照一定的维度来编写的，有的涉及人，如"杨大娃"；有的是事件，如"雨来被抓住了"；有的是人物的语言，如"'这是中国的土地！'"；有的是地点，如"夜校"；等等。因此，指导梳理情节更有必要。

通过梳理和概括，发现雨来成长中的关键事件，理解关键事件对雨来成为抗日小英雄的作用。注意事件之间的联系，发现情节的起伏，体会小说叙事的艺术，结合自己阅读时心理的起伏感受作为文学性作品的小说的阅读快乐。

2. 人物的把握与分析。

这是一部以人物为核心的小说，理解抗日小英雄雨来的人物形象是阅读本书的重要任务。人物形象的把握要联系关键事件，发现关键事件中人物思想、心理、情感等方面的变化，从而刻画人物成长轨迹，经历人物形象建构的过程，体验文学性阅读的快乐。

人物形象的把握也离不开分析性阅读，即通过分析围绕在雨来身边与雨来有关联的人物对雨来成长的影响，从而发现小英雄成长动力的来源。同时，联结自己，获得成长的启迪。分析性阅读的形式是多样的，可以以人物关系梳理或表格呈现，也可以用话题的方式，引导学生进行探讨、思辨。

3.言语的感受与迁移。

这是理解小说的需要，也是小说阅读在学生言语的建构与运用方面的价值所在。通过对景物描写文段的朗读与感受，体会祖国山河之美，理解作者蕴含其中的强烈的爱国情感。分角色朗读对话，感受语言的时代特色和冀东方言的特点，相机进行理解。《小英雄雨来》的传播形式除了小说外，还有电影和连环画等，可以进行不同艺术形式之间的联结，如给连环画配文字等，以富有吸引力的方法引导学生进行言语的迁移运用。

【教学目标】

1.了解抗日战争时期的小英雄故事，联系时代背景理解人物。

2.借助表格梳理信息，探讨影响雨来性格的因素，理解雨来是如何成长为一名优秀的游击队员的。

3.感受和学习雨来的勇敢无畏和机智灵活，受到爱国主义的教育。

【活动设计】

学习任务一：明确项目任务，有序自主阅读

1.回顾课文《小英雄雨来》（节选），介绍作者、时代背景。

（1）简要说一说四年级所学课文《小英雄雨来》（节选）的主要内容。

（2）观察封面，了解时代背景。

出示：

抗日战争（1931—1945年），共十四年，是中国人民抵抗日本侵略的一场民族性的全面战争。面对侵略者，中华儿女不屈不挠、浴血奋战，直到彻底打败日本军国主义侵略者。日本帝国主义在1945年宣布无条件投降。

介绍：雨来就是抗日战争时期成长起来的一位抗日小英雄。

（3）进一步了解作者。

出示：

作家管桦，1940年参加革命工作，就在雨来生活的冀东做随军记者，发表过多部文学作品。深受大家喜爱的歌曲《听妈妈讲那过去的事情》《我们的田野》《快乐的节日》，就是由他作词的。

2. 制订阅读计划。

出示学习单，见表4-2，小组讨论后，制订个人阅读计划。

表4-2 学习单

日期	页码	计划批注或摘记
___月___日	至___面	
___月___日	至___面	
___月___日	至___面	
___月___日	至___面	
___月___日	至___面	
___月___日	至___面	
___月___日	至___面	

3. 根据计划，自主阅读。

学习任务二：梳理小说情节，感受叙事艺术

1. 读目录，找出关键事件。

（1）出示目录，回顾故事内容。

（2）小说的主人公是雨来，找一找雨来成长中的关键事件，用简洁的短语概括。

示例：

①夜校读书学识字。

②英勇掩护李大叔。

③带鬼子进地雷阵。

④带领伙伴要参军。

⑤送信救下杜队长。

⑥智救八路伤病员。

⑦摸黑勇送鸡毛信。

⑧误闯敌营不屈服。

⑨获救参加游击队。

（3）围绕主角雨来，用简洁的语言说说小说的主要内容。

示例：

小英雄雨来聪明机智，勇敢地和八路军一起抗日。面对鬼子，他毫不畏惧，几次成功逃脱鬼子的魔爪，最后成为一名游击队队员。

2.感受雨来的血与火的特殊生活。

（1）讨论：雨来成为一名游击队员，经历了哪些困难？

要点：对黑夜的恐惧、忍受敌人的拷打、冒着死亡的危险……

（2）12岁的雨来为什么会经历如此危险的斗争生活？联系时代背景说一说。

小结：日寇侵略我国，民族存亡之际，每一个中国人，包括孩子，都要站起来抗击侵略，保卫祖国。

3.体会情节的惊心动魄。

（1）回看九个关键事件，想一想，读到哪些地方自己的心会悬起来，读到哪里心才会放下来？

（2）将关键事件做成卡片，根据阅读感受摆一摆，连一连。

（3）小说与电影相印证，领悟叙事艺术。

观看电影《小英雄雨来》片段，说说体会。

提示：看到雨来被敌人拷打，心就悬起来，担心雨来出危险；看到敌人受到惩治，雨来机智逃脱鬼子的魔爪，心里就觉得特别解气，特别开心。

小结：情节的起伏深深地吸引着读者，主人公的安危始终牵挂着读者的心，这是小说叙事的艺术，也是我们阅读小说的乐趣。我们关心主人公，说明我们也和雨来一样，是一个充满正义、热爱祖国的人。

学习任务三：把握人物形象，发现英雄密码

1. 说说英雄印象。

（1）小组合作，用若干词语描述雨来在自己心中的印象。

示例：勇敢顽强、聪明机智、胆大心细、聪明顽皮……

（2）对比封面插图。教师出示三幅不同出版社出版的《小英雄雨来》图书封面图片，学生说一说自己认为哪一幅雨来图更符合自己心目中雨来的形象。

提示：抓住"小英雄"这个中心定位来交流。

2. 话题讨论：雨来是怎么成长为一位小英雄的？

（1）小组讨论，列出哪些人影响着雨来的成长。

要点：父母的榜样作用，八路军、游击队英勇杀敌的影响，对同龄人杨大娃参加八路军的羡慕……

（2）追问：找一找小说中写到的"坏人"，他们对雨来有着怎样的影响呢？

要点：日本鬼子、特务、伪军等坏人烧杀抢掠，激起了雨来的仇恨，激励着少年雨来勇敢地站出来，与侵略者斗争。

3. 感受爱国主义精神。

（1）找一找"我们是中国人，我们爱自己的祖国"这句话出现了几次，分别出现在哪里？说说体会。

提示：第一次、第二次出现在"夜校"一章中，第三次出现在"扁鼻子军官"一章中，第四次出现在"怎么逃跑呢"一章中。分别出现在小说的开头、中间和临近结尾部分，有的是念出来的，有的是被鬼子打鲜血滴在书中的这一行文字上，有的是梦到的。这种反复手法充分表现了雨来牢记自己是中国人，深深地热爱着自己的祖国的精神。

（2）找一找，小说中还有用"文字"表现雨来爱国的地方。

提示"这是中国的土地！"分别出现在"我们就是到这儿埋地雷的""这是中国的土地！"两章，雨来用粉笔在地上写这一句话和故意带鬼子经过写有这句话的地方，凸显了雨来热爱祖国、憎恨侵略者、立志保家卫国的情感与志向。

4. 小组讨论，总结"英雄密码"。

要点：热爱祖国、敢于斗争、坚强不屈、不怕牺牲、聪明机智……

学习任务四：欣赏小说语言，情境迁移运用

1. 欣赏小说中的"风景"。

（1）出示四年级《小英雄雨来》课文中描写还乡河的句子，朗读想象，说说表达作用。

（2）选择小说中的一处景色进行欣赏，体会景物描写的作用。

出示：

①芦花村西的几亩高粱，竖着长长的高粱秆儿，像一支支红缨枪，把深红色的大穗儿举向天空，在风中抖动。

②一块没有刨掉的玉秫秸，哗啦哗啦地抖动着干叶子。还乡河水打着的漩涡，阳光下闪耀着发白的浪花，以及水鸟的叫声，都使鬼子心惊肉跳。

③旷野被寒冷的夜雾笼罩，四周一片漆黑。群星在深远的天空里，

一明一灭地闪动着它们宝石一样的亮光。

选择一处读一读，想象句中描写的画面，和同桌说说自己对风景描写作用的理解。

要点：

第①处，富有动态的描写，形象地展现出一幅壮丽的画面，表达了对敌人的痛恨，与敌人斗争到底的坚定决心。

第②处，景物描写营造的是比较凄凉恐怖的氛围，衬托出了鬼子进入地雷阵时的恐惧，侧面表达了作者强烈的痛恨之情。

第③处，描写的是冬夜的景色，带有神秘和寒冷的色彩，为下文写雨来一个人摸黑送鸡毛信内心的害怕做了铺垫。

2.感受言语特色。

（1）分角色朗读，感受冀东方言。

出示：

为什么我们的阵地上还没有人吭声？为什么杜绍英还不发命令开火？为什么机关枪像个哑巴一样不叫起来？

再过一刻钟，敌人就从眼前过去了，进白风寺村里去了。雨来到底没有进村里去。他走到趴在最后的一个战士身边："叔叔，我在你这儿趴着行不行？"

战士眨着眼睛，上下地打量着雨来，问："趴在我这儿干什么？"

"看你们打仗啊！"

"什么？看我们打仗？快走你的吧！你以为这是随便闹着玩儿的是怎么的？"

雨来用受了委屈的声调，说：

"我又不捣乱你们，这么在顶后头趴着看看都不行？"雨来嘴里说着就趴在这个战士的身边了。战士着急地叫道：

"你这算干什么？出了事谁负责任？不行，请你快走吧！"雨来拿胳臂肘推了这战士一下,使了个眼色,于是这个战士看见了出现在大路上的敌人。

要点:①形象化表达,往往用比喻,如:"为什么机关枪像个哑巴一样不叫起来?"②口语化,如"快走你的吧!""你以为这是随便闹着玩儿的是怎么的?"③方言词,如"顶后头"。

(2)找出一些"时代词",理解时代背景。

示例:跑反的、主力部队、游击队、鸡毛信、鬼子、特务、伪军……都跟战争或抗日有关。

学习任务五:多文本比较阅读,深化主题领悟

1.人物与结局。

(1)对人物进行分类,发现小说在人物结局安排上的特点。

要点:

①正面人物:雨来、爸爸、妈妈、李大叔、杜绍英等。

②反面人物:扁鼻子军官、特务、指挥官、山田大佐等。

③结局:侵略者注定失败,正义者(人民)必定胜利,鲜明的爱国主义和正义的战争观。

(2)讨论:警备队的李四喜是个怎样的人?试着联系李四喜的行为表现说一说。

提示:李四喜可能是有正义感、爱国心的中国人,只是暂时做了伪军;可能是打进伪军内部的游击队员或八路军战士。

(3)欣赏歌曲《我的祖国》,感受强烈的爱国之情,受到爱国主义教育。

2.电影趣配音。

(1)小组合作,选用书中语言给电影片段配音,具身化感受人物形象与小说主题。

(2)比较小说与电影,说说两者的异同。

3.续写故事。

（1）阅读最后一章"小英雄的故事多着呢"，预测雨来会发生哪些"战斗故事"。

（2）小组合作，想象雨来后来发生的故事，写一个小故事。

提示：变化的是故事，不变的是雨来始终是一位"英雄"。

学习任务六：英雄故事主题阅读，联结自己激励成长

1. 主题阅读，传承红色精神。

1998年，"小英雄雨来纪念园"在还乡河公园落成了。作者管桦在小英雄雨来纪念碑上亲笔写下了碑文。

出示：

1937年，日本鬼子侵略中国，中国进行全民族抗战。青壮年参加八路军，拿起枪抗击日本侵略者，冀东还乡河两岸各村的民兵、老年人、妇女、少年儿童，为保卫祖国家园与敌人进行顽强的斗争。在那个战争年代，像雨来那样站岗放哨、手拿红缨枪、挺起小胸脯、给八路军送信带路的情况是很多很多的……

学生朗读碑文，说说自己知道的抗日小英雄。

2. 主题阅读：《小兵张嘎》《潘冬子》《鸡毛信》《王二小》等，进一步感悟战争年代少年英雄的不同成长经历。

3. 发现作者的"成长"。

出示：

作者管桦从小就和村里的儿童一起站岗放哨，给八路军送鸡毛信，上树瞭望，捕捉敌情。1940年，他离家奔赴抗日战场，长年转战南北。他参军以后，童年时代的情景常常浮现在眼前。于是，他创作了以雨来为主人公的小说《小英雄雨来》，发表在《晋察冀日报》上。

说一说自己的发现。

提示：作者是结合自己的成长经历创作的小说，主人公雨来身上有许许多多和作者一样经历的少年成长的影子。

4. 联系自己的经历，围绕"成长"写一篇文章。

可以写一写自己的成长故事，也可以根据战争年代少年英雄的故事写一写对成长的看法。

《童年》整本书阅读教学设计

【文本解读】

1. 主要内容。

《童年》是苏联作家高尔基以自身经历为原型创作的自传体小说三部曲中的第一部，其他两部分别为《在人间》《我的大学》。

《童年》中主人公阿廖沙的童年充满了"苦难"。阿廖沙三岁丧父，跟随母亲来到专横跋扈、濒临破产的小染坊主外祖父家过着寄人篱下的生活。他经常遭受暴戾的外祖父的毒打，甚至有一次被外祖父打得失去了知觉，并害了一场大病。两个自私、贪得无厌的舅舅为了分家，吵架斗殴，甚至打得头破血流。母亲再婚后生活不幸福，经常挨丈夫打，她跪在地上请求丈夫不要在外面鬼混，丈夫却用他穿着靴子的脚狠狠地踢她的胸部……"挨打""争吵""死亡""搬家"等是阿廖沙童年生活中反复出现的关键事件。"苦难"是人生成长中的必修课。苦难磨炼了阿廖沙，但他始终保持着对生活的信心和勇气。

阿廖沙生活在一个支离破碎的家庭，这里有一群野蛮自私的人，阿廖沙就是在这样的环境中不断地被磨蚀，艰难地生存了下去。阿廖沙的成长离不开身边遇到的各种各样的人带来的经历。外祖母的爱，富于同情心的小茨冈，老实的老工人格里高利，献身于科学的知识分子"好事儿"……都让阿廖沙感受到了人世间的温暖和美好。而贪婪残暴的外祖父，两个自私自利的舅舅，残暴自私的继父等让阿廖沙认识了当时的社会。这些人正是阿廖沙眼中的两个上帝。他们对阿廖沙产生着巨大的影响，让他通过这个家族认识到现实的社会，这也成为他未来思想发展的重要因素。

2. 文本特色。

《童年》运用儿童视角和成人视角交替的方法进行叙事。一方面，作者从儿童的视角观察生活，使得小说的内容显得真实可信；另一方面，作者又用成人的视角来进行点评，使得作品更富有思想性。小说叙述了阿廖沙幼年时代痛苦的生活，实际反映了作家童年时代的艰难生活及对光明与真理的不懈追求，同时也展现了19世纪末俄国的广阔社会画卷。

【教学要点】

1. 成长情节的梳理。

概括人物成长过程中的重要事件，按照时间顺序、因果关联、叙事弧线等方式进行梳理，形成情节地图和成长轨迹。发现情节之间的关联，体悟成长情节中的"关键事件"对人物成长的作用，体会人物成长过程中的"笑"与"泪"。联系自己的成长经历，发现自己成长中的关键事件。

2. 关联人物的把握。

寻找人物成长过程中遇到的形形色色的人物，依据小说中对人物的描写绘制人物肖像插图，结合情节制作人物关系图，根据人物特点进行分类，探讨不同性格的人对童年成长的影响。

3. 生活风景的感受。

关注人物成长生活的时代背景，用主人公成长的眼光去感受生活的风景，发现生活中的美，感受审美的意蕴。

【教学目标】

1. 成长小说的不同样子：比较阅读中认识"自传体"和"日记体"成长小说。

2. 成长路上的那些事：捕捉人物成长中的关键事件，体会"苦难"是人生成长的必修课。

3. 成长路上的那些人：认识成长过程中的形形色色的人物，体会关键人物对人物成长的不同影响。

4. 成长路上的那道景：欣赏成长路上人物眼中的别样风景。

【活动设计】

学习任务一：成长小说的不同样子

1. 猜测中认识自传体小说。

（1）出示《童年》的封面、高尔基的图片和小说第一章第一部分，猜一猜《童年》这本小说可能会写哪些内容。

（2）出示小说创作的背景，验证刚才的猜测。

小说创作背景：早在19世纪90年代，高尔基就有撰写传记体作品的念头。在1908年至1910年间，列宁到高尔基所在的意大利卡普里岛公寓做客，高尔基不止一次地向他讲起自己的童年和少年生活。有一次，列宁对高尔基说："您应当把一切都写出来，老朋友，一定要写出来！这一切都是富有极好的教育意义的，极好的！"高尔基说："将来有一天，我会写出来……"不久，他实现了这个诺言。

（3）提示：自传体小说是在作者亲身经历的真人真事的基础上，运用小说的艺术写法和表达技巧经过虚构、想象、加工而成。发现高尔基就是小说中阿廖沙的原型。

（4）出示高尔基童年生活经历的资料，体会高尔基童年的艰辛与苦难，猜测小说主人公阿廖沙的生活。

2. 猜测中认识高尔基自传三部曲。

（1）提示：《童年》是高尔基自传体体小说三部曲中的第一部。

（2）出示小说《童年》最后两段："去，去，走吧，到人间去吧……""就这样，我走向了人间"；出示小说《在人间》的最后一句话："这年秋天，我怀着也许可以设法上学读书的希望，出发到喀山去了。"关注句子中的"关键词"和"事件"，猜测后两部自传体小说的书名。

（3）验证中了解高尔基自传体三部曲《童年》《在人间》《我的大学》。

（4）出示高尔基自传三部曲的介绍，绘制主人公阿廖沙的生活经历时间轴，见表4-3。

表4-3 时间轴

3—11岁	11—16岁	16岁以后
童年	在人间	我的大学

3.认识成长小说。

（1）根据主人公的生活经历时间轴和高尔基自传体三部曲的介绍，发现这是写主人公阿廖沙成长的故事。

（2）出示"快乐读书吧"的引言部分（第一小节），认识成长小说。

明确：成长小说讲述的是主人公自幼年或少年至成年、自天真无知至成熟世故的历练过程，展现的是主人公思想和性格的发展。

（3）小说中的主人公与我们年龄相仿，把自己当作小说中的主人公，一起去经历他们的成长过程，在阅读中，我们能够找到自己和生活的影子。

（4）根据班级情况，制订《童年》阅读记录表，见表4-4。

提示：根据阅读的要求安排每天阅读的时间和容量。

示例：

表4-4 《童年》阅读记录表

阅读时间	阅读页码	成长事件	阅读感受

4.拓展阅读《爱的教育》。

（1）比较中认识日记体小说。

出示《爱的教育》的封面、亚米契斯的资料和小说目录，说说这本小说与《童年》的"自传体"有什么不同。

提示：阅读小说，可以根据目录了解故事的内容。

要点：日记体小说是用日记的形式作为小说的基本结构。《爱的教育》用日记体的形式，讲述了一个四年级小男孩安利柯的故事，因此书名又叫《一个意大利四年级小学生的日记》。

（2）比较《童年》《爱的教育》两本小说内容的相同点。

提示：从主人公的年龄和经历等方面进行比较，发现《爱的教育》也是成长小说。

学习任务二："笑"与"泪"——成长路上的那些事

1. 尝试编写章节目录。

（1）阅读中，根据阅读时间表，试着抓住阿廖沙经历中的关键事件，概括其中一个章节的主要内容。

（2）借助五年级阅读章回体小说的经验，根据每一章节出现的主要人物和主要事件试着给每一个章节写一个标题。

示例：

第一章：父亲去世；

第二章：阿廖沙挨打；

第三章：染坊失火；

第四章：外祖父的回忆；

第五章：米哈依尔舅舅；

第六章：外祖母的上帝；

第七章：妈妈回来了；

第八章：爸爸的故事；

第九章：妈妈改嫁；

第十章：回到外祖母家。

（3）借助标题，将各章节的内容连起来做一个《童年》故事梗概介绍。

2. 编制童年生活大事记。

（1）交流和梳理阿廖沙成长中的关键事件和高频词事件。

示例：

①挨打：多次被外祖父打，几乎在每个章节都有。

②争吵：家庭成员之间相互争吵，尤其是为了利益分家的争吵。

③死亡：父亲的去世，母亲的离世，小茨冈的惨死等。

④改嫁：母亲的改嫁，继父的自私。

⑤搬家：不断地搬家。

……

（2）根据时间顺序选择关键事件，编制阿廖沙童年生活大事记。

提示：可用"分类式"或者"编年体"的形式编制，以表格、文字、导图等多种方式呈现。

示例：根据时间顺序，选取重要事件和关键事件，完成阿廖沙成长梯，如图4-3所示。

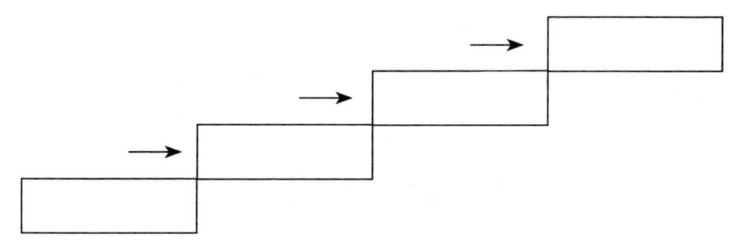

图 4-3　阿廖沙成长梯

3. 体会苦难与成长。

（1）师生探讨中发现这些关键事件有一个共同的特点是苦难。

（2）探讨关键事件对阿廖沙的影响，发现阿廖沙在苦难中成长。

小结："苦难"是人生成长中的必修课。

4. 谈谈自己成长中的关键事件。

（1）读别人的故事，想自己的成长。学生回忆自己成长过程中的"笑与泪"，同桌之间交流。

（2）交流中，选择一件自己成长中的关键事件，说一说体会。

（3）结合阅读小说的经验，尝试写读后感。

提示：关注小说中人物成长的关键事件与自己成长的关键事件之间的关联。

5.阅读链接《爱的教育》。

（1）根据目录和相关阅读经验，将安利柯成长的故事制作成情节结构图。

提示：安利柯成长经历中的故事可以用时间轴串联，也可以根据"快乐"与"悲伤"的阅读感受进行分类。

（2）探讨：小说是虚构的，作者为什么要虚构一个如"女老师之死"的悲剧故事，为什么不设计一个完美的结局？

提示：结合阅读《"诺曼底号"遇难记》感受到的悲剧的力量，明白每个人从出生起就在酸甜苦辣的生活中成长，欢笑和泪水伴随着成长的全过程。

学习任务三："两个上帝"——成长路上的那些人

1.交流人物形象。

提示：结合学习《桥》《穷人》等小说的经验，关注小说《童年》中人物的行动（言行）描写，体会人物形象。

示例：

外祖父的行动：经常毒打外祖母和孩子们，狠心地剥削手下的工人，暗放高利贷，怂恿帮工偷东西……

外祖父性格：吝啬、贪婪、专横、残暴……

2.绘制人物画像。

（1）结合小说中人物的肖像描写和对人物形象的理解，选择其中的一两个人物绘制画像。

示例：外祖父的肖像描写——走在最前面的是一个干瘦的小个子老

头儿,他穿着一件黑褂子,绿眼睛,鹰钩鼻,红胡子微微泛着金光。

(2)出示连环画《童年》中的人物画像,进行辨认,并和自己绘制的画像进行比较。

3.绘制人物关系图谱。

提示:根据与主人公阿廖沙的关系,梳理人物之间的关系,形成人物关系图谱。

(1)按照人物出场的顺序排列。

示例:父亲—母亲—外祖母—外祖父—……

(2)按照与主人公阿廖沙之间的亲疏关系排列。

提示:从家人、朋友、导师等角度进行梳理和排列。

(3)按照"两个上帝"的理解排列。

①发现作者在第七章以"两个上帝"为主题,用大量笔墨描写了外祖父与外祖母。探讨对"两个上帝"的理解。

②以"两个上帝"的关系形成人物关系图。

仁慈的上帝:外祖母、小茨冈、"好事儿"……

罪恶的上帝:外祖父、舅舅、继父……

示例:出示人物环形图进行交流,如图4-4所示。

一是将书中出现在阿廖沙身边,对他产生影响的人物填入第一环。

二是这些人物主要做了哪些事情,试着选取其中1—2件填入第二环。

三是对这个人物你有什么评价,试着填入第三环。

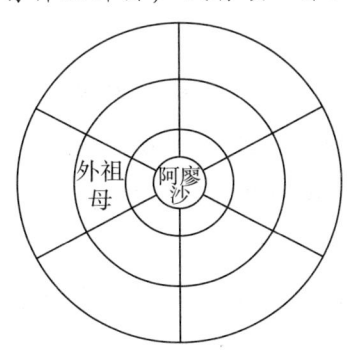

图4-4 环形图

③结合"快乐读书吧"中关于人物形象的内容,交流这些人对阿廖沙成长产生的影响。

要点:第一个上帝是仁爱的,具体聚焦在阿廖沙的外祖母,包括他的母亲,这些人给他以温暖,使他走向善良。第二类人物,包括外祖父、舅舅、继父等在内的,那是另一个上帝,他们是有罪的,甚至是罪恶的,这些人让阿廖沙经历痛苦与磨难,认识社会。

4.谈谈影响自己成长的人。

结合自己的成长经历,谈谈生活中有哪些人对自己的成长产生过重大的影响。

5.阅读链接:《爱的教育》。

(1)尝试给小说中的人物画像并配以文字介绍。

(2)梳理人物关系,形成图谱。

提示:按照人物出场的顺序排列;按照与主人公安利柯的关系排列;按照人物的特点排列;等等。

(3)交流小说中其他人物对安利柯成长的影响。

提示:从父母、老师和同学等多角度进行交流。

学习任务四:"家"的变迁——成长路上的那道景

1.绘制搬家地图。

提示:找出阿廖沙搬家的地点,绘制家的变迁图。

(　　)→(　　)→(　　)→(　　)→(　　)→(　　)

示例:昏暗狭小的屋子里—外祖父家里(染坊)—波列沃伊大街一幢漂亮的大宅子—缆索街一处漂亮可爱的新宅—冰冷的地下室—继父家里—库娜维诺的砂石街一幢两层楼房里租的小房间。

2.描述阿廖沙眼中的"家"。

提示:找出小说中对每一次"家"的描写片段,用自己的话描述阿廖沙眼中的"家"。

示例：一座低低的平房大院矗立在前面。粉红色的油漆已经非常肮脏了，房檐很低，窗户是凸出来的。单看外观，你会觉得里面地方很大，可里面分成了许多间小房间，非常拥挤。院子里挂满了湿漉漉的布，地上到处都放着水桶，里面的水五颜六色，也泡着布。墙角的一个矮得贴了地的房子里，炉火烧得正旺，什么东西煮开了锅，咕嘟嘟地响。

示例：这条街道一直通向田野，虽然没铺石子，遍地是草，但是既干净又安静，街道两侧分布着一幢幢五颜六色的房子。

……

3. 探讨搬家的原因，体会阿廖沙心中的"家"。

提示：结合具体事件发现阿廖沙眼中的"家"与他的遭遇和心中的情绪有着密切的关系。

要点：面对一次次的搬家，面对家庭接连不断的变故，阿廖沙对"家"的认识不仅仅是在眼中所看到的，更是他在成长过程中的认识的不断变化。

4. 阅读链接《爱的教育》。

（1）找找《爱的教育》中关于生活场景的描写，说说哪些地方我们似曾相识。

（2）提示：将这些场景描写与自己的生活联系，用"爱"的眼睛去发现自己生活中的风景的别样之美。

【板书设计】

童　年

自传体小说

高尔基　　阿廖沙

成长路上的那些事——人物大事记

成长路上的那些人——人物关系图

成长路上的那道景——人物生活场

笑与泪，经历与成长

四、外国文学名著

阅读单,就是以图文结合的形式呈现阅读的任务,引导学生有选择、有目的、有质量地阅读,是一种可视化的阅读支架。阅读单能引领学生积极主动地与作品对话、与作者对话、与自己对话。不同的阅读单指向不同的阅读目标,形成与之匹配的阅读能力,帮助学生把阅读量转化为阅读力,让学生成为卓越的阅读者。学生带着阅读单,阅读《鲁滨逊漂流记》《尼尔斯骑鹅旅行记》《汤姆·索亚历险记》,跟随外国文学名著的脚步,可以发现更广阔的世界。

(一)带着"经历地图"类阅读单,创享一段奇妙的旅程

1. 旅程图

三本小说都以"记"的方式,记录了人物的一段奇妙的经历。

学生随着小说中的主人公一起走进故事营造的缤纷世界。阅读《鲁滨逊漂流记》可以"漂流"为话题,出示世界地图,在欧洲和美洲的区域内标画出鲁滨逊的几次航海路线图。阅读《尼尔斯骑鹅旅行记》可以"旅行"为话题,根据北欧国家瑞典的地图,梳理尼尔斯的旅程飞行图。阅读《汤姆·索亚历险记》可以"冒险"为话题,关注汤姆·索亚冒险的几个重要情节和场景,制作冒险经历图。学生绘制"航海路线图""旅程飞行图""冒险经历图",结合重要情节的"山形图",以梗概的形式,用简练的语言介绍小说故事内容,制作成"好书共读"图文结合式海报,向其他年级的同学进行推荐。

2. 历险图

冒险是三本小说中的一个重要的主题,反映了西方传统的冒险文化。主人公或在来自心灵的力量召唤下离家,或因为意外而被迫在外冒险,从而开启了"离家—历险—回归"的旅程式结构下的冒险经历。当他们

走过坎坷与磨难，完成种种考验后，人物也完成了改变或成长。

人物在冒险的经历中，会遇到来自各方面的危险与困难，人物也会在不断地解决问题中前行，这是此类小说情节的基本结构。阅读《鲁滨逊漂流记》，可以从衣、食、住、行等方面，为鲁滨逊编制"荒岛生存手册"。阅读《尼尔斯骑鹅旅行记》，可以选取"斗坏狐狸"为话题，形成记录表，发现尼尔斯的智慧和勇气。阅读《汤姆·索亚历险记》，可以选择"山洞""海盗船""坟场"中的一个情节，绘制汤姆·索亚脱险的分析图。

阅读完三本小说，可以一起去探讨人物冒险的动机，发现每一个孩子都应当经历一次冒险的旅程。学生可以自己为主人公编一个冒险故事，确定冒险的动机，按照"离家—历险—回归"的旅程图，设置重重困难，预设种种办法，经历一次冒险的旅程，在解决麻烦（问题）的过程中获得身与心的双向成长。

3. 地形图

三本小说中含有丰富的地理学、生物学等相关知识，故事中主人公经历的地方充满着神奇的画面感。

学生可以跟随鲁滨逊的脚步去发现荒岛的布局，去探索荒岛的秘密，帮助鲁滨逊绘制荒岛地形图。学生可以跟着尼尔斯伏在白鹅的身上一路飞行，一路鸟瞰大地，欣赏不一样的风景，并从俯视的角度绘制风景画。学生还可以和汤姆·索亚一起去绘制山洞的地形图等。

冒险类小说中的场景常常成为主题式游乐园的重要元素，如"荒岛""山洞"的场景和细节等，可以让学生从文学的角度，设计区域名称、规划布局方案、安排游乐项目、提出宣传计划等，形成相关项目化学习成果。

（二）带着"人物图谱"类阅读单，结识一群立体的人物

1. 身份证

身份证是小说中人物的一张名片，是学生在阅读过程中对人物信息

的梳理和形象的认知。制作人物身份证一般有两个步骤：第一步，采集基本信息，一般有人物的姓名、国籍、住址、性别、年龄等；第二步，增加特色信息，可以是穿着、外号、兴趣、特长、梦想、性格等。

在此基础上，绘制"人物定妆照"，并对照不同版本的人物绘图，包括影视作品中的人物角色与自己的阅读感受相对接，选出自己心目中最有代表性的人物定妆照。可以设计"人气排行榜"，并将书中人物与生活相联系。如寻找身边伙伴中汤姆·索亚的影子。还可以撰写"人物颁奖词"，如鲁滨逊被评为18世纪孤独而又顽强的冒险者，请结合书中内容，为他写一份颁奖词，以此引导学生深入思考，结合人物事件，探究人物品质，沉淀自我观点。

学生在绘制创意画像、填写人物信息、梳理人物事件的过程中，通过人物身份证将自己的体验显性化，从而聚合思维，向深度阅读迈进。

2. 关系网

外国名著读不下去的一个重要原因是，外国人名很难读，也很难记住，容易混淆人物关系。通过整理并绘制思维导图可以帮助学生厘清人物之间的复杂关系。人物关系错综复杂，人物之间往往相互影响，因此可以引导学生发现书中的其他人物，并思考这些人物与主人公的关系，形成人物关系网。

图谱中的人物相互关联，不可分割。绘制好人物关系网后，应该引导学生根据人物关系梳理事件，更清楚地把握小说的主要内容。如阅读《汤姆·索亚历险记》时，可以根据汤姆与哈克贝利、乔伊、贝琪等同龄人之间的关系，梳理出人物之间的五次探险经历。同时，还可以引导学生对人物之间的相互影响以及性格发展变化进行深入发现和思考。如阅读《尼尔斯骑鹅旅行记》时，可以探讨尼尔斯与大白鹅马丁、头雁阿卡之间的关系是如何变化的？在大白鹅马丁和头雁阿卡眼中，尼尔斯又是如何变化的？

3. 天平秤

三本小说中的主人公都是立体的和多面的，不能单纯用"好坏"去衡量，需要从多角度评价人物。

如在《汤姆·索亚历险记》的开头，作者马克·吐温是这样介绍汤姆的："我从来没有见过比这孩子更淘气的。"可是又有人说，汤姆正义、勇敢，是男孩子们的偶像。阅读时，可以提供一系列有关人物性格的选项：顽皮、鲁莽、友善、忧郁、敏感、机智、笨拙、健谈、可怜、凶残、暴躁、正直等，让学生从中选择三个最能体现主人公性格特点的词语。

这些表示性格的词语按照褒义、贬义分类，分别放在天平秤的两边，接着以"汤姆·索亚是不是好孩子？"组织一场人物评议辩论会。学生发现汤姆·索亚是一个特立独行、淘气顽皮、喜欢恶作剧的可爱"顽童"，在他的身上有着机智勇敢、冒险精神等特点，他的成长经历告诉我们勇于承担是成熟的标志。

（三）带着"资料链接"类阅读单，开启一场思维的审辨

1. 参考消息库

世界经典名著是时代的产物，经由翻译，并由著名学者加以推荐，逐步走入学生的阅读视野。教学时，可以依据三本小说的写作背景、学者评价和翻译风格组建参考消息库，帮助学生从更广阔的视角去阅读和发现。

链接写作背景，能帮助学生更好地理解作品的内容和价值。如教学《鲁滨逊漂流记》时以"鲁滨逊为什么要一而再再而三地去冒险？"为话题进行探讨，一起探求小说表达的主题。

法国著名文学家卢梭推荐《鲁滨逊漂流记》时这样说："每个正在成长的男孩都应该先读读这本书。"教学时，结合卢梭的推荐词，链接阅读苏教版教材中的课文《一本男孩子必读的书》，和学生一起讨论："一本男孩子必读的书，女孩子要不要读？"

以《鲁滨逊漂流记》为例，通过搜索有几十种不同的翻译版本，每一种版本故事内容基本相同，但翻译后的语言表达各不相同。可以让学生通过几个版本的阅读比较，进行投票，选出最愿意读的一个版本。在陈述选择理由的过程中提示学生翻译并不只是两种语言间的转换，它还是一个译者对另一国家、另一民族的文化背景、社会环境等方面的理解、内化与阐述。

2. 整本书推荐单

三本小说同时阅读的过程是一种群书互文式阅读。群书互文式阅读一般采用"1+X"的方式，由一本带多本，按照体裁、题材、主题等方面设置议题形成整书推荐单，打造班级阅读圈，学生在海量阅读中关联比照，同中求异或异中求同。

如以"荒野生存"为题材，推荐阅读《蓝色的海豚岛》《山居岁月》《手斧男孩》等作品，以"生存"为议题，比较主人公身处的困境、生存的技能和独特的品质，发现主人公战胜荒岛困境的关键因素，同时联结学生的现实生活，从中汲取生活的智慧和力量。

如以"顽童"形象为主题，推荐阅读《长袜子皮皮》《窗边的小豆豆》《绿山墙的安妮》等，在阅读中一起探讨"顽童"的外在表现和成长路径，比照自己的生活成长经历，从另一个角度看待所谓的"坏孩子"，认识成长中"改变"的秘密。

3. 影视资源包

三本小说都被拍成了相关的影视作品，这些影视作品在尊重原著的基础上，融入了编剧、导演、演员等对文本的解读。这些都可以作为学生阅读过程中视听链接的影视资源包。

教师可以引导学生在欣赏影视作品后，根据影视作品中呈现的相关情节找到原著中相应的内容，比较人物台词、神情刻画、服饰道具、环境背景等内容与自己阅读体验和想象之间的差异。在此基础上，继续探讨影视作品没有传达出的原著信息和文字表达效果，也可以进一步探讨被影视作品做了较大改动的地方的利弊等，还可以探讨同一小说不同版本影视作品的区别等。

《骑鹅旅行记》（节选）教学设计

【文本解读】

《骑鹅旅行记》是瑞典女作家塞尔玛·拉格洛芙创作的一部长篇小说，讲述了一个名叫尼尔斯的14岁小男孩的故事。

教材节选自作品的开端部分。它描述的是尼尔斯变成小人儿后去牛棚找小狐仙，他先遇到了麻雀，麻雀嘲笑他；接着是受到他欺负的鸡追着他说"活该"；随后尼尔斯遇到了猫，猫也不愿意告诉他小狐仙的去向，并且将他狠狠扑倒；吃尽苦头的尼尔斯又到了牛棚，牛都想好好教训尼尔斯。后来他爬上围墙，恰逢看到自己家的雄鹅要和大雁一起飞走，为了让家里不受损失，他一跃跳上鹅背，开启了此次旅行。

故事通过描写主人公尼尔斯自身的变化、动物们前后的态度变化，使作品更有表现力和吸引力。读者自然而然运用"猜"的方式阅读，被激发阅读兴趣，完成整本书阅读。

【教学要点】

1.围绕"变"，梳理故事情节。

课文节选自尼尔斯刚变成小人儿后的情节，是属于整本书的开端部分。教学时先对整本书进行背景和作者介绍，让学生对其形成初步了解。对于节选内容，根据事情发展顺序，选取重要的关键情节，并用小标题进行概括，理清脉络。

2.研读"变"，推测故事情节。

根据图表，探讨尼尔斯变成小人儿后，他的外部世界和自身发生了怎样的变化，并思考这些变化带来的启示。在阅读中，结合节选中尼尔斯的表现和性格特点，有证据地推测故事的起因，并将这种方法运用到整本书的阅读当中。

3. 预测"变"，链接整书阅读。

链接整书阅读，根据瑞典地图，预测尼尔斯的旅行路线，提示学生带着地图去阅读。由"鹤之舞表演大会"中动物们对尼尔斯的态度，预测尼尔斯在旅行中会变成什么样子。在预测中，激发学生阅读整书的兴趣。

【教学目标】

1. 能用小标题形式概括节选部分的故事情节，把握主要内容。

2. 能根据动物们对待尼尔斯态度的变化，以及他自身发生的变化，体会尼尔斯的性格特点。

3. 能有证据地预测尼尔斯的旅行路线图和成长变形记。

【活动设计】

学习任务一：围绕"变"，梳理故事情节

1. 揭示课题。

要点：介绍《骑鹅旅行记》的作者塞尔玛·拉格洛芙与创作背景。

2. 梳理情节。

提示：根据事情发展的顺序，从尼尔斯的经历中选取重要的关键情节，概括小标题。

例：

发现身体变小—听懂动物说话—遭受动物谴责—骑鹅飞上天空。

学习任务二：研读"变"，推测故事情节

1. 话题探讨。

（1）话题探讨一：尼尔斯世界的变化。

尼尔斯变成小人儿后，他的世界发生了怎样的改变？这又给我们带来怎样的思考？将有关信息填写在表4-5中。

表 4-5　尼尔斯世界的变化细节表

	动物	行为	变化
动物们对尼尔斯态度的变化			
我的结论			

要点：通过麻雀的三个"快看"，不难看出它对尼尔斯从讨厌到嘲笑；通过鸡的五个"活该"，可以看出它对尼尔斯从害怕到讽刺；通过猫的"扑了过去""按住胸口""张开大嘴"，可以看出它对尼尔斯是从一直被欺负的状态变成了敢威胁；母牛们的五个"你过来"，更是能看出它们从一直对尼尔斯的愤怒变成了谴责。看来，以前尼尔斯对待动物们的态度极其恶劣，才造成如今小动物们对他嘲笑、讽刺、谴责等局面。

（2）话题探讨二：尼尔斯内心的变化。

尼尔斯变成了小人儿之后，他的改变更表现在自身的变化，尤其是内心世界。小组讨论尼尔斯从外形到内心发生了什么变化，具体表现在哪里？将答案填写在表 4-6 中。

表 4-6　尼尔斯内心的变化细节表

	自己	表现	变化
尼尔斯自身的变化			
我的结论			

要点：尼尔斯外形上从"小男孩"变成了"拇指大的小人儿"；动作上从"能欺负各种小动物"变成了"弱小无力""拼命喊叫"；心理上更是从"不敢相信""恼羞成怒"变成了"垂头丧气"；如今，更是能听懂动物说话，从中我们可以了解，尼尔斯在变成小人儿之后，身体和内心都发生了巨大的变化。

2. 推测情节。

（1）依据"阅读单"，推测起因。

文中所有的经历都源于尼尔斯意外变成小人儿，小狐仙为什么要把尼尔斯变成小人儿呢？猜猜他们之间到底发生了什么事呢？

出示阅读单，见表4-7：

表4-7 阅读单

我原来想＿＿＿＿，证据在＿＿＿＿＿＿＿＿。
我后来想＿＿＿＿，证据在＿＿＿＿＿＿＿＿。
我最后发现＿＿＿＿，原来证据在＿＿＿＿＿＿。

提示：猜想要有证据，根据尼尔斯对动物们的表现等证据来推测故事的起因。

（2）出示故事开头，进行验证。

男孩子看到小精灵，感到非常惊奇，但是并不特别害怕。小精灵坐在那里，那样聚精会神地观赏着，既看不到别的东西，也听不到别的声音。男孩子便想，要是恶作剧一下捉弄捉弄他，或者把他推到箱子里去再把箱子盖紧，或者其他这类动作，那一定十分有趣。

但是男孩子还没有那么胆大，他不敢用手去碰小精灵，所以，他朝屋里四处张望，想找一样家伙来戳那个小精灵。最后，他的目光落到挂在窗框上的一个旧苍蝇罩上。

他一见到那个苍蝇罩便赶紧把它摘下来，窜过去，贴着箱子的边缘扣了上去。他感到奇怪，怎么竟然这样走运，连他还没有明白自己是怎样动手的，那个小精灵就真的被他逮住了。

小精灵开了腔，苦苦地哀求放掉他。倘若男孩子肯放掉他，他将会送给他一枚古银币、一把银勺子和一枚像他父亲的银挂表底盘那样大的金币。

男孩子并不觉得小精灵的出价很高，可是说来也奇怪，自从他可以任意摆布小精灵以后，他反而对小精灵害怕起来了。

所以，他马上就答应了那笔交易，把苍蝇罩抬起，好让小精灵爬出来。可是正当小精灵差一点儿就要爬出来的时候，男孩子忽然转念一想，他本来应该要求得到一笔更大的财产和尽量多的好处。起码他应该提出一个条件，那就是小精灵要施展魔法把那些书上的字变进他的脑子里去。随手，他又摇晃起那个纱罩，想让小精灵再跌进去。

就在男孩子刚刚这样做的时候，他脸上挨了一记重重的耳光，他觉得脑袋都快震裂成许多碎块了。他一下子撞到一堵墙上，接着又撞到另一堵墙上，最后倒在地上失去了知觉。

小结：尼尔斯之所以变成小人儿，和他的性格和行为是分不开的。

学习任务三：预测"变"，链接整本书阅读

1. 预测旅行线路。

（1）出示瑞典地图。

尼尔斯骑上白鹅开始了神奇的旅行，从自己的家乡，瑞典最南面的斯康耐省出发，最后又回到家乡。出示瑞典地图，猜测尼尔斯旅行的大致路线。

（2）带着地图去旅行。

我们阅读时可以带上瑞典地图，标记尼尔斯经历的重要地方，一起欣赏瑞典的地理风光，一起经历神奇之旅。

2. 预测人物成长记。

（1）猜测人物的经历。

尼尔斯的旅程中发生了很多神奇的故事，如"鹤之舞表演大会""大海中的白银"。我们一起来看"鹤之舞表演大会"中的一个片段。

鹤动作大方，形体优美地落在群丘前面。她们跳跃式地前进着，轻轻抬起翅膀尽可能地保持快速移动。这舞蹈跳得真是太美妙啦，真是赏心悦目呀！由于速度太快，只能看到一团黑影在快速旋转，那感觉就像萦绕在山头的云雾，轻巧得有点飘飘欲仙。第一次来看丘拉贝里动物表演的尼尔斯这才知道为什么压轴的总是"鹤的舞蹈"。

提问：原本被动物欺负的尼尔斯却成了第一个被邀请参加动物运动会的人。尼尔斯是怎样得到动物们的认可的呢？猜一猜。

（2）预测人物的成长。

在一系列的经历中，尼尔斯还会发生怎样的变化？说说你的猜测和证据。

要点：这是一本关于儿童冒险与成长的小说，结合学生的阅读经验，预测人物在成长的历程中会不断地走向成熟。

【板书设计】

骑鹅旅行记（节选）

变　　　猜

人物　　情节

《鲁滨逊漂流记》整本书阅读教学设计

【文本解读】

《鲁滨逊漂流记》是英国现实主义文学著作，是西方文学中冒险小说类型的经典作品之一，在英国文学史与世界文学史上都有着重要的地位。《鲁滨逊漂流记》以当时发生的一段真实故事为蓝本，结合作家笛福自己的经历和想象，采用自述的方式，讲述了一个情节曲折、细节生动的传奇故事。主人公鲁滨逊在去非洲航海的途中遭遇风暴，只身漂流到一个无人的荒岛上，开始了一段与世隔绝的生活。面对严酷的环境，他很快克服了悲观情绪，依靠自己顽强的意志和所掌握的科学知识，克服种种意想不到的困难，在岛上生活了二十八年，终于遇救返回故园。

这部小说通篇采用第一人称自述的方式，就像是在讲故事，将所有发生的事情都亲切而又自然地娓娓道来，让人感觉像是作者亲身去过那个荒岛一般，亲身经历了无数的险情，读起来十分畅快淋漓。

【教学要点】

1. 绘制经历地图。

梳理鲁滨逊的航海经历，发现航海过程中的关键事件和重要场景，通过绘制航海经历图和情节时间轴等方式把握小说的主要结构，通过讲述、表演等方式还原感兴趣的情节和场景，走进小说的世界。

2. 寻找生存智慧。

聚焦鲁滨逊的荒岛生存经历，借助"荒岛平面图""好坏清单""荒岛生存手册"三张阅读单，在探究中发现鲁滨逊在荒岛生存的智慧，并能联结自己的生活，汲取生存的智慧。

3. 开启故事冒险。

每个人心中都有一颗冒险的心，带着这颗心，学着作家的创作思维和图式，在故事的世界中，用勇气和智慧开启一段冒险之旅，从故事中找到成长中的每一个自己。

【教学目标】

1. 根据鲁滨逊经历的航海事件，完成人物经历图，交流经历中的重点事件。

2. 绘制"荒岛平面图"，追寻活动轨迹，完成"好坏清单"和"荒岛生存手册"，体会生存智慧。

3. 带着一颗冒险的心，创作属于自己的历险故事。

【活动设计】

学习任务一：跟着鲁滨逊一起去冒险

阅读情境：《欧洲时报》评论《鲁滨逊漂流记》是一部惊险刺激的荒岛求生记，是一曲意志力和智慧的生命赞歌。让我们跟随鲁滨逊的脚步，开启一段冒险之旅。

1.填写航海经历表。

引导学生在阅读中梳理鲁滨逊五次航海经历的内容，完成航海经历表，并说说自己的发现，见表4-8。

表4-8 鲁滨逊航海经历表

时间	目的地	航海遭遇	结果
1651年	伦敦	风暴	得救
……	……	……	……

要点：引导学生对比鲁滨逊的五次航海经历，发现荒岛或单纯为了冒险，或经营生意，或贩卖黑奴，或不幸流落，或返回小岛；同时，航海经历有时是幸运的，顺利抵达；有时是遭遇风暴，心惊胆战……这样对比阅读，梳理情节，有利于学生感知小说的情节变化。

2.绘制情节时间轴。

提示：在纵观全书内容的基础上，引导学生回顾单篇课文阅读时习得的提炼标题、了解情节的方法，抓住时间和事件这两个关键点，绘制情节时间轴，梳理鲁滨逊冒险中的关键事件，明确故事发展走向，如图4-5所示。

例：

| 1632年出生 | 1651年第一次航行 | 第二次航行遭遇海盗变奴隶两年后成功逃跑 | 1659年贩卖黑奴流落荒岛 | 独自生活20多年救下"星期五"与之相处 | 历经28年于1686年离岛返家 |

图 4-5 鲁滨逊情节时间轴

3. 讲述精彩的那刻。

要点：引导学生依据绘制的情节时间轴，结合每一章节的阅读感受，以"最惊险一刻""最意外一幕""最喜悦一刻"等为主题选取相关故事场景，用讲述、表演等方式进行交流。

学习任务二：寻找鲁滨逊的生存智慧

阅读情境：翻译此书的王晋华认为《鲁滨逊漂流记》是一堂生动有趣的野外生存挑战课，一本关于信仰、智慧、勇气与坚持的生存手记。从鲁滨逊身上我们能找到怎样的生存智慧呢？

1. 绘制荒岛平面图。

鲁滨逊在第四次航海流落荒岛后，独自生活了28年，这是一座怎样的荒岛呢？根据鲁滨逊在荒岛上的活动轨迹，标注相关重要的地点，如图 4-6 所示。

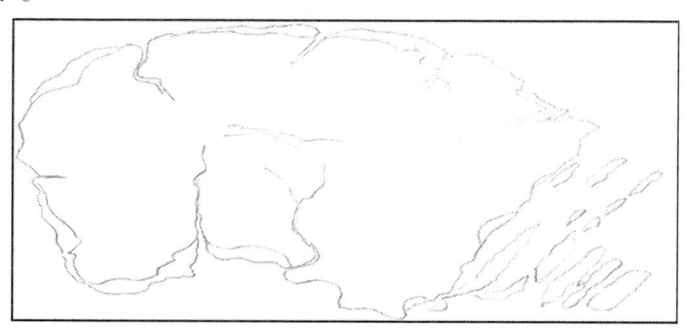

图 4-6 荒岛平面图

提示：先找到鲁滨逊登陆的沙滩，再确定鲁滨逊居住的地点，然后按照鲁滨逊活动的范围进行重要地点的标注。如鲁滨逊从"沙滩探寻"到"内陆考察"，再到"环岛探索"这样的活动范围。

2. 列一列好坏清单。

"小说课"之道

出生于商人家庭的鲁滨逊,按照商业簿记中借方和贷方的格式,记录了流落荒岛时遇到的幸与不幸,形成了一份"好坏清单"。他后来还遇到了什么困难,又是怎样安慰自己的呢?请你帮他继续完成"好坏清单",见表4-9。

表4-9 好坏清单

好处	坏处

话题探讨:"好坏清单"对鲁滨逊的荒岛生存有什么帮助?你在生活中会使用"好坏清单"吗?与小伙伴说一说。

3. 编荒岛生存手册。

这样一座荒芜的岛屿,鲁滨逊是如何生存下来的?思考并完成表4-10。

表4-10 鲁滨逊荒岛生存手册

困难	解决办法
没有生活必需品	
没有住所	
没有粮食、没有衣服	
没有同伴、孤独	
发现野人	
……	

提示:将鲁滨逊在荒岛上遇到的困难进行分类,对其采用的方法进行归类。引导学生发现,鲁滨逊面临生命安全、内心孤独两大危险,依靠勇敢、智慧、乐观等生存了下来。

学习任务三：开启故事中的冒险之旅

阅读情境：英国哲学家怀特说过，不管你出于哪种动机冒险，它的意义都在这里——没有冒险，文明就会全然衰退。在故事中，我们可以展开一段自己想要的冒险之旅。

1. 选择与智慧。

（1）如果让你和几个小伙伴去荒岛探险，你会在工具箱里放进哪些必备工具呢？请你列一张清单，并想想为什么？见表4-11。

表 4-11 工具清单

工具名称	优选顺序	选择理由

提示：小组分工合作，从衣服、食物、住所、生病、忍耐寂寞、安全防御、搬运工具等方面，联系鲁滨逊遇到的困难以及克服困难的过程进行思考与交流。

（2）在探险过程中，我们乘坐的小船即将沉没，需要扔掉船上的重物才能确保小船登岸。食物和武器两种物品只能二选一，你将如何选择？注意，这是生死抉择。

提示：没有武器，没法应对危险；没有食物，无法填饱肚子，这是一个两难抉择的境地。

2. 困难与勇气。

（1）一群人流落在荒岛，会出现哪些意想不到的困难，这些困难又是怎样解决的？暂时的结果又是怎样的？思考并完成表4-12。

表 4-12 困难清单

困难 1	困难 2	困难 3	困难 4	……
办法 1	办法 2	办法 3	办法 4	……
结果 1	结果 2	结果 3	结果 4	……

提示：这些困难之间有没有什么联系，这些办法之间有没有什么关联？

（2）小组内每人选择其中的一个遇险的情节写一写，然后将大家写的连起来变成一段冒险经历。

3.结局与主题。

（1）一群人最终是如何离开荒岛的？在离开荒岛的时候，每个人的收获又是什么？

提示：收获可以是物质上的，如宝藏等；也可以是精神上的，如成长等。

（2）卢梭说："每个正在成长中的男孩都应该先读读这本书。"可我觉得，每个成长中的女孩也应该读读这本书。你觉得呢？

五、创造令人难忘的人物

小说反映社会生活的主要手段是塑造人物。小说中的人物往往取材于现实生活中的人物，并对其进行艺术提炼与加工，使其成为具有代表性的典型人物。小说家们常采取"杂取种种，合成一个"的方式，创造出令人难忘的人物，通过塑造典型的人物形象反映生活，具有更集中、更普遍的代表性。

（一）人如其名，称呼不仅是个符号

人物的名字，现实生活中是生命个体的一种符号，是区别于他人的一个代号。在小说的世界里,人物取名成为一种特有的文学现象。对于如何给小说人物取名,鲁迅具有鲜明的自觉意识。他指出:"创作难,就是给人起一个称号或者诨号也不易。假使有人能起颠扑不破的诨号的罢,那么他如作评论,一定也是严肃正确的批评家,倘弄创作,一定也是深刻博大的作者。"可以看出,人物取名并不简单,而是和作家的塑造人物形象相联系的。

1. 姓名,人物的一张名片

在小说的世界中,小说家要为其所塑造的人物命名,人物的姓名往往会暗含人物的身份、处境、性格、命运等,反映出小说家的艺术匠心,体现着文学的审美意蕴。

如《骆驼祥子》中的祥子一生事业不顺,生活悲惨,不但三次买车都以失败告终,而且妻子虎妞难产而死。作者之所以这样命名,寄托了对劳苦人民深深的同情,目的是希望他们生活得吉祥幸福。小说中祥子像是一头骆驼,温顺,逆来顺受,不反抗,不改变,他从"祥子"变成了"骆驼",也真正地从一个人变成了一匹牲口。骆驼既是指他的性格,也是指他的命运走向。

小说中人物的命名是刻画人物的一种手段,小说家对人物姓名的构思,就像给亲生儿女命名那样精心,表达着作者对人物命运的影射、人物态度的投射等。小说世界中千头万绪、错综复杂的关系在姓名这里汇合,也由姓名得以折射。

在现实生活中,人物的姓名寄托的是希冀。用心发现,姓名与人物之间总能找到些许联系。在写人的过程中,可以尝试如何将人物的姓名与人物的形象进行关联。

2. 绰号,让人一下子记住

在小说人物的塑造中,作者有时会用一个形象生动的绰号来展现人物的形象。把人物形象一下子推到读者的面前,让读者一下子记住这个人物。

听到"刷子李"这个绰号,可以让学生猜测知道了些什么,学生自然就能想到他姓李,是粉刷匠中技艺超群的一个人。正如冯骥才在《俗世奇人》中说:"在天津卫的码头上,各行各业,全有几个本领齐天的活神仙。刻砖刘、泥人张、风筝魏、机器王、刷子李等。天津人好把这种人的姓,和他们拿手擅长的行当连在一起称呼。叫长了,名字反而没人知道。只有这一个绰号,在码头上响当当和当当响。"

写人时,可以根据人物的形象,借用生活中已有的绰号,或者创造出一个绰号,让这个响当当的绰号成为表现人物形象的一种方式,让读者一下子记住这个人。

(二)以貌取人,外貌不仅是张照片

小说中成功的肖像描写,能给人以强烈感受和深刻印象,可以和人物一起被永远记住,读者每每想起这个人物,其容貌便会浮现在脑海之中。

1. 人物出场的方式

小说中人物出场的方式就像戏台上的人物亮相,手法各异,精彩纷呈,常采用形出、声出与神出三种方式。在开头描写外貌属于形出,能让读者第一时间对该人物产生感性的认识。古典小说中人物出场时常以外貌进行"亮相"。如《三国演义》中的关羽出场时,玄德看其人:身长九尺,髯长二尺;面如重枣,唇若涂脂;丹凤眼,卧蚕眉,相貌堂堂,威风凛凛。《三国演义》中对人物外貌基本上从"身长""脸型""眼形""须形"等方面进行刻画,虽然小说中对人物的外貌描写存在着套语和标签式描写,但基本和人物性格、身份地位相得益彰。《三国演义》中通过对曹操、关羽、张飞等典型化和单一化外貌描写,逐渐形成京剧脸谱中的白脸、红脸、黑脸等典型人物特征。

写人时,可以让所写的人物以外貌的方式亮相,可以是在开头出场,也可以是在中间出场。当然人物的外貌在叙述的过程中可以多次亮相,如《天游峰的扫路人》中对老人的外貌有两次描写，第一次是初见老人的整体远观，第二次是相识之后的细细打量。两次描写既符合叙事的进程，又展现对人物认知的发展。透过外貌，老人的形象由远及近、从平面到立体展现在读者面前。

2. 怎样看这个人物

小说中人物外貌描写不仅要有画面感，还常带有镜头的推移感，给读者视觉上的立体感。《他像一棵挺脱的树》中"祥子"从内而外的挺脱，在众多车夫中跳脱出来。小说中对祥子外貌描写有着镜头的推移感，第一小节具体写的是身量，第二小节具体写的是相貌，镜头推移的过程中先是远镜头，给一个整体的画面，再是近镜头，逐步聚焦，这样画面就有了立体感、纵深感。

小说中人物的外貌一般用三双眼睛来看。第一双是作者的眼睛，既可以冷静客观地描写，又可以表露作者的情感；第二双是故事里的其他人的眼睛，可以很好地表现人物关系，预示情节发展；第三双是人物自己的眼睛，直接揭示人物内心的情感与态度。祥子像一棵挺脱的树，他自己也有这样的感觉，小说中的"扭头看看自己的肩，多么宽，多么威严""是的，他无疑可以成为最出色的车夫，傻子似的他自己笑了""他不甚注意他的模样，他爱自己的脸正如同他爱自己的身体，都那么结实硬棒，他把脸仿佛算在四肢之内，只要硬棒就好"这些语句都有"自己"这个词语，祥子用自己的眼睛看自己，自己笑，爱自己，这样立着，他觉得，他就像一棵树，上下没有一个地方不挺脱。正如迪斯雷利所说，"外貌是人内心的表露"。写人物外貌，要写出其精气神。

人物的外貌一般可以从人与生俱来的长相，特殊经历在面部或身体留下的印记，习惯性的衣着打扮等方面来描写。在具体描写的过程中，可以通过镜头来产生立体感，也可以尝试用不同人的眼睛来看。

（三）事因人生，故事不仅是件事情

对于人物的名字和外貌只是完成的人物的"定妆"。事因人生，人以事显，人物的形象在做事情中才能得以充分显现。小说讲述中将平常的"事情"变成精彩的故事。

1. 故事的关键场景

高明的小说家，在叙述故事时，一定会将人物置于典型而具体的环境之中，给人物制造麻烦与意外，让人物在特定的环境中做事情，从而塑造出活生生的人物形象。

严监生在临死之前喉咙里的痰响得一进一出，一声不倒一声的，总不得断气。在这样的情况下，一个劲地伸出两个指头，连续三次摇头，不肯咽气只因心疼灯盏里的两根灯草，入木三分地刻画了一个吝啬鬼形象，给读者留下了深刻的印象。有什么样性格的人，就一定会做符合他性格的事情。严监生是东方著名的吝啬鬼，在法国大作家巴尔扎克笔下也有一个著名的吝啬鬼——老葛朗台。老葛朗台在临死前会做些什么，由此可以让学生进行猜测。

刷子李刷浆的技艺非常高超，他刷墙时必穿一身黑：黑衣服，黑裤子，黑布鞋。这是他的规矩之一，刷完墙身上不留一点白点，如果有白点，白刷不要钱。冯骥才将人物置于这样一个特定的规矩之下，营造了一种特殊的情境，这样就能更好地表现了人物的特点。可以和学生探讨"黑衣"与"白点"的规矩对人物形象表现的作用。

写人的文章中，在选定了典型的事例以后，需要将人物放置到特定场景当中，让人物回归到事件当中。牢记人物的形象决定人物的行动来设定特殊的场景，根据人物形象的表现需要，选用语言、动作、神态等描写还原事件的关键场景。

2. 故事中的其他人

小说中的故事与生活一样，并不是一个人的世界，故事中人物之间

有了相应的关系，才会有精彩的故事。

《摔跤》中小嘎子有一个对手是小胖墩儿，有了这个"神一样"的对手，小嘎子的机灵劲和犟脾气才能展现得更彻底。《刷子李》中有一个旁观者，即徒弟曹小三。他的出现，既便于从"第三者"的角度表现"刷子李"的真功夫，又增加了故事本身的曲折性和生动性，还能够显现出侧面描写与映衬的艺术手法。

教学时，可以让学生思考：这些旁人是否可以换成其他人？譬如《摔跤》中将"小胖墩儿"换成一个瘦弱的小男孩？譬如《刷子李》中将"曹小三"换成"姓李的主人"？在写人的习作中，除了选定有特点的主人公外，加入哪些"旁人"比较合适？这些"旁人"的作用是什么？

小说中既有有故事的人，也有讲故事的人。作者一般是讲故事的人，可以客观地展示故事，主观地评论人物。除了作者讲故事，还可以让主人公讲故事，这样就变成了自述；还可以让其他人讲故事，比如《刷子李》中是用徒弟曹小三的眼睛来看师傅刷子李的绝活的，《孔乙己》是让酒店那个小伙计来讲故事的。不同的人讲故事会带来不同的视角与效果，正如日本小说《罗生门》。当然，这些方式可以设置成挑战性表达目标，并不是每一个学生都要掌握的。

对于一个小说家而言，一旦在小说中创造出笔下的人物，就会被人物牵着走，故事的情节发展就由人物自己去完成。对于一个读者来说，读完小说后也许会逐渐淡忘情节，但小说中的经典人物形象却始终不会忘记。在小说中，人物第一，小说家的使命就是创造令人难忘的人物。小说家是现实中用文字创造人物的"女娲"。创造出具有灵魂的人物，小说家才算完成小说的价值。

现实生活中，对形形色色人物的认识与表达不妨从小说家那里借点智慧。

《他像一棵挺脱的树》教学设计

【文本解读】

　　《人物描写一组》中的《他像一棵挺脱的树》节选自语言大师老舍先生的长篇小说代表作《骆驼祥子》。这一段人物描写，描绘的是刚刚进入城里的青年祥子。他强壮自信、满怀希望，这些性格特征主要是通过人物的外貌描写得以展现的。

　　从"铁扇面似的胸""直硬的背""'出号'的大脚"等，都可以看出祥子的强壮。他对未来的生活满怀希望，因为他对自己的健壮有着十足的信心，这就是他赖以竞争的本钱，所以他傻子似的自己笑了，觉得他就很像一棵树，上下没有一个地方不挺脱的。这是小说中祥子刚出场时的样子，此时的祥子还是淳朴憨厚的，他没有什么心机，也丝毫不会掩饰自己的情绪。

【教学要点】

　　1. 领会以"貌"取人。

　　人物的外貌是形象的名片，我们认识一个人常常是从外貌开始的，以"貌"来取人。教学时，要从祥子的外貌去发现他外在的结实健壮，体会内心的阳光自信，感受人物身上的精气神。要发现作者用镜头推移的方式刻画人物外貌，产生画面感。教学时，要发现不同职业的人有不同的外貌特点，学习作者描写人物的方式来写生活中形形色色的人。

　　2. 发现"貌"随时变。

　　一个人的外貌会随着时光的流逝、遭遇的不同等发生变化，有时也会随着性格的变化而产生微妙的变化。教学时，要启发学生发现人物的外貌描写还能够表现一个人在某个阶段的形象特点。

【教学目标】

　　1. 掌握文中表现祥子外貌特征的生字新词，关注老舍的语言风格，学习理解方言词的方法。

2. 感受祥子结实健壮的阳光形象，学习用外貌描写表现人物形象的方法。

3. 发现人物外貌和形象会随着时间流逝和遭遇不同发生变化。

【活动设计】

学习任务一：学习生字词语，初识祥子

1. 学习字词。

（1）出示词串一：身量　颧骨　不小的疤。

要点：身量的"量"读轻声，颧骨的"颧"为页部，页部表示头部；发现这组词语是写祥子的体貌特征。

（2）出示词串二：结实硬棒　杀进他的腰　"出号"的大脚。

要点：这组词语也是写祥子的外貌特征的，但说法和我们生活中的说法不一样，这些是方言词。我们可以根据注释来理解这些词语，如"杀进他的腰"就是指把他的腰勒得细一些；也可以根据生活经验和联系上下文来理解，如"'出号'的大脚"就是指超出一般尺码，形容脚特别大。

2. 初识祥子。

（1）揭示课题：他像一棵挺脱的树。一看这个题目，我们就知道这是对一个人物的外貌描写。

（2）初识特点："挺脱"也是个方言词，指的是强劲结实，挺括舒展。从题目看，你觉得祥子是一个怎样的人？

例：祥子是一个强劲结实、健壮挺拔、富有生机的人。

学习任务二：领会以"貌"取人，探究写法

任务情境一：小说中，人物的出场往往是从外貌描写入手的。经典的小说经常被拍成电影,如果要拍电影中祥子出场,镜头如何拍摄？注意，镜头要拍哪些部位？镜头又该如何推移？根据课文的描写小组之间讨论一下。

要点：第一自然段具体写的是祥子的身量，第二自然段具体写的是祥子的相貌，镜头推移的过程中先是远镜头，给一个整体的画面，再是近镜头，逐步聚焦，这样画面就有了立体感。对人物外貌的描写我们也要有这种镜头推移的感觉。

小结：按照顺序拍摄祥子的各个部位，有顺序地推移镜头，就会产生画面感。

任务情境二：依据人物外貌，课本中会为人物形象配上插图，比较课本上的两幅插图，你觉得哪一幅更能表现祥子挺脱的特点？仔细读读这个片段，圈画表现人物外貌特点的词，说说你的理由。

要点：两幅图虽然在外貌上都能表现祥子身材、五官、衣着等特点，但第一幅图缺少了一点精气神。

小结：祥子在小说中是一位人力车夫，从内而外的挺脱，在众多车夫中跳脱出来。写人物的外貌既要写出人物外在的特点，又要写出人物内在的精气神。

任务情境三：他像一棵挺脱的树，不光是我们有这样的感觉，祥子自己也有这样的感觉。你看，老舍是这样写的："这样立着，他觉得，他就很像一棵树，上下没有一个地方不挺脱的。"片段中，还有哪些地方祥子也有这样的感觉？找一找。

交流后出示：

扭头看看自己的肩，多么宽，多么威严！

是的，他无疑可以成为最出色的车夫，傻子似的他自己笑了。

他不甚注意他的模样，他爱自己的脸正如同他爱自己的身体，都那么结实硬棒，他把脸仿佛算在四肢之内，只要硬棒就好。

要点：这三句话中都有"自己"这个词语，祥子看自己，自己笑，爱自己。"这样立着，他觉得，他就很像一棵树，上下没有一个地方不挺脱的。"这是一个自信的祥子。

总结：迪斯雷利说，"外貌是人内心的表露"。我们要记住：写人物外貌，就要写出其精气神。

学习任务三：发现"貌"随时变，读写链接

1.链接阅读，发现"貌"随时变。

（1）《他像一棵挺脱的树》选自老舍的长篇小说《骆驼祥子》，小说中到后来对祥子有这样一段外貌描写。

出示：

身材还是那么高，可是身上的那股正气却没有了，失去了精气神一样，肩膀也会故意的往前松一些，不再像以前那么宽厚，背也不挺直了，弯着腰，整个人的精神面貌大打折扣。

他的脸腮满起来一些，可是不像原先那么红扑扑的了；脸色发黄，不显着足壮，也并不透出瘦弱。眼睛很明，可没有什么表情，老是那么亮亮的似乎挺有精神，又似乎什么也没看见。他的神气很像风暴后的树，静静地立在阳光里，一点不敢再动。原先他就不喜欢说话，现在更不爱开口了。天已很暖，柳枝上已挂满嫩叶，他有时候向阳放着车，低着头自言自语的嘴微动着，有时候仰面承受着阳光，打个小盹；除了必须开口，他简直不大和人家过话。

（2）这里你感受到了一个怎样的祥子？

要点：无精打采、萎靡不振、潦倒、麻木、懒散、自暴自弃等。

小结：生活的磨盘将他的信念与希望碾得粉碎。一个人的外貌特征会随着时间、随着经历不断变化。

2.链接写作，学习外貌描写。

（1）猜猜人物的职业。

出示：

①头顶一个脱边儿的草帽，脸型消瘦，目光深邃，毒辣的太阳烤灼着他那黝黑的皮肤，长年的劳作早已压弯了他的脊背。（农民）

②只见他油光满面，肥头大耳，宽大的衣服上油星点点，一声响亮的吆喝或一阵用力地剁刀，都会震得身上的肉跟着颤动起来。（屠户）

③瞧，这位身穿黑色中山装，戴着黑色宽边眼镜，脸上带着微笑的中年人，无论走到哪里，他的手中总捧着一摞书或一摞作业本，他就是我们最敬佩的人。（教师）

（2）写写人物的外貌。

人物不一样的外貌特征，就会给人不一样的印象。留意生活中形形色色的人，仔细观察他们的外貌，看看人物给你留下什么样的印象，然后想想，自己是从哪些地方看出来的？最后抓住这些外貌特征细致刻画。

要点：关注人物明显的外貌特点，结合人物的职业身份，用镜头推移的方式表现人物的精气神。

【板书设计】

他像一棵挺脱的树

以"貌"取人　"貌"随时变

镜头感

精气神

《刷子李》教学设计

【文本解读】

《刷子李》选自冯骥才的《俗世奇人》。"刷子李"普普通通，却有"俗世奇人"之美称。首先是"俗世"中的"凡人"，因为他是生活于市井里巷的凡夫俗子，是一位普普通通的手艺人；可他又是"俗世"中的"奇人"，因为他刷墙的技艺高超，让"行外的没见过的不信，行内的生气愣说不信"。他有才能、有个性，喜怒哀乐样样俱全，但行事言语又高于常人，所以，用"俗世奇人"之称最为恰当。

小说在写法上的一个显著特点是作者从一个小徒弟的视角印证了"刷子李"的真功夫：起初，徒弟是"半信半疑"，但大半天下来，居然连一个芝麻大的粉点也没发现，他真觉得这身黑色的衣服有种神圣不可侵犯的威严。正当徒弟对师傅佩服得五体投地时，却突然发现"刷子李"裤子上有一个白点，师傅那如山般的形象轰然倒去。不料"刷子李"最后揭开谜底：那白点原来是黑裤烧了个小洞造成的！"一波三折"的叙事，使"刷子李"的"奇"得到了一次次的渲染，紧紧抓住了读者，起到了引人入胜的艺术效果。

【教学要点】

1. 认识典型事例。

人与事是分不开的，一个人往往在做事情，与人相处时会显现自己的特点。这篇小说以"刷子李"的高超手艺为话题。作者只选择一件小事来写，借一件极富戏剧性的小事窥见人物的大本领、大智慧。学生在故事的讲述中，认识表现刷子李技艺高超的事就是典型事例。在写作时，也要能根据人物的特点选择典型的事例。

2. 领会正面描写。

作者从刷子李的"动作奇""效果奇""规矩奇"等方面进行细致的描写，刻画了一个技艺高超的奇人形象。教学时，学生用批注的方式，将自己的发现进行梳理与交流，领会人物正面描写的方式。

3. 感知侧面描写。

从曹小三的视角出发，讲述作为一直关注师傅身上有没有白点的徒弟的心情变化，通过话题探讨等方式，感知侧面描写对刻画人物形象的作用，并能尝试在写作中运用。

【教学目标】

1. 学习"袱""浆"等生字，认识典型事例。
2. 聚焦作者描写，感受从"动作奇""效果奇""规矩奇"等方面描写刷子李的技艺高超。

3. 揣摩小徒弟的内心世界,学习正面描写与侧面描写相结合的表达方式。

4. 读写链接,初试身手,能用多种方法表现人物特点。

【活动设计】

学习任务一:发现人如其名,认识典型事例

1. 读读称呼,发现人如其名。

(1)揭示课题:大千世界,无奇不有。著名作家冯骥才在短篇小说集《俗世奇人》中记录了许多身怀绝技的奇人。今天,我们来认识其中的一位,他就是——刷子李。我们一起读一读对他的称呼。

(2)初识人物:"刷子李"是这个人的绰号,这个绰号有点怪,从这个绰号中我们能了解到什么呢?

要点:发现题目中包含的信息,知道"刷子李"是一个人的外号及他从事的行当。

2. 学习词语,初识人物特点。

(1)依次出示词串一:一个包袱　一身黑衣黑裤　一双黑布鞋。

提示:"袱"是个生字,衣字旁,右边一个"伏"字,读"fú",指的是包裹或覆盖用的布单。"袱"在词语中读轻声,一个包袱。刷子李的包袱里有什么呢?"一身黑衣黑裤""一双黑布鞋",他干活时必穿一身黑。

(2)依次出示词串二:浆　白浆　粉浆　调浆　蘸浆　刷浆。

提示1:"浆"是个多音字,在这里读"jiāng",指的是较浓的液体。刷子李作为粉刷匠,自然得成天跟"浆"打交道。衣服是黑的,浆是白的。

提示2:文中关于"浆"组成的词语还有调浆、蘸浆、刷浆。"蘸"是个生字,读"zhàn",翘舌音。这三个词语是写什么的?

要点:这三个词语是写刷子李干活时刷墙的动作,边读边做动作。

3. 概述故事，认识典型事例。

（1）简要讲述故事：用上两组词语说一说体现刷子李技艺高超的故事。

（2）认识典型事例：刚才同学概括的事，就能很好地表现刷子李刷墙技艺的高超，这样的事被称为典型事例。

（3）感受叙事艺术：小说的第3—11自然段就是写这个典型事例的，那第1和第2自然段写了什么呢？

提示：这两个自然段中，一个"信"字反复出现。一开始说"别不信"刷子李技艺高超，接着说人信也不会全信。行外的没见过的不信，行内的生气愣说不信。一会儿叫你"别不信"，一会儿说"不信"，在对刷子李技艺高超的"信"与"不信"中吸引你读下面的故事。这就是讲故事的艺术。

学习任务二：聚焦技艺规矩，领会正面描写

1. 聚焦技艺高超，学习人物描写。

故事的第5小节具体描写了刷子李刷墙的场景。我们根据之前学习《人物描写一组》的经验，看看作者是如何描写刷子李技艺高超的，可以先读读这个部分，并在旁边做好批注。

交流：

（1）动作奇。

①动作熟练：这些动词，作者用"蘸了""一举""划过""摆来""摆去"一连串的动词写出了刷子李刷墙的动作熟练。

②姿态轻松：作者用两个"悠然"表现刷子李刷墙时悠然自得，轻松自如，技艺非常高超。

③音乐美感："伴着鼓点""和着琴音""清脆一响""极是好听"，写的是想到的和听到的，刷子李刷墙时动作很有节奏感，仿佛奏出了一首动听的乐曲，带给我们美的享受。

小结：刷子李仿佛是一位音乐家。

（2）效果奇。

①白得多：作者一连写了好多个"白"，刷子李刷的墙白得出奇，可以看出他的技艺高超。

②白得美：刷子李刷的墙每一处的白都是不一样的，白得匀匀实实，白得透亮，白得清爽，白得平平整整，刷子李刷的墙"白"得很美。

③白得奇：作者写刷子李刷墙，从一道到一道道，再到一面，衔接得天衣无缝，他刷出的墙好比是一面雪白的屏障，十分神奇。

小结：刷子李仿佛是一位绘画家。

总结：作者将看到、听到、联想到的交融在一起，有形、有声、有感受。作者用多样的描写，展现了刷子李刷墙的动作之美、姿态之美、效果之美。

2. 聚焦规矩特别，学习人物描写。

（1）寻找规矩：奇人都有奇特的地方，刷子李刷墙有特别的规矩，浏览课文，找找刷子李的规矩。

交流后出示：

只要身上有白点，白刷不要钱。

一天只刷一间屋子。

每刷完一面墙，必得在凳子上坐一会儿，抽一袋烟，喝一碗茶，再刷下一面墙。

（2）交流规矩：一起读读刷子李的规矩，从这些规矩中你又看到了一个怎样的刷子李？

要点：只要身上有白点，白刷不要钱，刷子李艺高人胆大。一天只刷一间屋子，每刷完一面墙，必得在凳子上坐一会儿，抽一袋烟，喝一碗茶，再刷下一面墙，刷子李很有个性，派头十足。一般高人都有奇特的地方，这样才能显示高人的高明之处。

小结：刷子李手艺出众，潇洒自如，原本已在"奇人"之列，但是他为自己制定的近乎苛刻的"规矩"更是奇崛之极。他以这样的独特标准使自己远超同行,成为业内响当当的偶像。

总结:冯骥才说,刷子李之"奇"在于行事奇、规矩奇。

学习任务三:转换叙事视角,感知侧面描写

1.关注曹小三眼中的白点。

一年的一天,刷子李收了一个徒弟曹小三。刷子李成了师傅,曹小三成了刷子李的学徒。曹小三跟师傅出去干活,他最关心的还是刷子李身上到底有没有白点。找找看,课文中还有哪些语句表现了曹小三对白点的关注。

交流后出示:

每一面墙刷完,他搜索一遍,居然连一个芝麻大小的粉点也没发现。

当刷子李刷完最后一面墙,坐下来,曹小三给他点烟时,竟然瞧见刷子李裤子上出现一个白点,黄豆大小。黑中白,比白中黑更扎眼。

他凑上脸用神再瞧,那白点原来是一个小洞!刚才抽烟时不小心烧的。里边的白衬裤打小洞透出来,看上去就跟粉浆落上去的白点一模一样!

(1)白点发现的过程:我们一起来读读这些语句,看看曹小三都发现了什么。

要点:一开始发现没有一个粉点,接着发现一个白点,最后发现白点是个小洞。

(2)目光关注的过程:我们再读读这些句子,看看曹小三是如何关注白点的。

要点:一开始是"搜索"。在发现没有一个粉点的时候,刷子李每刷完一面墙,曹小三就要搜索一遍。接着是"瞧见"。当刷子李刷完最后一面墙,坐下来,曹小三给他点烟时,瞧见刷子李的裤子上出现了一个白点。最后是"用神再瞧"。曹小三凑上脸用神再瞧,那白点原来是一个小洞!

（3）内心变化的过程：曹小三的内心经历了变化，我们一起找找曹小三内心变化的语句，并说一说曹小三内心的感受。

要点：从"神圣不可侵犯的威严"中可以感受曹小三对师傅刷子李的刷墙技艺十分敬佩；往日传说中那如山般的形象轰然倒去，是说曹小三开始怀疑刷子李的技艺了；"发怔发傻"，写出了曹小三知道那个白点是师傅抽烟时不小心烧的小洞，顿时目瞪口呆，对师傅的技艺愈发佩服。

2. 讲述关于"白点"的故事。

形成故事地图：根据学生的发现形成故事地图。曹小三的内心起起伏伏，故事一波三折，在波折处作者还用了"居然"和"竟然"这两个词语。

转换视角讲述：我们可以试着从曹小三的角度讲讲这个故事，讲述时要注意曹小三对刷子李的称呼是师傅。

3. 发现曹小三出场的秘密。

话题探讨：我们从第5自然段的描写中已经感受到了刷子李的技艺高超。那故事为什么还要写曹小三的所见所思呢？

要点：直接用动作等描写表现刷子李的技艺高超是正面描写，通过描写曹小三的反应来侧面反映人物的特点是侧面描写。作者就是运用正面描写和侧面描写相结合的方法来写人物特点的。

学习任务四：阅读写作融和，课内课外融通

1. 从阅读到阅读。

出示泥人张的片段。一起看看作者是怎么写他的"奇"的，想想与刷子李的"奇"在写法上又有什么相同的地方。小组内交流一下。

要点：人物称呼表现人物特点；典型事例表现人物特点；动作描写展现人物特点；效果奇，人物奇；正面描写与侧面描写相结合表现人物特点；等等。

小结：我们还可以从《俗世奇人》中学到更多描写人物特点的方法，

有兴趣的同学可以在课后继续阅读冯骥才的《俗世奇人》。

2. 从阅读到写作。

我们班级中也有很多小能人，可以称呼他什么？可以选哪些典型事例表现人物特点？可以用怎样的描写突出人物特点？

《两茎灯草》教学实录

【课堂现场】

学习任务一：初见蔡老师，浅尝识人方式

师：你觉得我是一个什么样的人？

生1：我觉得你很幽默。

师：从哪里看出来的？

生1：从刚刚你和我们打招呼的方式看出来的。

师：这是我给你的感觉，是不是？好，谢谢你。

生2：我觉得你是和蔼可亲的人。

师：和蔼可亲，还是第一次有人这样形容我。为什么呢？

生2：因为你一直都是笑嘻嘻的。

师：那我以后要保持好笑容。

生3：我觉得你是一个聪明的人。

师：聪明？

（教师抓了抓秃秃的脑袋，非常幽默。）

生3：因为你是一个语文老师，语文老师就一定聪明。

师：来，我代表所有的语文老师，谢谢你！

学习任务二：初识严监生，厘清诸亲六眷

师：同学们，在我们的生活当中，我们会遇到各种各样的事，会遇到形形色色的人，我们要学会一样本领，那就是读懂人，这是一种智慧。

"小说课"之道

在生活中，我们可以学这种智慧，在语文课堂上，我们同样也可以获得读懂别人的智慧。我们一起来读课题——两茎灯草。这是一篇小说体裁的课文。故事很短，但是呢，里面却有很多很多的人物。现在我们一起来看看这个词（屏幕出现"郎中"），知道他是干什么的吗？

生：是治好别人的病的。

师：我们现在称这些人叫什么？

生：医生。

师：对了，郎中是古时候医生的称呼。故事当中还有一种称法，跟它是一样的。

生：医家。

（多媒体出示词语"医家"，全班一起读词语。）

师：这是一篇写古代故事的文章，这篇文章里面对人的称呼，很多都跟我们现在是不一样的。我们要了解他们的职业，这样有利于我们更好地读懂他们的故事。

（多媒体出示生词"监生"，请学生读。）

师：这是一个多音字，一起来跟他读一下。

师：那你知道"监生"是干什么的吗？

（多媒体出示"监生"的解释——明清两代取得入国子监读书资格的人称为"国子监生员"，简称"监生"。其中依靠父祖官位入监的叫"荫监"，有皇帝特许入监的叫"恩监"。）

师：古代对读书人还有什么称呼呢？

生：文人、士人。

（多媒体出示"秀才、举人"。）

师：姓王的秀才叫什么？

生：王秀才。

师：姓张的举人叫什么？

生：张举人。

师：那姓严的监生叫什么呢？

生：严监生。

师：严监生是我们这篇小说的主人公。大家伸出手指，跟着老师一起写生字。

师：在古时候，把这些读书人放在一起，还有一个叫法——儒林（多媒体出示词语）。清朝有个小说家叫吴敬梓。他把这些读书人的故事写成了一部长篇小说，叫《儒林外史》。《两茎灯草》就选自这部《儒林外史》。

（多媒体出示词语"亲眷"，请学生读。）

师：我们班同学有没有吴江人？请用吴江话说一说。

师：你知道亲眷是什么意思吗？

生：亲戚。

师：你有哪些亲戚？

生：好多好多。

师：数数看。

生：大姑父、大姨、小姨……

师：我们的亲戚有很多是吧，严监生也有好多亲戚，课文里叫什么？

生：诸亲六眷。

师：那这篇课文里出现了严监生哪些亲戚呢？请你快速地读读这篇课文然后圈出。

生：他有五个侄子，还有奶妈，还有赵氏。

师：还有谁？

生：还有两个舅舅。

（多媒体出示"侄子、舅爷、哥子、赵氏、奶妈"，请学生读词语。）

师：这些人都和他有关系，有什么关系？

生：都是他的亲戚。

师：小说人物一定会有关系，有关系才有故事。搞清楚人物之间的关系，故事才能够读得更加透彻。

师：有几个侄子？

生：五个。

师：大的叫？第二个叫？……第五个叫？

生：小侄子。

师：对了，第五个叫小侄子，不叫五侄子，这是常识。

师：最大的舅爷叫什么？

生：大舅爷。

师：知道奶妈是谁吗？

生：带孩子的。

师：她带的是谁呀？

生：哥子。

师：你们猜哥子是谁？

生1：我觉得可能是严监生的儿子。

师：不是"可能"，就是他的儿子，那是谁生的呢？

生2：赵氏。

师：那赵氏是严监生的什么人呢？

生：妻子。

师：是严监生的小老婆。

（多媒体出示"一日重似一日，一声不倒一声"。）

师：这两个短语写的是谁？

生：严监生。

师：他怎么了？

生：他病了。

师：一天比一天病得重，这是我们现在的说法，课文里是那个时候的说法，因为这篇小说是由那个时候的白话文写的，所以读起来还有那个时候的文言的味道，严监生的病一日重于一日，吴敬梓在文章中是怎么写的呢，请一位同学读一读。

（此处学生一边读，教师一边板书帮助学生巩固诸亲六眷与严监生的关系。）

师：这么多人陆陆续续地来了，说明他的病一日不如一日，这就是吴敬梓和别人不同的写作方法。

师：但是总不得断气，他拿出两根手指（教师强调"拿"这个动作），严监生的意欲何为呢？他的这个动作引起了诸亲六眷的猜测。

师：谁来读一读？

（圈出亲眷名称，将对话用红字标注出来，给学生分配角色，读诸亲六眷的对话。）

学习任务三：再识严监生，揣摩人物内心

（请学生来到黑板前，将诸亲猜测的内容，板书到对应的亲眷下面。老师带领学生按照板书内容，再次梳理诸亲六眷分别猜测严监生惦记的是什么。）

师：一般正常人临死前要么惦记的是钱，要么惦记的是亲人，但严监生惦记的居然是——两茎灯草。

师：所以，众亲又在猜测临死前严监生一系列的反应。那严监生的表现又是怎么样的呢？拿出笔画出来。

（将严监生的表现标注成蓝色的字。）

师：这些蓝色的字描写的是严监生的什么？

生：动作。

师：还有呢？

生：外观。

师：这叫神态，这些都是描写严监生神态和动作的。尤其关注了他的哪些动作？

生：手、头。

师："接下来我要请一位同学表演严监生，谁愿意来？请注意，你要演严监生，要注意他的手和头。

（请学生上台表演。）

师："诸亲六眷"站起来，再次读一读对话，其他同学对照描写严监生表现的句子，看看这个"严监生"像不像。

（"诸亲六眷"一边读对话，"严监生"一边表演。）

师：严监生的头，严监生的手指，这两个一直出现在诸亲六眷的猜测里，并在这个过程中发生了细微的变化，为什么会有这样的变化呢？这一变化跟严监生的内心是有很大的关系的，这神态、这动作的背后，其实就是严监生的心理变化。

（教师再次引导学生回忆"诸亲六眷"的猜测以及相对应的严监生的反应，并且猜测当时严监生是怎么想的，他是怎么样的心情，引出严监生的一系列心理活动——失望、急愤、绝望、心安，老师按照严监生的情绪高低，将词卡高低不同摆放，然后用粉笔连起来，变成一个曲线图，教师引导学生体会，这其实也就是严监生的一段心路历程。）

师："诸亲六眷"请再次出场，所有同学这次还是只做一件事，不过是用语言来表现，你们来读蓝色的字（严监生的表现），读的时候要记住，每读一处他内心的感觉是不一样的，要心里想着他内心的感觉，再来读这些文字，明白了？黑色的字我来读。

师：从严监生的神态和动作当中，你觉得这是个怎样的人？

生1：小气。

师：嗯，何以见得？

生1：他是因为点了两茎灯草，才有了牵挂，才没死。这也太小气了吧！

生2：我也觉得他是一个小气鬼，因为他都快死了，还惦记着两茎灯草。

师：在这个故事里，想不想知道严监生是谁？课堂开始我们讲到，监生有的是因为读书好而获得，有的是花钱买来的，而严监生，就是花钱买来的监生。《儒林外史》里对严监生的家境还有一段这样的描写，我们来看一看。

（多媒体出示原文片段。）

师：你看出了什么？

生：他的钱多。

师：那你再看严监生这个人，是什么样的人？

生：小气过头。

师：过头的小气，我们有一个词形容，叫——吝啬，所以，我们看一个人，不光要看他的神态表情，还要看他的身份，这是智慧。还记得严监生标志性的动作吗？记住以后拍照……

学习任务四：纵观吝啬鬼，领悟识人智慧

师：严监生是中国文坛史上吝啬鬼的代表，吝啬鬼也是世界文坛史上很多大作家描写的对象。巴尔扎克写了一部小说《欧也妮·葛朗台》。

（多媒体出示相关图片，引导学生运用本节课所学的读懂故事的方法，通过图片分析这篇故事里面的人物角色与关系。）

师：这幅图就是葛朗台临死前的画面，你们看，桌上还有金币，牧师的法器也是金的，关注到牧师的十字架了吗？什么颜色？（金色的）那你们猜一猜，在葛朗台临死前他会做些什么，又会有哪些动作和表情，你们要牢记，葛朗台很有……

生：钱。

师：他非常的？

生：吝啬。

师：同桌之间先相互说一说。

生1：女儿，你去把我的那些金币拿过来，我要在临死前好好看看这些宝贝。

生2：眼睛盯着钱，说："女儿，钱你一定要保管好。"

生3：我觉得他会用金钱来陪葬。

师：大家都关注女儿了，有没有人关注牧师？

生4：会让女儿去把牧师的金十字架抢过来。

师：想不想看看巴尔扎克是怎么写的？

（多媒体出示原文内容。）

师：我们刚才为什么会这么猜测？作家为什么会这么写？因为葛朗台有个性格叫吝啬，有这样的性格，就一定会做出这样的事。所以我们在生活当中，在阅读当中，去读人的时候，要记住，有怎样性格的人，一定会做怎样的事。我们在写人的文章的时候也要记住，有这样性格的人也一定会做这样的事。这就是读人写人的智慧。

【专家看课】

借助"三个一"，把握人物性格

蔡海峰老师执教的《两茎灯草》板块清晰、环环相扣，课堂中的蔡老师风趣幽默、举重若轻。《两茎灯草》是一篇小说，小说的教学离不开把握人物性格。教师如何引导学生把握人物性格，蔡老师巧妙地借助了"三个一"，达成了理想的教学效果。

一个词。

《两茎灯草》的主要人物是严监生，他的性格特征是在众多次要人物的烘托中得以体现的。蔡老师抓住"诸亲六眷"这个词语，将本课中的主要人物与次要人物联系起来。蔡老师先从"亲眷"入手，联系学生的生活实际理解词意，非常自然地引出"诸亲六眷"这个词语。接着，蔡老师让学生圈出课文中写到的严监生的"诸亲六眷"，一一厘清"诸亲六眷"与严监生之间的关系。小说人物一定会有关系，有关系才有故事。搞清楚人物之间的关系，小说才能够读得更加透彻。然后，蔡老师由"诸亲六眷"都来了自然过渡到严监生病重了,大家都来问候。这样的教学集中充分,不枝不蔓,借助"诸亲六眷"这个词语串起人物之间的关系,为下文故事情节的展开做铺垫。

一幅图。

《两茎灯草》选自吴敬梓的《儒林外史》,中国古典小说大都采用白描手法,注重人物语言、外貌、动作、神态的描写,不大会描写人物的心理。古典小说的教学可以"补白"——揣摩人物的心理,因为只有了解了人物的心理,才能更好地把握人物的性格。蔡老师深谙此道,他引导学生通过严监生的动作和神态揣摩他的心理,四处描写四种心情:失望、急愤、绝望、心安。蔡老师按照严监生的情绪高低,将写好心情的词语卡高低不同摆放,然后用粉笔连起来,变成一个曲线图,这其实也就是严监生的一段心路历程,这个"心路图"的设计非常精妙!蔡老师采用"表情朗读"的方法,让学生在朗读中去感受严监生的心理变化。这样的教学由表及里,抽丝剥茧,严监生这个"吝啬鬼"的形象深深地印在学生的心间。

一类人。

严监生是中国文学史上吝啬鬼的代表,而吝啬鬼在世界文学史上是占有一席之地的。蔡老师在结课前引入法国作家巴尔扎克的小说《欧也妮·葛朗台》,出示葛朗台临死前的一张图片,让学生想象说话:在葛朗台临死前他会做些什么,又会有哪些动作和表情?这样的教学由严监生一个人引申到一类人,拓展了学生的阅读视野,古今中外的吝啬鬼形象在学生心里扎下了根。《两茎灯草》是属于写作单元的课文,蔡老师这样的教学也是读写结合的体现。学了吴敬梓对严监生的描写方法,让学生说一说葛朗台的表现,再与巴尔扎克的描写相对照,这无疑对提升学生的人物描写能力有很大的帮助。

[无锡市南长街小学　诸向阳(江苏省特级教师)]

六、破译"制造"和"化解"危机的秘密

小说的核心元素包括动机、目标与冲突。小说中的人物总想按着自己的愿望行动,要是行动很顺利,目标便很容易达成,就失去了吸引读者追下去看的魅力。因而小说家会给人物的行动设置种种障碍,制造出各种"危机",让人物在"危机"中完成自我的使命。

一个好的小说故事中的"危机"是作者和读者建立联系的重要纽带。读小说,不仅要体验危机的制造和解决带来的阅读感受,更重要的是要读出小说是如何制造和化解危机的。

(一)危机:"危险"与"机会"并存

小说中的"危机"可以理解成两个概念:"危险"和"机会",就像我们常说的"危险"与"机会"并存。只有危险,没有机会,结局只能是悲剧。曹文轩在《小说门》中对危机这样分类:情感危机、性格危机、事件危机、思想危机……它们是被预先设定了的。危机与小说的结构紧密关联,是小说家精心构思出来的。

《跳水》是俄国作家列夫·托尔斯泰的一部杰出的小说作品。小说里在"危险"制造过程中,列夫·托尔斯泰精心安排了三个演员:猴子、水手、孩子。三个演员在故事中尽情表演:猴子的摘、咬,到撕、爬、扭,再到做鬼脸,这一系列放肆的行为把孩子"逗"上横木;水手从大笑起来到笑得更欢了,把孩子"笑"上了横木;孩子的哭笑不得,到气得脸都红了,最后气极了,孩子的理智一步一步被自己的情感所淹没。在这其中,作家还精心地安排了一个道具:帽子。

同时,列夫·托尔斯泰为了让孩子脱险,在小说中设定了一系列的"机会":小说一开始就说"这一天风平浪静",孩子跳海就可以被很顺利地救上来;接着说"水手们都在甲板上",方便水手能及时跳海救人;

船长从船舱里出来时,手里拿着一支枪,这样可以更好地命令孩子跳海。高明的小说家,在解决危险的同时,一定会埋好"机会"的伏笔。

教学《跳水》时,可以创设这样一个情境任务:孩子向父亲——船长解释为什么会爬上最高的那根横木,学生把自己想象成故事中的孩子,从猴子、水手和自我三个角度整合去向父亲解释整个事情的来龙去脉。学生一方面进入了人物的内心世界,还原故事的场景,体验人物的思想情感;另一方面自然而然地发现作者制造危机的秘密。面对孩子的讲述,船长一定会告诫孩子"冲动是魔鬼"。这是对学生生活经验中"危机"认识的丰富和积累。

教师再次提示"危机"一般可以往两个方向发展:一个是变成了现实,就成了灾难,这叫悲剧;一个是得到解决,就转向"平安",这叫喜剧。这个故事是转向喜剧,小说家做了第二件事:解决危机。引导学生探讨故事中有哪些条件,可以促成"跳水"这个办法的实现,从而给孩子求得一线生机。

(二)情节:在"危机"中走向故事结局

美国作家杰克·哈特在《故事技巧——叙事性非虚构文学写作指南》这本书中阐述了叙事弧线理论,并且他认为:在任何一篇完整的故事中,叙事弧线都会经历五个阶段,分别为阐述、上升动作、危机、高潮(困境得到解决)、下降动作(结局),如图 4-7 所示。

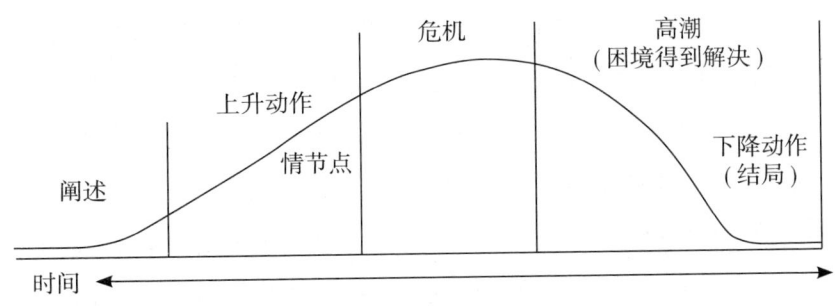

图 4-7 叙事弧线

在危机阶段，故事情节会发生大转折，并且会突然将主角置于最大的危险境地。危机的转折也是故事最后的终极转折。这个转折之后，故事将走向高潮与结局，要么赢，要么输，这是再也退不回去的转折。这是故事情节逻辑发展的必然结果。

阅读《跳水》，就可以依据叙事弧线的思维，抓住人物之间发生的事情，根据地点的变化，绘制成以下情节叙事地图，从而帮助学生发现小说中情节构思的秘密，小说情节发展的制高点就是危机，如图4-8所示。

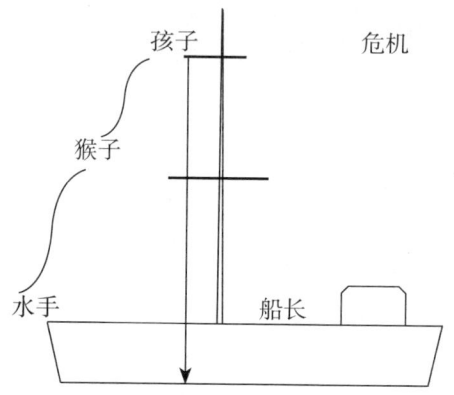

水手拿猴子取乐—猴子逗孩子，孩子追猴子—船长命令孩子跳水—水手救孩子

图4-8 《跳水》叙事弧线

文似看山不喜平，在小说的阅读中，读者一定要在经历一场震撼人心的危机之后，再加上一个情理之中、意料之外的结局，这样读者的情感才能得到尽情释放，从而对故事意犹未尽。

教学《跳水》时，提示学生把自己放进去，用心去感受，才能真正体会到故事的魅力。默读这篇小说，想一想，在情节发展的每个阶段，我们的内心是怎样的感受？学生发现小说的第一个情节是水手拿猴子取乐，这时，我们和水手、孩子都是轻松的；到了第二个情节，猴子逗孩子，孩子追猴子，我们就会兴奋；第三个情节，也是小说的危机和高潮部分，孩子处于十分危险的地步，我们的心也提了起来；最后一个情节，孩子得救，我们的心也放了下来，变得轻松了。

学生置身于故事的世界中,去经历情节带来的阅读体验与感受,这种体验与感受一定是一条优美的曲线。最后揭示小说情节的变化与我们作为读者心情的起伏变化是一致的。

(三)人物:在"两难抉择"中打出原形

小说中的"危机"必须让人物进入真正的两难抉择,两难抉择意味着两个选择都有其合理性与存在价值,而无论选择哪一个,都意味着要放弃和牺牲一些东西。每一个两难抉择背后都有其合理的理由,以及这个理由所代表的价值判断。

在"两难抉择"面前,小说中的人物面临前所未有的考验,他的选择和决定,都会让他面临压力。面对考验,展现最真实的性格,内心深处最真实的想法,人物也将在"两难抉择"中被打出"原形"。

小说《跳水》中,等待船长儿子的只有两条道路:其一,原路返回,可能随时会直接重重摔在甲板上;其二,往海里跳,尚有一线生机。面对这样的情况,作为船长、作为孩子的父亲,只能在这两种情况下选择尚有一丝希望的那一种。表面上这是一个无奈之举、智慧之举以及冒险之举,是船长唯一的选择。实际上船长还是孩子的父亲,只有将船长和父亲这两个角色综合起来审视和考量,才能更好地把握人物背后的抉择的心理。从《跳水》的原文来看,当孩子被水手救上来时,他难以掩饰自己的泪水奔涌,为了不让人看见他的眼泪,他悄悄地躲进了船舱。由此可以看出,其实船长在做出"拿枪逼孩子跳水"这个抉择时,他的内心是多么矛盾与纠结。或许他已经想到了孩子摔在甲板上血肉模糊的样子,而不得不选择逼孩子跳水;或许他已经想到了孩子扎入水中就永远不会上来了,而让自己悔恨终生……尽管如此,他还是勇敢、决绝地做出了这个决定。

教学时,教师可以用"思维推演"的方式组织学生去探索人物的思维过程。从"遇到的问题—当时的条件—适应的对策—问题的解决"等环节，结合当时的情况，设身处地地揣测船长的内心活动，辨析当时还可以怎样做，但船长为什么这样做，有没有比这样做更好的方法了，形成思维图，如图4-9所示。

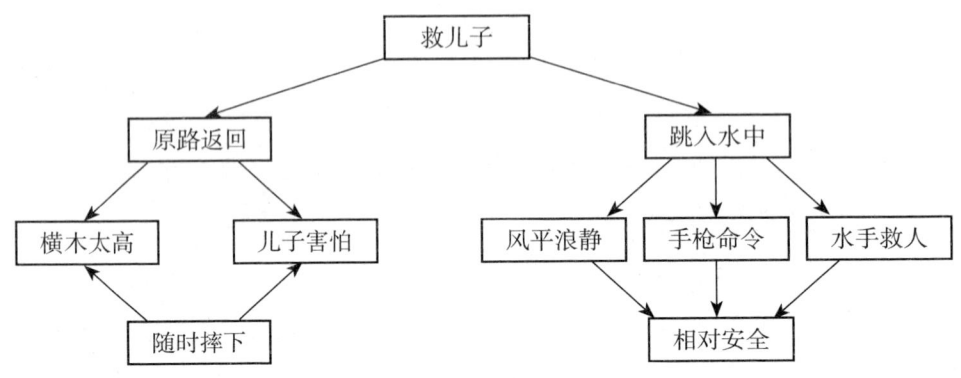

图 4-9 《跳水》思维图

在对船长思维梳理的过程中，教师提示高明小说家会在制造危机和解决危机的过程中，将人物置于"两难抉择"，从而更好地塑造人物形象。在此基础上链接阅读列夫·托尔斯泰的小说《鲨鱼》，以"破解危机制造和解决的秘密"为任务议题进行联类阅读的学习。学生发现在《鲨鱼》中孩子游泳的"争"、老炮手的"鼓劲"和鲨鱼的出现与靠近，让危机一步步升级，在"两难抉择"中，通过画出老炮手的思维推演图，交流对老炮手的评价。

《跳水》教学设计

【文本解读】

《跳水》是俄国作家列夫·托尔斯泰的一部杰出的小说作品，小说叙述了发生在往回航行帆船上的一个故事，船长的儿子被猴子戏弄，爬到了桅杆顶端的横木上，随时可能摔下来，危急之中船长拿枪逼着儿子跳入海中，救了孩子。船长思维敏捷，处事果断，给读者留下了深刻的印象。

这篇小说多次入选不同版本的小学语文教材，统编教材将其安排在五年级下册第五单元。无论是哪个版本的教材，其小说的本质是不会发生改变的，因此，教学时需要用"小说"的方式打开《跳水》的教学。

【教学要点】

1. 绘制"情节地图"线，概述中发现叙事弧线。

小说就是讲故事，故事总是可以用来讲的。但仅对故事内容进行讲述并没有掌握小说讲故事的技巧。小说故事中的"讲述的人称与视角""时间的先后与快慢""人物的身份与关系""情节的因果与冲突"等是小说讲故事的艺术，小说是用讲故事的艺术来展现故事的内容的。借助情节地图可以很好地帮助学生发现小说中情节构思的秘密。学生置身于故事的世界中，去经历情节带来的阅读体验与感受，这种体验与感受一定是一条优美的曲线。

2. 创设"情境任务"场，讲述中体会危机制造。

小说是文学作品，要用"走进去"的浸润式阅读的方式去打开。教学时创设"情境任务"场：向船长解释为什么爬上最高的一根横木？学生把自己想象成故事中的孩子，先从故事中去捕捉信息，然后整合信息去向船长解释整个事情的来龙去脉。学生一方面进入人物的内心世界，还原故事的场景，体验人物的思想情感；另一方面自然而然地发现作者制造危机的三个演员——猴子、水手和孩子，以及一个道具——帽子。

3. 设计"话题探讨"链，思辨中体悟人物塑造。

人物是小说创作中最重要的要素，小说是如何通过"制造危机"和"化解危机"去塑造人物形象的？小说是如何在高潮处展现人物的思维的？小说的众多人物中谁是真正的主角？这些需要让学生贴着故事，在思考与审辨中一步一步明晰。

同时，小说是虚构的，却常常能够在生活中找到影子。小说的阅读，是对人生经历和经验的丰富。在小说的故事里，我们不仅可以跟随作者去欣赏自然风景，见识风土人情，经历百态人生，更重要的是可以认识形形色色的人物，了解人物的思维过程，提升"识人处世"的智慧。

【教学目标】

1. 归类学习词语，重点学习"舟"偏旁的书写规则和"艘"字的写法，了解小说发生的地点。

2. 抓住人物关系概述小说的故事情节，发现情节之间的因果与起伏。

3. 了解小说中"危机"的制造与解决的过程，感受船长"超常"的思维和"机智、冷静、果断"的形象。

【活动设计】

学习任务一：学习词语，概述情节，发现叙事弧线

导语：《跳水》是俄国著名作家列夫·托尔斯泰写的一篇小说。小说就是讲故事。请同学们打开课本，自由朗读这篇小说，想一想小说中出现了哪些人物，他们之间发生了哪些故事。

过渡：故事读完了，有意思吧？词语会读吗？理解吗？

1. 学习词语。

（1）词串一：一艘往回航行的帆船 船舱 桅杆 甲板 横木。

提示：教学这组词语，从故事发生地点"一艘往回航行的帆船上"引入，注意"舟"偏旁的书写和"艘"字右边的一竖要出头。根据帆船的图片，介绍帆船是利用风力前进的船，现在已经不常见了。认识"船舱""桅杆""甲板""横木"的位置。点明这是故事发生的地点，帮助学生直观了解最高横木的位置及高度，感受站在上面的高度危险性。

（2）词串二：放肆 摘帽子 钩绳子 扭身子 龇牙咧嘴。

要点：教学这组词语，先出示"放肆"这个词语，追问什么叫放肆；

理解"放肆"就是言行举止轻率任意,毫无顾忌。依次认读故事中表示猴子"放肆"行为的词语和句子。

猴子忽然跳到他面前,摘下他的帽子戴在自己的头上,很快地爬上了桅杆。

猴子坐在桅杆的第一根横木上,摘下帽子来用牙齿咬,用爪子撕,好像故意逗他生气。

猴子爬到了桅杆的顶端,它用后脚钩住绳子,把帽子挂在最高的那一根横木的一头,然后坐在桅杆的顶端,扭着身子,龇牙咧嘴做着怪样。

提示:猴子是怎么放肆的?第一句猴子没大没小,放肆。第二句不但摘了孩子的帽子,还用牙齿咬,用爪子撕,戏弄孩子,更放肆。第三句嘲笑、挑衅孩子,越发放肆。三句话,通过动作形象地展现了一只放肆的猴子。

2. 概述情节。

(1)概括人物之间发生的事件。

提问:猴子是小说中的一个人物,小说中还出现了哪些人物?

例:孩子、水手和船长。

提示:这篇小说很有意思,情节都是在人物与人物之间展开的,抓住人物和人物的行动,就能很好地把情节概括出来。

(2)按先后顺序梳理故事情节。

例:水手拿猴子取乐—猴子逗孩子,孩子追猴子—船长命令孩子跳水—水手救孩子。

(3)发现情节之间的因果关联。

提示:这些情节除了有先后的关系外,还有因果联系,可以用"因为……所以……"这组关联词连接。

例:因为水手们拿猴子取乐,所以猴子就放肆了,拿走了孩子的帽子来逗孩子。因为猴子不断地逗弄孩子,还故意气孩子,所以孩子就不顾一切地去追猴子，结果遇到了危险。因为孩子站在最高的横木上摇摇晃晃，十分危险，随时可能摔下来，所以船长只好举枪命令孩子跳海，让孩子脱离了危险。

3. 发现叙事弧线。

提示：我们读小说不仅要梳理出情节发展的脉络，发现情节之间的因果联系，还要把自己放进去，用心去感受，我们才能真正体会到故事的魅力。默读小说，想一想，在情节发展的每个阶段，我们的内心是怎样的感受？

例：小说的第一个情节是水手拿猴子取乐，这时我们与水手和孩子一样是轻松的；到了第二个情节，猴子逗孩子，孩子追猴子，我们就会兴奋；第三个情节，也是小说的高潮部分，孩子处于十分危险的地步，我们的心也提了起来；最后一个情节，孩子得救，我们的心就放了下来，变得轻松了。

小结：你们看，小说情节的变化与我们作为读者心情的起伏变化是一致的，这就是优秀小说的魅力，情节的安排不仅有内在的因果关联，更重要的是，这样的情节安排能吸引读者，抓住读者的心。读小说只有这样贴着情节读，带着感受去读，才能读出小说的味道来。

学习任务二：转换视角，讲述情节，体会危机制造

1. 任务情境：当孩子被救上来的时候，船长一定会问孩子一个问题，你为什么爬到那么高的横木上去？孩子会怎么和父亲讲述这件事情？

提示：

（1）猴子：猴子"摘—咬、撕—爬—扭、做"等一系列放肆的行为"逗"孩子上横木。

（2）水手：水手"大笑起来—笑得更欢了"把孩子笑上去的。

（3）孩子：有理智的人，都不会爬上去，"哭笑不得—气得脸都红了—气极了"，孩子的理智一步一步被自己的情感所淹没。

2.学生讲述。

要点：一是按照故事发生的顺序，条理清晰地讲述；二是抓住猴子、水手和孩子等因素，完整具体地讲述；三是注意讲述的对象感。

提问：听了孩子的讲述之后，父亲一定会说一句什么话？

3.话题探讨：小说的高潮部分往往是"危机"，高明的小说家，就是制造了危机，让人物陷入绝境，这篇小说的危机是怎么制造的？

要点：三个演员——猴子、水手、孩子；三条线——猴子的逗、水手的笑、孩子的气；还有一个道具——帽子。

学习任务三：厘清思路，朗读话语，把握人物形象

危机一般可以往两个方向发展，一个是变成了现实，就成了灾难，这叫悲剧；另一个是得到解决，就转向平安，这叫喜剧。这个故事，是转向悲剧还是喜剧？所以小说家做了第二件事——化解危机。

1.厘清人物思维。

（1）出示第5自然段，指名读。其他同学思考，船长是用什么办法解决危机的？

要点：立即拿枪逼孩子跳海。

（2）这个办法好在哪里？好办法是要能实现的，想一想故事中有哪些条件，可以促成这个办法的实现，从而让孩子获得一线生机。

要点：一是好在"跳海"，海水比夹板"软"，未必死，有一线生机。二是好在"开枪"，逼孩子在没有失足前，就拿定主意跳海。三是好在"大海风平浪静"，孩子跳海，可以救上来。四是好在"有水手在甲板上"，可以及时跳海救人。

点评：所以，小说一开始就说"这一天风平浪静"，又说"水手们都在甲板上"，高明的小说家，在解决问题之前，就已经埋好了伏笔。

2.朗读人物话语，把握人物形象。

（1）作者描写船长的文字不多，着重写了他的语言。

出示：

船长立刻瞄准儿子喊："向海里跳！快！不跳我就开枪了！"

船长又喊："向海里跳！不然我就开枪了！一！二！"

要点：对比中发现一句都不能长，紧急，要短句；命令，要短句。所以，要读得干脆利落。感叹号，要有力，是"喊"。同时一句都不能乱，把"向海里跳"这句最要紧的话放在开头说。

（2）朗读中体会这是一个机智、冷静、果断的船长。

小结：危机的解决和船长的形象就在这短短的两句话中。

3. 话题探讨。

（1）小说虽短，但人物不少。谁是小说中的主人公？

要点：发现船长是主人公，小说中的主人公并不一定是"戏份"最多的人。

总结：曹文轩说："要看好风景，就到拐角处。"读小说，不仅要知道小说讲了一个什么故事，更要到小说的拐角处去欣赏好风景。这个拐角处往往是危机，作者就是通过制造危机和化解危机塑造人物的。

（2）明明是孩子跳海，小说为什么以"跳水"为题？

要点：跳海，是死中求生的无奈之举，而跳水，是有惊无险的表扬。好的题目，往往能激发读者的阅读欲望。

4. 作业布置。

出示：列夫·托尔斯泰的小说《鲨鱼》。

思考：

①作者是如何一步一步制造危机的？

要点：一是孩子游泳的"争"和老炮手的"鼓劲"等推动情节的发展；二是鲨鱼的出现、靠近，让危机一步一步升级，使小说走向了高潮。

②作者是如何化解危机和塑造人物的？

要点：画出老炮手的思维图，交流对老炮手的评价。

【板书设计】

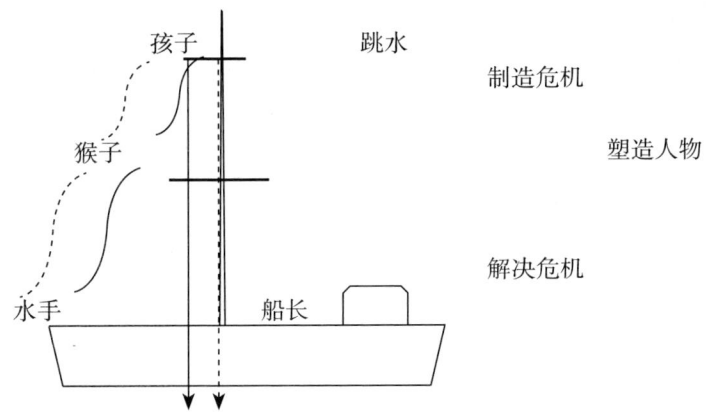

《"诺曼底号"遇难记》教学实录

【课堂现场】

学习任务一：学习字词，绘制情节地图，概述故事

师：同学们，今天我们一起来学习维克多·雨果的一篇小说。

（学生读课题。）

师："诺曼底号"是一艘漂亮、年轻、设施先进的大轮船，可是这样一艘大轮船却在英伦海峡遇难了，同学们一定很好奇，到底发生了什么事。请同学们快速默读这个故事，然后想一想。

（学生读课文。）

师：故事发生在1870年，茫茫大海上……（出示词语并引读：夜色正浓、烟雾弥漫）雾越来越浓，大约凌晨四点钟，周围……（出示词语并引读：一片漆黑）就在这个时候，全速前进的"玛丽号"笔直地朝着"诺曼底号"撞过去，把"诺曼底号"……（出示词语并引读：剖开窟窿）

师："窟窿"是这一课的生字，两个字都是"穴"字头，"窿"字中间有一短横，书写时不要忘记。伸出手指，跟老师一起写。（教师范

写"窿"，学生书写，再读"窟窿"这个词语）

师：读着这个词语，你仿佛看到了什么？

生1："诺曼底号"被撞开了一个很大的窟窿，非常恐怖。

生2：海水哗哗地直往船舱里灌，船很快就会沉没。

师：灾难就这样发生了。这就意味着，船上六十一人就要……（出示词语并引读：死到临头、葬身鱼腹）

师：这就是"诺曼底号"遇难的起因。谁能选用这几个词语用自己的话来说一说？

生：1870年3月17日夜晚，大海上夜色正浓，烟雾弥漫，周围一片漆黑，大约凌晨四点钟，全速前进的"玛丽号"向"诺曼底号"撞过去，"诺曼底号"的船身剖开了一个很大的窟窿，海水哗啦啦地往里面灌，"诺曼底号"很快就要沉没，船上的六十一人将葬身鱼腹。

师：是呀，两船相撞，"诺曼底号"遇险。（板贴：相撞遇险）

师：最终，这六十一人的结局是怎样的呢？

生：哈尔威船长随着"诺曼底号"一起沉入海底，其余六十人全部得救。

师：对，这就是故事的结局。（板贴：殉职 脱险）

师：在危难中，是船长下达的三次命令组织救援，拯救了大家！找一找船长的三次命令，想一想船长分别说了什么。

生：哈尔威船长站在指挥台上，大声吼喝："全体安静，注意听命令！把救生艇放下去。妇女先走，其他乘客跟上，船员断后。必须把六十人救出去！"

师：这是第一次命令。

生："哪个男人胆敢抢在女人前面，你就开枪打死他。"

师：第二次命令。

生：他喊道："把克莱芒救出去！"

师：第三次命令。

师：这就是故事的经过。（板书：三次命令）根据板书（情节地图：相撞遇险—三次命令—殉职、脱险），谁能简单地把这个故事讲一讲。

生：1870年3月17日夜晚，"玛丽号"把"诺曼底号"的船身撞开了一个很大的窟窿。在这样紧急的情况下，哈尔威船长沉着镇定地下达了三次命令。最终哈尔威船长殉职了，其余六十人全部获救了。

学习任务二：聚焦命令，把握人物抉择，认识英雄

师：船长每一次命令是在什么情况下说的？说了些什么？从中你又看到一位怎样的船长？

（学生自由朗读，感受和讨论。）

师：我们先来看第一次命令（出示：第11—13自然段）。第一次命令是在什么情况下说的？谁来读一读？

（指名学生朗读：震荡可怕极了。一刹那间，男人、女人、小孩，所有的人都奔到甲板上，人们半裸着身子，奔跑着，尖叫着，哭泣着，惊恐万状，一片混乱。海水哗哗往里灌，汹涌湍急，势不可当。轮机火炉被海浪呛得嘶嘶地直喘粗气。）

生1：人们当时惊恐万状，非常害怕。

生2：当时一片混乱，大家都在想着如何逃命。

生3：船上的所有人觉得死到临头了，大家绝望地逃生。

师：是呀，当时的情况可怕极了，这时候船长这样命令道。

（指名学生朗读：全体安静，注意听命令！把救生艇放下去。妇女先走，其他乘客跟上，船员断后。必须把六十人救出去！）

师：此刻你就是船上的乘客，你听明白了什么？

生1：我们得安静下来，船长要带着我们逃生了。

生2：船上有救生艇，我们要让女士先走，然后其他人再上救生艇。

师：如果你是船员，你听明白了什么？

生1：我们要赶紧把救生艇放下去，然后组织乘客逃生。

生2：女士先上救生艇，其他乘客再上救生艇，我们负责断后。

师：你仿佛看到了怎样的哈尔威船长？

生1：我看到了一个沉着冷静的哈尔威船长。

生2：一个临危不惧的哈尔威船长。

（出示："全体安静，注意听命令！把救生艇放下去。妇女先走，其他乘客跟上，船员断后。必须把六十人救出去！""把救生艇放下去。妇女先走，其他乘客跟上，船员断后。必须把六十人救出去！全体安静，注意听命令！"）

师：哈尔威船长命令中内容的顺序可以调换吗？为什么？

生1：不可以调换。只有大家安静下来了，才能听清船长接下来下达的命令。

生2：不可以调换。只有先放下了救生艇，大家才能上救生艇逃生。

师：面对如此混乱的场面，船长必须先稳定局面，把大家的注意力吸引过来。船长下达的这些指令，一个都不能少，一个都不能乱，让我们看到了严谨镇定的船长。谁来读一读船长的命令？

师：这艘船上只有六十人吗？周全严谨的哈尔威船长怎么会犯这样的错误？

生1：哈尔威船长把自己给忘记了，他是一位舍生忘死的船长。

生2：哈尔威船长无私忘我，他心里首先想到的是别人。

师：谁来读一读船长的命令？

（指名学生朗读。）

师：我们要关注船长的"吼喝"，下达命令时的果断、有力、大声和威严。

（指名学生朗读。）

师：船长第二、第三次命令是在什么情况下说的？说了些什么？从中你又看到一位怎样的船长？小组内讨论学习后交流。

（学生讨论交流。）

生1：哈尔威船长的第二次命令是在大家一窝蜂、你推我搡地拥上救生艇的时候说的。他说："哪个男人胆敢抢在女人前面，你就开枪打死他。"大家立刻不出声，没有一个人敢违抗他的命令，大家仿佛看见一个伟大的灵魂出现在上空。此时的哈尔威船长沉着镇定地指挥着，领导着，控制着。他镇定自若，非常威严，很有绅士风度。

生2：在轮船快要沉下去，水手克莱芒还没有撤离时，他下达了第三次命令："把克莱芒救出去！"克莱芒只是一个见习水手，说明他心中装着每一个乘客，每一个船员，唯独没有自己。他是一个忠于职守、一心为人的好船长。

师："诺曼底号"遇险的一刹那，危险就时时升级，人们惊慌的情绪步步加深，如果没有哈尔威船长的三次命令，结果会怎样？

生1：乘客就会慌乱下去，救援就会非常混乱。

生2：一定会有更多的人死去。

生3：就会变成一场更大的灾难。

生4：最后一定是悲剧。

师：是的，正是作为船长的哈尔威用三次命令，用他的人格力量化解了这场危机。这就是英雄。

学习任务三：贴着作者，把握叙事方式，领悟表达

师：小说是虚构的，为什么故事的结局作者要让哈尔威船长随着轮船一起沉入大海？

生1：船在人在，这是船长的职责。

生2：船长牺牲了，悲壮的结果更能感染人。

师：在很多小说作品中，英雄在牺牲前，都会有豪言壮语，而文中的哈尔威船长却没有说话，作者为什么不让他说话？

生1：哈尔威船长认为做这些事情是应该的。

生2：在船长心中，忠于职守是必须遵守的做人之道，不需要用豪言壮语说出来。

生3：此时无声胜有声，沉默更能打动人，更能体现哈尔威船长可贵的品质。

师：哈尔威牺牲前没有豪言壮语，可是在故事中却有这样一些赞美他的话（出示作者发表议论的话语），这些话是谁说的？

生：作者说的。

师：作者为什么要说这些话？

生1：作者觉得哈尔威了不起。

生2：作者忍不住要赞颂哈尔威。

师：作者在讲故事的时候，有时直接跳出来，告诉我们他自己的看法。阅读小说，要善于抓住作者议论的话，从而更好地把握人物形象。

师：我们读小说，不仅要读到小说中的故事，还应该读到作者讲故事的秘密。

学习任务四：角色代入，制造危机抉择，再塑英雄

师：若干年后，克莱芒也成了一名船长，经常经过哈尔威船长牺牲的海域。每当来到这片海域，克莱芒会做些什么？

生1：他会默默地凝视着这片海域，思念着哈尔威船长。

生2：他会命令轮船鸣笛三声，表达对哈尔威船长的敬意和怀念。

生3：他会和自己的船员讲述"诺曼底号"遇难的故事、哈尔威船长的故事。

生4：他会对自己说要做一个像哈尔威船长一样的人。

师：在航海的过程中，灾难和危机随时都有可能发生。这一天，克莱芒像平常一样，把轮船从南安普敦开往斯恩西岛。此时，海面上突然狂风大作，暴雨如注，海水像猛兽一样撕扯着轮船，轮船随时都有可能倾覆。此刻，轮船上的乘客会有怎样的反应？

生1：乘客们呼喊着，哭泣着。

生2：人们乱作一团，绝望地等待着灾难的降临。

生3：大家一窝蜂地往轮船上层挤。

生4：男人们开始抢夺救生衣。

……

师：在这场危机面前，克莱芒会怎么做？

生1：他会像哈尔威船长一样沉着镇定地指挥着，控制着。

生2：他会把乘客放在第一位，把自己放在最后一个。

生3：他会让乘客先穿上救生衣，老人、妇女和小孩第一个穿。

生4：他会命令船员断后。

……

师：是的，这又是一个船长的故事。在危机面前，克莱芒也会像哈尔威船长一样一生都要求自己忠于职守，履行做人之道。不惧死亡，成长为一名顶天立地的英雄。哈尔威、克莱芒，他们都有一个共同的名字。

生1：船长。

生2：英雄。

师：课后我们可以看一看关于海难的电影，看一看船长们的表现；也可以写一写关于克莱芒船长的故事。

【专家看课】

叙事之美与叙事教学之法

《"诺曼底号"遇难记》是法国著名作家维克多·雨果的短篇小说，还曾以《船长》之名编入苏教版小学语文六年级教材中。执教过这一课的名师很多，蔡海峰老师以叙事学理论的自觉来重新研读文本、研制学习任务，在继承中有创新，和学生们一起创造了小说教学的一个精彩课例。

小说的美学效果首先来自一个好的故事。好的故事是"抓人"的，《"诺曼底号"遇难记》是一个灾难型故事，灾难总会给人带来极大的震动，因而具备一个好故事的特质。事实上,作为文坛佳手,雨果的确善于经营一个好的故事。概括地说,他以茫茫的夜色作为背景,黑色的背景配上悲壮的故事,庄严、神圣而肃穆,让人屏息,震撼。雨果可以称得上是布景艺术的大师。这样的背景环境中,雨果将笔墨集中在声音上,仅仅通过声音即人物话语,哈尔威船长英雄的形象扎实牢固地在读者心灵中屹立起来了。

对于教学来说,最为关键的问题是如何让学生感受到这是一个好的故事。

海峰的第一个做法是沉入故事。以起因、经过、结局的经典叙事图式梳理情节,巧妙地糅入六个词语的学习、积累("夜色正浓""烟雾弥漫""一片漆黑""剖开窟窿""死到临头""葬身鱼腹"),且词语学习始终不离故事情境,显示了海峰具有很强的结构教学内容的能力。梳理完毕,黑板上呈现的主要词语是"遇险—三次命令—殉职—脱险",接着学生以此为提示概述故事。只有当故事被讲述的此时,它才不再是外在的文本性存在,而是成为学生用言语创造的内部心理事件,强化着叙事的心理经验,建构着各自心灵中的人物图像。"沧海横流,方显英雄本色",虽是说得很多的一句"俗话",却包含着英雄成其为英雄的基本规律。与其他塑造英雄以"动作"见长的手法不同,雨果和他笔下的哈尔威船长选择的是以"声音"作为行动方式,展现人物的伟大可敬的品格。

海峰的第二个做法是还"声音"以"声音",以朗读作为主要的活动方式。海峰对哈尔威船长话语的朗读处理是很有层次的:梳理情节时朗读三次命令是作为故事经过来感受和把握的,这是第一层次;第二层次是在"学习任务二"中朗读的关注点——场景还原,让人物回到活生生的事件现场,让学生和哈尔威一起经历做出判断、下达命令和做出抉择的行动过程,从而让学生与作者、哈尔威船长一起完成了对英雄的雕刻;

第三层次是朗读中融入的人物话语方式的探讨,即船长下达这些指令,一个都不能少,一个都不能乱。这也是雨果在这篇小说里展现出来的叙事艺术之一,是小说叙事之美的重要所在。

虚构是小说作为叙事文学的基础逻辑,它开辟了广阔的不同于现实世界的文学疆域,让作者们、读者们拥有了一个自由的审美的精神时空,让无边时间里的无数人迷恋不已。问题是如何让小学生去触摸这虚构的艺术。海峰采用了两个教学策略。

第一个策略是话题探讨:小说是虚构的,为什么故事的结局作者要让哈尔威船长随着轮船一起沉入大海?这个话题是思辨性的,作者的立场、人物的选择和读者的经验交织在一起,相互辩驳。从课堂的回答看,与其说是学生们理解了哈尔威船长的伟大品格,不如说是学生们或明或暗或多或少地领略到了虚构的魅力和自身的逻辑。

对于虚构艺术的领悟,海峰的第二个策略是还之以虚构。海峰的学术自觉和教学创新在这里得到了比较显豁的表现。海峰设置了若干年后克莱芒成了船长遭遇灾难的情境,带领学生们想象灾难场景和克莱芒船长的抉择,共同构造了一个新的英雄船长的故事。这是个要击节赞叹的设计,它在情与境上都是眼前的小说文本的自然延续,主要人物克莱芒就来自《"诺曼底号"遇难记》,感觉就像是它的续集,学生对新的故事情节的安排、重要场景的想象和克莱芒形象的设定,就像是原小说的"复现"。这只是表面的现象,其内在的本质是学生在心理层面完成了一次"叙事",初步建立起了小说的一般图式,这个意义更为重要、更具价值。

海峰又是如何让四年级的学生学得"叙事"的一般图式的呢?仔细回顾课堂,你会发现一个隐藏的词语——身份,比如"此刻你就是船上的乘客,你听明白了什么?""如果你是船员,你听明白了什么?""作者为什么不让他说话?""在这场危机面前,克莱芒会怎么做?"……"身份"是思考问题的站位,是对相互关系的把握,它本身就是语境或场合的一部分。它决定着你会怎么想、怎么做，它有一种力量，推动着你自然而然地走进故事里，走进课堂里，成为故事的部分，成为学习的主人。于是，课堂里我们看到的是学生在讲述，学生在朗读，学生在思辨，学生在想象……于是，小说阅读、课堂教学就成了师生共同建构的一段学习故事了。这是叙事教学法带来的课堂审美。

[江阴市晨光实验小学　梁昌辉（江苏省特级教师）]

第五章
打开叙事性作品教学新视野

打开一扇物理的门窗
能看到不一样的新风景
打开一扇学理的门窗
能创造不一样的教学故事

一、童话

童话是大人说小孩子的话，讲给和写给小孩子的，不管是耳朵听，还是眼睛看，或是嘴巴讲，它是专为儿童的。童话，应该用儿童的学习方式去打开。

（一）听读课：回归最初的学习方式

儿童是听着童话故事长大的。孩提时，依偎在妈妈的怀中，听着妈妈读到大灰狼出现的时候，便把头深埋妈妈怀中，嘴里念叨"怕怕"；当故事没有读完，又一直追问"接下来呢"。童话的语言浅显、朗朗上口，很容易入儿童的耳朵。"听读"，是儿童打开童话最直接的方式，是童话课堂最朴素的组织形态。

什么是听读课？借用李竹平的理解，童话教学中的听读课就是指教师用读的方式、学生用听的方式来共同阅读童话，在即时对话中对故事进行解构和重构，丰富情感体验，培养语感，发展思维，学习表达。

1. 想象

童话的语言富于想象，贴合儿童的心理体验，多为延伸画面，与他物形成类比，与新场景建立联系，形成属于童话自身的独特趣味。随着教师的朗读和讲述，生动有趣的童话语言唤起学生的想象体验，学生连接生活情境，生活画面与童话情境之间相互联结，童话世界中奇妙的画面在脑海中逐渐丰盈。学生在听读的过程中将脑海中的画面用自己的语言表达，学生还原童话世界中的画面，填补其中的空白，表达童话世界中的人物或情节的特定理解。

在童话的世界里，一切皆有可能，花儿会跳舞，星星会唱歌，一切都妙不可言。童话的世界既有生活世界的基础，又打破了现实世界的桎梏。儿童在童话幻想世界里体验不受束缚的精神欢愉，在阅读中满足打破界限的创造欲望。

2. 预测

儿童对童话描绘的世界充满好奇，教师读到童话故事情节发展处和转折处时要有意停下来，吊起儿童阅读的胃口。教师提示学生根据童话故事中已有的信息、已知的事情，结合自己的生活经验和阅读经验去预测故事情节发展和人物命运的走向。学生预测是否准确，可从教师的继续讲读中得到验证。预测的结果没有对错，关键是否有依据，重要的是让学生在听读中真实体验预测的过程，实现与童话的深度对话，在对话过程中实现生长。当预测一致时，学生进一步提升自己阅读的成就感；当预测不一致时，学生反思预测过程中的不足，进一步修正自己的想法，接着猜测后面可能会发生什么。

预测过程中学生一般会有两种阅读姿态：一种是在文本之外，学生以读者的身份冷静而客观地对文本中情节的发展进行预测；另一种是在文本之内，学生把自己想象成故事中的主人公，与其一起经历喜怒哀乐，更好地体会作者创作童话的秘密。

3. 探讨

童话世界里隐含着现实生活的百态和人类社会的观念，童话是儿童了解生活和社会的窗口，童话滋养着儿童的精神世界。正如刘晓东在《儿童精神哲学》中提出的童话"可以帮助儿童发泄掉负面的情感因素，可以让儿童在无意识中深刻地感悟人类的智慧、生活的习俗等美德"。童话的主题思想是借助人物形象和故事情节来表达的。教师可以在人物行为的"非常处"与"离奇处"，故事发展的"转折处"与"结局处"等地方和学生一起驻足停留，设置相关议题进行探讨，从而直抵童话的内核。

这些探讨可以是对人物行为和情节发展的选择与判断，如《海的女儿》故事的结尾会是悲剧还是喜剧；也可以是对主题思想的发现与关联，如《宝葫芦的秘密》中宝葫芦为什么没能给王葆带来幸福的生活。

童话以象征和隐喻的方式将人类生活中某些宝贵的精神价值蕴含在故事之中，潜移默化地影响着儿童，即使儿童后来长大成人，这些精神财富依然会存在于心灵深处。听读中的探讨，让每一位学生用童眼看世界，用童心读生活，在他们的内心种下童话"真善美"的种子，使他们的人生过得更有价值和意义。

（二）讲演课：回归儿童学习的天性

童话故事情节曲折有趣，学生在阅读童话的过程中，常常会产生模仿和表演的冲动。通过肢体扮演，可以满足作为儿童的学生游戏的自然天性。用"玩"的方式来对待童话，是学生对童话的一种独特的学习方式。

讲演课是将童话的朗读、讲述、表演等学习方式融于一体的课堂组织形态，学生在多种情境中用儿童的方式来表现对童话中的人物、情节与主题的理解。

1. 讲述

童话具有奇妙的故事情节，也有鲜明的人物形象，不仅有趣好听，而且容易讲给别人听。童话故事的讲述是对童话叙事结构的发现与积累。童话故事常展现的是人物"解决问题"和"实现目标"的过程，一般采用"王子公主""三个儿子""尺寸比赛""反复叙事"等叙事结构，童话的结局一般是光明、美好的。教师可以在帮助学生梳理主要情节和识记重要信息的基础上，借助相应的情节地图组织学生多角度、多层次地讲述。

《小毛虫》这个童话讲述了一只不会飞、不会唱、不会跑的小毛虫不悲观失望，耐心学习抽丝纺织，最终从自己编织的茧屋破茧而出，飞向远方的故事。教学时可以先让学生抓住小毛虫的变化，把故事讲成一句话。学生找出小毛虫经历的变化的过程，教师相机板贴"小毛虫""茧""蝴蝶"的图片，学生借助图片用一句话讲清楚小毛虫变化的三个阶段。接着让学生抓住小毛虫的动作，把故事讲成三句话。学生圈出小毛虫在三个阶段努力的主要动作，如打量、挪动、爬、编织、裹进、等待、挣脱、舞、飞等，教师将词卡放在表示变化三个阶段的图片下相应的位置，学生用上这些动词，把小毛虫变化的每个阶段讲成一句话。最后抓住小毛虫的想法，把故事讲成三段话。学生画出小毛虫变成茧之前的想法："它懂得：每个人都有自己该做的事情"；变成茧之后的想法："'万事万物都有自己的规律！'小毛虫听到一个声音在回答，'你要耐心等待，以后会明白的。'"用自己的话说一说变成蝴蝶后的想法，学生再把小毛虫的想法放进去讲述，把每个阶段的一句话讲成一段话。

2. 配音

统编教材中的童话很多是拟人体童话，其主要特点是把动植物或者一些自然现象赋予人的思想感情、言语行为等，这些童话中常常会出现大段的人物对白。给人物对白配音是对朗读的趣味化升级。配音是对童话中人物角色的理解与还原，充分表现角色性格特点、说话意图目的等，是学生对童话故事中人物充分认知后源于心、发于声的表现。

《慢性子裁缝和急性子顾客》讲述了急性子顾客想早点穿上新衣，一天又一天地更改自己的想法，慢性子裁缝一次一次地答应，结果到最后慢性子裁缝还没有开始裁料。故事中出现了大量的人物对白。教学时让学生找出故事中"急性子顾客"和"慢性子裁缝"说的话，自己选择一个角色，尝试给人物配音。在给人物配音的过程中教师先提示学生结合自己的生活经验，从语速的"快慢"上表现"急性子"和"慢性子"说话的不同特点。接着关注"急性子顾客"和"慢性子裁缝"说话时的提示语，想象他们说话时的样子，从语气的"轻重"上表现两个人说话的不同意图。最后关注说话时两个人喜欢用的标点和语气词，在配音中发现人物说话方式、人物性格与说话意图之间的关系。

3. 表演

儿童是天生的戏剧家，他们有与生俱来的表演天赋，自然流淌在身体与思想的对话中。童话表演最常用的方式是角色扮演，学生成为童话中人物的一员，融入童话的世界里，从而使童话中的情节"活"起来，人物"立"起来。

如教学《青蛙卖泥塘》时，可以让学生浸入童话营造的故事世界，戴上各种小动物的头饰，在表演中揣摩小动物对青蛙的池塘的认识与看法，从自己的角度委婉提出建议的语言艺术，同时感受情节发展中青蛙内心的变化。

（三）绘写课：回归母语学习的规律

中国传统文论认为文学文本是一个"言""象""意"由表及里的审美结构。作为文学作品的童话而言，"言"是语言形式，"象"是故事画面，"意"是思想主题。儿童阅读童话，是一个"由言明象，由象得意"的过程。"象"是联结儿童走进童话文学世界的纽带。

绘写课，是指学生在阅读和创作童话的过程中，以图画图形和书面语言表达自己的阅读体验和发现，走向童话的读写融和，发展学生童话学习的创造力和表现力。

1. 绘图

经典的童话故事经常被转化成绘本、连环画的形式呈现在儿童的面前。同样，儿童阅读童话时会大胆想象、自由绘画，这是用儿童特有的方式表达自己对于童话故事和生活世界的理解，他们用自己的笔创造一个彩色的童话世界，这是儿童最乐意去干的事情。

《巨人的花园》被选入多套语文教科书中，成为课文后均配有插图。插图中的巨人形象展现了不同的风格。这些巨人形象的插图可以让学生进行比较欣赏，说说哪一幅更符合自己心中的人物形象。学生也可以根据自己的理解再给"巨人"画一张定妆照，给教材重新配上一张插图。人物定妆照的绘画是学生对"巨人"形象的理解，既有外在的"巨大"，又有内心的"温柔"。

巨人的花园景色的变化是叙事的主要线索，故事出现了四幅花园的画面:"四季景美""寒冬常驻""春意初绽""春色满园"。可将此作为绘本或连环画制作的基本框架。学生捕捉花园中的景物,感受到花园的"温暖"与"寒冷";根据自己的想象描绘画面,表达自己的理解。教师提示四幅花园景可以用不同的色调来表示,如可以用"彩色"和"黑白"进行区分,形成过渡。

2. 创写

童话故事的写作是虚构性、创想化表达。儿童不缺乏天马行空的创意和想象,缺少的是童话故事的构思性、结构化表达。童话创作中有一个基本的模型——愿望的实现。在愿望实现的过程中主人公不断地面临困难,不断地想到解决的办法,在困难与办法中展现人物的命运轨迹,自然表达童话故事的主题。

教学时,学生阅读《灰姑娘》《勇敢的小裁缝》等经典童话,发现"人物愿望的实现"是很多童话作家创作的密码。接着学生学着作家,用这个密码自己来编一个童话故事,学生确定好童话故事的主角和愿望,实现愿望的三个困难,解决困难的相应办法,是否让主角实现愿望的结尾等信息,形成"愿望的实现叙事结构图"。最后依据结构图一气呵成完成属于自己的童话。

学生发现人物有了愿望,为了实现愿望会遇到一个又一个的困难,也会有一个又一个的解决办法,当愿望实现了,故事也就结束了。故事在"困难—办法"的波折中发展,人物在遇到的困难和解决的办法中成长,按照这个结构图可以创作无数个有趣的童话,如《巨人减肥记》《小金鱼看海》等。

3. 绘写

绘写是将绘图与写作结合,将童话变成文字与画面相结合的绘本、连环画、拉拉书等。文字与画面不是简单地叠加,需要根据故事进行改造,达到相互融合与统一。教学时,可以与美术学科进行统整,借鉴画面表达的相关知识进行跨学科学习。

《小毛虫》教学设计

【文本解读】

　　《小毛虫》是统编教材小学语文二年级下册第七单元的一篇童话故事。故事讲述了一只不会飞、不会唱、不会跑的小毛虫从不悲观失望，耐心学习抽丝纺织，最终从自己编织的茧屋破茧而出，飞向远方的故事。这个故事告诉学生，克服自卑最好的办法是正确地面对自己，认真学习，学会等待，就能成为最好的自己。

　　课文中大量含"的"和"地"的短语要带领学生识记、积累，并指导学生读好长句的停顿。在学生懂得毛虫生长三个阶段的基础上，讲一讲这个故事。"每个人都有自己该做的事。""万事万物都有自己的规律！"这样的句子应引导学生联系生活，结合自己的感受来领悟。

【教学要点】

　　1.语言的积累。

　　积累是小学语文教学的基本任务，抓住故事中含"的"和"地"的短语比较多的特点按类识记，学生识记兴趣会更浓，积累效果会更好。

　　2.故事的讲述。

　　科普童话既有一般童话的特点，又包含一定的科学知识。帮助学生理解其中的科学知识是基础，引导学生感受故事的趣味是重点。讲述既是童话教学的关键，也是儿童经历故事、感受故事、体验故事的重要活动。运用信息支架，给予学生一定提示，能够有效帮助二年级学生讲好故事。

【教学目标】

　　1.识记、积累含"的"和"地"的短语，读好长句的停顿。

　　2.懂得毛虫生长的三个阶段，能根据提示讲述故事。

3. 能结合具体语境，合理运用课文中含义深刻的句子。

【活动设计】

学习任务一：学习词句，练习朗读

1. 学习词语。

（1）出示词串一：

可怜的小毛虫、笨手笨脚的小毛虫。

牢固的茧屋、温暖的茧屋、与世隔绝的茧屋。

读准字音、读好停顿。发现短语特点都是（　　）的（　　），"的"后面是一个事物的名称，前面是说这个事物怎么样。

填空：（　　）的蝴蝶。

找一找课文中还有哪些这样的短语，如：新奇的目光、蓝色的雾霭等。

（2）出示词串二：

笨拙地爬、尽心竭力地工作、灵巧地挣脱、惊奇地发现、渐渐地消失。

读准字音、读好停顿。发现短语特点都是（　　）地（　　），"地"后面是一个动词，"地"前面是说这个动作怎么样。

2. 读好长句。

长句1：大大小小的昆虫又是唱，又是跳，跑的跑，飞的飞……

朗读，发现描写昆虫怎么样的短语两两相似：又是唱，又是跳；跑的跑，飞的飞。很有节奏感。在读好节奏中感受昆虫的活泼和生机。

长句2：它织啊，织啊，最后把自己从头到脚裹进了温暖的茧屋里。

长句3：它飞啊飞，渐渐地消失在蓝色的雾霭之中。

比较读，在读中发现"织啊，织啊"中"啊"后的停顿更长，表现了小毛虫编织茧屋的不容易与努力；"飞啊飞"中"啊"读得轻、短，表现了蝴蝶飞舞的轻盈。

练习朗读，在读中表现出两句不同的停顿、节奏和意思。

3. 朗读课文。

学生自主朗读课文，画出小毛虫的变化，说一说。

学习任务二：讲述故事，感受变化

1. 抓住小毛虫的变化，把故事讲成一句话。

提问：小毛虫经历了哪些变化？交流并板书：小毛虫、茧、蝴蝶。

用一句话讲一讲小毛虫变化的三个阶段。

评价：抓住提示就能把课文讲成一句话。

2. 抓住小毛虫的动作，把故事讲成三句话。

圈一圈小毛虫在三个阶段各有哪些主要动作。交流，区分，明确：打量、挪动、爬、编织、裹进、等待、挣脱、舞、飞。

用以上动词，把小毛虫变化的每个阶段讲成一句话。

示例：

小毛虫趴在树叶上打量着周围的一切，它费了九牛二虎之力才能挪动一点点，从一片叶子爬到另一片叶子就像周游了整个世界一样缓慢、困难。

相机理解"九牛二虎之力"：小毛虫挪动费力、不容易。

评价：抓住每一阶段毛虫都是怎么做的，就能把一句话讲成三句话。

3. 抓住小毛虫的想法，把故事讲成三段话。

（1）找出小毛虫变成茧之前的想法："它懂得：每个人都有自己该做的事情。"

变成茧之后的想法："'万事万物都有自己的规律！'小毛虫听到一个声音在回答，'你要耐心等待，以后会明白的。'"

（2）读一读，理解毛虫的想法。有了这样的想法，毛虫才能往下变。把小毛虫的想法放进去讲述，把每个阶段的一句话讲成一段话。

（3）想象变成蝴蝶后的想法。

评价：小毛虫的想法把三个不同的阶段连接起来了。

学习任务三：猜谜比较，交流启发

1. 猜谜语：什么动物早上四条腿，中午两条腿，晚上三条腿？

2. 思考发现。

联系课文说说人的一生和小毛虫有什么相似之处。

发现：都是三个阶段；每个阶段的特点都不一样……

3. 交流启发。

当小朋友感到自己想做某件事能力不够很着急时，你会用课文中的哪句话来安慰他？（万事万物都有自己的规律，你要耐心等待。）

当小朋友不想读书，总是觉得当大人会比较舒服、自由时，你会说（每个人都有自己该做的事情，我们小朋友当前最该做的就是好好读书，学好本领）。

小结：每个生命都有不同的阶段，每个阶段都有自己的美好。

学习任务四：发现规律，指导写字

1. 发现规律。

出示：纺、织、编。发现：左窄右宽；偏旁一样（纟）。

2. 指导。

教师范写，标示"纟"和三个"撇"的写法（斜撇、短撇、竖撇）。

口诀记忆：左窄右宽要看清，撇折平行略上提，穿插避让一家亲。

学生练习、评价。

《慢性子裁缝和急性子顾客》教学设计

【文本解读】

《慢性子裁缝和急性子顾客》是一篇童话故事，选自周锐的幽默儿童文学分阶阅读精选低年级（注音版）《慢性子裁缝和急性子顾客》。故事中，急性子顾客想早点穿上新衣，一天又一天地更改自己的想法，慢性子裁缝一次一次地答应，结果到最后慢性子裁缝还没有开始裁料。

故事充满了童话的幻想，刻画了两个性格截然相反的人物，一个"急"，一个"慢"，人物性格的反差让故事幽默风趣。

【教学要点】

1. 课文朗读。

故事以慢性子裁缝和急性子顾客的对话展开叙述。分角色朗读课文时，把握人物角色特点，揣摩人物说话意图。借助语气词、标点符号读出裁缝和顾客对话的语气。

要体现角色特点。根据生活经验判断慢性子裁缝说话是慢条斯理的，急性子顾客说话是语气急促的。从语速"快慢"的角度读出不同角色的特点。发现"语气词"在不同性格人物的话语中的效能。

要表现说话意图。结合故事的情节，借助人物说话的语言和提示语，揣摩说话的意图，从语音的"轻重"上表现说话的意图。体会"感叹号"在人物不同说话意图中朗读时的区别。

2. 学习转述。

学习转述人物语言，知道"转述"是用自己的话把别人的话说给另外一个人听。转述的基础是理解别人说话的内容，进而揣摩说话的意图，传递说话的信息。在教学时，可以设置情境，让孩子成为故事中的一员，如以慢性子裁缝的视角来转述急性子裁缝的话。

3. 故事复述。

故事复述是单元教学重点。本课的重点是借助表格来复述故事。教学时可采用三步走：首先，通过转述人物话语，理解说话意图，提炼关键词概括急性子顾客的要求和慢性子裁缝的表现，发现故事是交替和反复叙事的；其次，抓住时间词，借助对话的形式说说每一次发生的事情；最后，连起来复述完整的故事，师生共同评议、改进。

4. 创编故事。

依据故事的交替和反复叙事，借助对话的形式，结合慢性子和急性子的人物性格特点造成的反差创编故事。

【教学目标】

1. 正确认读9个生字，会写12个生字，发现左右结构的字的书写规则。

2. 分角色朗读课文和学习转述，在朗读和转述中体会人物性格特点和说话意图。

3. 借助示意图，抓住故事的主要内容，用自己的话复述故事。

4. 尝试绘制示意图，借助故事的结构和对话，创编《急性子裁缝和慢性子顾客》的故事。

【活动设计】

学习任务一：学习词串，了解人物

1. 学习词串一：负责 取货 夸奖 服务 手艺 一卷布料。

（1）朗读词串，注意"卷"（juǎn）的读音。

（2）指导书写，提示左右结构的生字的书写规则。

例：出示"性""取""衬""衫"四个字，通过比较发现"性""衬""衫"三个字左窄右宽，"取"字左高右低。

（3）指导书写，发现"负""责""货"三个字中"贝"的书写变化。

例：出示"负""责""货"，通过观察这三个字中"贝"这个部分在田字格中的位置，发现书写时的变化。

2. 学习词串二：棉袄 夹袄 短袖衬衫 春装。

（1）朗读词串，注意夹袄中"夹"（jiá）字的读音。

（2）发现这组词语是写衣服的，认识"衣"字旁的两种书写方式。

（3）联系故事的内容认识"夹袄"。

例：找到故事中"'等到明年冬天，时间实在太长啦。'顾客提出，'把我那棉袄里的棉花拽掉，改成夹袄，让我提前在秋天就能穿上合时的新衣服吧。'"这句话，知道夹袄是指双层的上衣。

3. 学习词串三：慢性子裁缝 急性子顾客。

（1）结合生活经验理解"慢性子"和"急性子"。

（2）选择这篇童话故事中印象深刻的一个人物，简单地说说他的故事，谈谈自己阅读的感受。

要点：围绕人物，谈一谈与之相关联的事件和自己的感受，语句连贯、通顺。

例：急性子做什么事情都急，说话急，想法急。文中的急性子顾客想能够早一点穿上新衣，一天又一天地跑到裁缝店里，要求更改衣服的样式。慢性子做什么事情都慢，说话慢，思考慢。文中的慢性子裁缝在急性子顾客的要求下，过了很多天后，还没有开始动手裁料。

学习任务二：朗读故事，再现场景

1. 朗读，体验角色特点。

在故事中，人物一般都会开口说话。朗读课文，发现故事是通过对话来写的。

找出故事中"急性子顾客"和"慢性子裁缝"说的话，发现故事中的对话是分行写的，分行写更清晰。

分角色朗读人物之间的对话，感受"急性子顾客"与"慢性子裁缝"说话的特点。

要点：结合生活经验，从语速的"快慢"上体验和感受"急性子"和"慢性子"说话的方式。

例：先以故事的第2—4小节为例，从语速"快慢"的角度，指导读好"急性子顾客"的一长段话和"慢性子裁缝"的两小段话。

可以请班级中的"急性子"和"慢性子"的同学读一读，或者模仿和想象生活中的"急性子"和"慢性子"说话的方式来读一读。

然后再用这样的方式与同桌进行分角色朗读。

2. 演读，揣摩说话意图。

关注"急性子顾客"和"慢性子裁缝"说话时的提示语，想象他们说话时的样子，选择一个角色演一演，从语气的"轻重"上揣摩说话的意图。

例1：

"不，"裁缝说，"就在冬天。"

裁缝又补充一句："不过，我指的是明年冬天。"

顾客"噌"一下跳起来："这么慢啊！"

顾客的一个"慢"字重读体会他等不及要穿新衣的想法和心情。

例2：

不料，这顾客第二天又跑到裁缝店来，说："我不做棉袄了！"

"等到明年冬天，时间实在太长啦。"顾客提出，"把我那棉袄里的棉花拽掉，改成夹袄，让我提前在秋天就能穿上合时的新衣服吧。"

"不要棉花了，行啊。"裁缝答应了，"为您服务，没说的！"

顾客说的话中"实在太长了""提前在秋天"等词语的轻重处理表现当时着急穿上新衣的想法。

3.探讨，发现对话形式。

故事中的人物说话时，有很多语气词，比如"吧"和"啊"等。看一看，谁喜欢用语气词"吧"，谁喜欢用语气词"啊"，想一想为什么。

感叹号表示感叹的语气，"急性子顾客"和"慢性子裁缝"在说什么话的时候喜欢用感叹的语气。

要点：从对话的标点、语气词等感受人物语言形式与人物性格、说话意图之间的关系。

学习任务三：转述话语，提取信息

1.转述话语。

学习用自己的话转述"急性子顾客"和"慢性子裁缝"的话，明白"急性子顾客"和"慢性子裁缝"说话的内容。

例：

如果你是慢性子裁缝，急性子顾客说了什么？你觉得急性子顾客的要求是什么？

如果你是急性子顾客，慢性子裁缝说了什么？你觉得慢性子裁缝的表现是什么？

2. 提取信息。

从转述的话语中提取关键词，说一说"急性子顾客"的要求和"慢性子裁缝"的表现并形成情节地图，见表5-1。

表5-1 情节地图

急性子顾客的要求	做件棉袄	改成夹袄	改成短袖衬衫	改成春装
慢性子裁缝的表现	决不会让人笑话您	为您服务，没说的	好办得很，没问题	您放心，没开始裁料

学习任务四：借助地图，复述故事

1. 概述故事内容。

（1）根据情节地图，按照时间顺序，抓住表格中"急性子顾客的要求"和"慢性子裁缝的表现"中的关键词语概述故事。

要点：抓住表格中文字所给的信息，用自己的话复述，做到条理清晰，主要内容清楚。

（2）发现故事采用交替叙事和反复叙事的结构。

要点：发现先写急性子顾客的要求，再写慢性子裁缝的表现，这就是交替叙事；如此反复了四次，这称为反复叙事。

2. 复述故事情节。

（1）学生概述的语言与文章的语言进行比较，发现对话更能够再现场景，营造有声有色的画面。提示通过人物之间的对话复述故事，可以再现故事的画面。

（2）选一个时间点复述故事情节。

例：以"第一天"的情节为例复述，学生熟记对话内容，用自己的话表达。首先同桌练习，评议，改进。接着指名复述，点评。最后学生自主练习复述其他时间的故事。

在学生复述的过程中，学生会直接讲述人物的语言，也会间接转述人物的语言，初步感受语言的直接讲述和间接讲述的表达效果。

3.完整复述故事。

要点：用自己的话复述，通过对话再现故事情节，展现人物性格特点，尽可能注意吸引他人。

学习任务五：绘制地图，创编故事

1.绘制情节地图。

假如裁缝是急性子，顾客是慢性子，他们之间又会发生怎样的故事？

要点：抓住人物特点，想象人物行为，借助交替叙事和反复叙事的结构完成表格，见表5-2。

表5-2 时间表

时间	第一天	第二天	第三天	又过了一天
急性子裁缝的表现				
慢性子顾客的要求				

2.学习用对话的方式续编。

要点：根据性格"反差"，借助情节地图先选择一个情节抓住人物说话的特点，以对话的方式进行编讲或写作，然后完成整个故事。

《方帽子店》教学设计

【文本解读】

《方帽子店》是统编教材小学语文三年级下册第八单元的一篇童话故事，作者是曾获1996年陈伯吹儿童文学奖的施雁冰。课文讲的是一家帽子店从来没有做过别的帽子,他们的橱窗里都是方帽子,买帽子的人也习惯买方帽子。小孩子们觉得方帽子又奇怪又不舒服,就设法做了其他式样的帽子。后来方帽子店对面,开了一家卖各式各样的舒服帽子的新店,顾客们最后选择进了新帽子店。

"日子一天天地过去,世界一天天在改变。"世界在不断地变化之中,我们的思想和行为如果一成不变,就会闹出很多笑话。

故事语言生动,用方帽子店主、大人们、店主儿子和孩子们在帽子变迁过程中的不同表现,来推动故事情节的发展。

【教学要点】

1. 课文默读。

默读,有助于学生独立思考,快速地了解文章的内容。三年级的要求是"初步学会默读",教学时要有意识地引导学生在默读实践中掌握正确的方法,对默读的检测可以通过提问或者对故事内容的掌握情况来评估。

2. 故事复述。

这个故事有很多让读者意想不到的地方,这就是情节中的"意外"。本课是略读课文,学生应运用本单元以及以前所学的复述方法,抓住故事情节中的"意外"进行复述。复述的方法有借助表格、示意图、关键词、时间变化、人物关系等。学习本课时,学生可以自主选择或者在教师的指导下选用合适的方法复述故事。比如,可以运用《慢性子裁缝和急性子顾客》的复述方式——绘制表格,采用交替和反复叙事的结构来复述。

【教学目标】

1. 认读生字,重点关注多音字"嚷"和"溜"的读音。
2. 默读课文,说说最意想不到的故事内容,聚焦人物意想不到的表现把故事讲清楚、讲生动。
3. 懂得世界在改变,人们的思想观念也应该随之改变的道理。

【活动设计】

学习任务一：发现故事"意想不到"的结局，梳理信息

1. 揭示课题。

这节课我们来学习一个有趣的故事。读这个课题，你一定会突出哪个字？为什么？

要点：会突出"方"字，觉得很奇怪。

2. 学习字词。

词串一：嚷嚷　一溜烟。

要点：嚷嚷，这两个字在一块时读第一声，其他情况读第三声；一溜烟，表示像烟一样一会就不见了，"溜"读第四声。

词串二：方帽子　方方的帽子　方方正正的帽子。

（1）朗读词串，发现这三个短语都在说帽子的形状是方的。

（2）出示故事的第1小节和第2小节，运用词语进行说话练习，发现方帽子店只卖方帽子。

例：他们的橱窗里都是方帽子。第一项是（　　　）的，第二项是（　　　）的，第三项还是（　　　）的……

（3）这些帽子戴在头上什么感觉？出示：又奇怪又不舒服。

（4）方帽子店只卖方帽子（板贴：方帽子店）。它还有广告语呢，来，吆喝一下——专卖从不改变的方的好帽子。

词串三：宽边的香蕉形的草帽　圆筒形的呢绒帽　碗形的布帽。

（1）朗读词串，首先发现这是写"各式各样"的帽子，再联系生活实际，发现这些帽子从形状和材质上都是不同的。

（2）这些帽子戴起来什么感觉？出示：又舒服又漂亮。

（3）哪家帽子店卖的？（板贴：新帽子店）同样，它也打起了广告——专卖各式各样的舒服的好帽子。

3. 聚焦结局。

（1）我们今天学的故事里有两家店，一家是方帽子店，一家是新帽子店。可是，故事的结局却让人出乎意料。方帽子店怎么了？打开书，默读故事，注意速度。

（2）出示最后一节，在这儿，"古董"是什么意思？

要点：被淘汰了，东西过时了。

（3）传承多年的方帽子店竟然垮了，一直流行的方帽子居然成了古董，这个结局你们一开始想到了吗？

提示：这就是"意想不到"。（板书：意想不到）

学习任务二：感受人物"意想不到"的表现，完整复述

1. 梳理人物。

一直流行的，人人都戴的方帽子居然成了古董，这个结果故事中的人物也没有想到。文中出现了哪些人？

要点：顾客，方帽子店主，孩子们，方帽子店主的儿子等，教师相机板书。

2. 绘制地图。

故事中不同的人物围绕着方帽子，也有许多让人意想不到的表现。谁的哪些表现让你意想不到呢？默读课文，找一找相关句子。交流的时候先读读你找到的句子，再说说哪里让你意想不到。

例：方帽子不舒服，顾客却不肯改变，花钱买罪受；店主人只卖方帽子，做事一根筋；孩子们做圆帽子，积极尝试；店主人对儿子戴圆帽子恼羞成怒；两店较劲，针锋相对等。

小结：你们都很会读故事，这些意想不到的地方，就是故事中的意外。正是有了这么多意外，故事读起来才有意思。

3. 完整讲述。

（1）现在，你能抓住不同的人物让你意想不到的举动，用自己的话来简单地讲讲这个故事吗？

例：故事就得从这家方帽子店讲起，店主人（只卖方帽子），顾客（明知道方帽子不舒服，还只买方帽子），可是孩子们（不喜欢方帽子，他们开始做圆帽子），最让他没想到的是店主的儿子（也戴起了圆帽子），后来，孩子们慢慢长大了，居然（开了一家新帽子店），顾客（都去买各式各样的新帽子了），方帽子店主（差点气昏了），结果方帽子成了古董。

小结：你们看，故事就围绕着两家帽子店，先讲方帽子店，店主人、顾客怎么样，孩子们和店主人儿子又怎么样；再讲新帽子店，孩子们怎么样，顾客、方帽子店主人又怎么样。如果我们把人物意想不到的表现连起来讲，重要情节就不会遗漏。（教师板书：抓住人物表现）

（2）学生练习完整讲述。

要点：如果你能用上"没想到、居然"这样的词，意想不到的味道会更浓，故事也会更吸引人。

学习任务三：体会儿子"意想不到"的举动，详细复述

1. 感情朗读"父子争执"场景。

（1）在这么多意外中，有一个人的表现最让你意想不到，是谁？

（2）故事往往会以人物的对话来写一个情节。课文第11—15自然段就写了父子俩争执，写得特别精彩。你也能把它讲得生动吸引人吗？有点难度。要想讲好这一段，得先把父子俩的对话读得滚瓜烂熟，读得声情并茂。读读第11—15自然段，边读边想象父子俩是怎么争执的，看谁读得最投入。

（3）指导朗读。

要点：一是读好父亲的话，提示在训斥儿子的时候，心情怎么样，该怎么读，注意父亲的话里一连用了三个感叹号并加上动作读；二是读好儿子的话，提示一连两个感叹号，发出抗议表示对父亲的行为感到很不满。

2. 详细复述"父子争执"场景。

（1）读好了对话，相信你一定能把父子俩争执的情节讲生动了。

提示：

①讲清楚父子俩是怎么争执的。

②想象两人争执时的表情、动作、心里的想法，再配上动作讲一讲。

③开头：这天，方帽子店主人来到街上，忽然发现……

④如果有些内容记不住，还可以借助表格来讲，见表5-3。

表5-3 情景表格

人物	表情	语言	动作	想法
店主人	吃惊	快快把它丢掉！不懂事的孩子！好好的方帽子不戴，要戴圆帽子！	抓、丢	……
儿子		我要！我要！	拾、跑	……

（2）练习详细复述场景。

要点：一是复述可不是背书，要用自己的话来讲，可以适当地删减或增加；二是店主人一边训斥儿子，一边心里会怎么想呢，如果也能讲出来更好了。

小结：你们看，讲故事的时候抓住了人物的细节，再加入自己的想象，故事就有画面感了，意想不到的味道就更浓了。故事中还有其他意想不到的部分，我们也可以用这样的方法去讲一讲，还可以演一演。（教师板书：抓细节加想象）

学习任务四：创想故事"意想不到"的发展，创造复述

1. 沿着作者的思路接着复述。

故事的结局是一直生意火爆的方帽子店变得冷冷清清，方帽子也成了古董。可是，气得几乎昏过去的方帽子店主人还迷糊着呢！他望着落满灰尘的方帽子，不断地唉声叹气："为什么啊？我卖的可是从不改变的方的好帽子啊！"如果你是他的儿子，会怎么劝慰他？同桌两人互相说说。

提示：你能用"古董"这个词来劝劝老爸吗？

2. 体会童话故事表达的主题。

再不改变，谁也要成老古董了？

要点：再不改变方帽子，店主也要变成老古董了。

小结：故事的结局意味深长，读一读。方帽子过时成了古董，店主人思想过时，也会成为古董。古董还有一个意思，就是指那些思想过时、顽固守旧的人。同学们，日子一天天地过去，世界一天天在改变，万事万物都在改变。不改变就会落后，不改变就可能成为古董。（教师板书：改变）

3. 按照自己的意愿创造复述。

（1）在你们的劝说下，方帽子店主人及时清醒过来，又开了一家帽子店，你猜他的店里都有什么；他还给自己的帽子店取了个有意思的名字，大家猜一猜叫什么。谁能讲一讲这个故事？

（2）店名还是"方帽子店"，又是让你意想不到吧！老师先卖个关子，请大家回家后把《方帽子店》的故事讲给爸爸妈妈听，然后再问问他们，方帽子店主人为什么给新开的店仍取名"方帽子店"？或许他们会给你一个有意思的答案。

【板书设计】

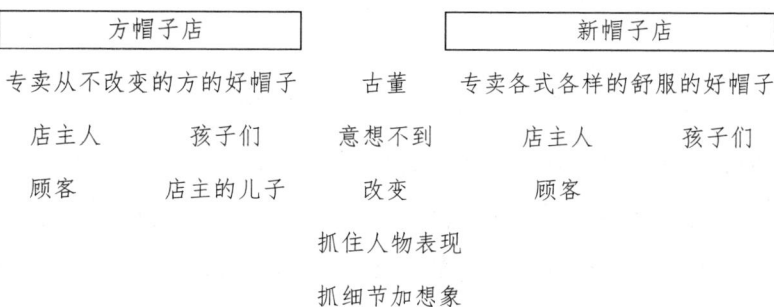

《巨人的花园》教学设计

【文本解读】

《巨人的花园》是英国著名作家王尔德的童话作品。故事围绕着花园、巨人、孩子之间的关系展开叙述：巨人的花园原本是一片寒冬景象，孩子们的到来给花园带来了春天，也使巨人变得温暖而无私。

课文依托奇妙的想象，运用对比的手法展开故事情节、塑造人物形象、揭示内在道理。如，巨人砌墙与拆墙后花园情景的对比，巨人砌墙与拆墙后态度、感觉的对比。正是在这些对比中，故事的情节变得跌宕起伏，故事所揭示的道理也自然流露。

【教学要点】

1.在奇妙的想象中感知花园的"冷"与"暖"。

四格漫画，是以四个画面来完成一个小故事或创意点子的表现形式。不复杂，却涵盖了一个事件的起承转合；不冗长，但让人看了不觉莞尔，或深思良多。教学时，先借助想象，将描写花园的句段读成四幅画，再借助四格漫画，把读到的画面具体讲述出来，由此感知花园的"冷"与"暖"，走进王尔德童话所营造的奇幻情境。

2.在故事的讲述中体会巨人的"冷"与"暖"。

人物的形象，总能从其言行中管中窥豹。教学时，先聚焦巨人的动作，透过其行为窥探其内心；再聚焦巨人说的话，咂摸其语言体认其内心；接下来根据花园的"冷暖"变化、叠加巨人的"言行"变化，生动地讲述这个童话故事，在声情并茂的讲述中体会巨人由自私、冷酷变得无私、温暖，从而汲取童话故事中潜藏的精神给养，烛照自己的内心世界。

3.在资源的对接中领悟童话的"冷"与"暖"。

结合作者资料，创设"与童话大师王尔德隔空对话"这个情境任务，进行思辨性阅读和交流,以培育学生的理性思维和哲学精神,同时也将书本学习的触角引向更为广袤的真实的社会生活和现实世界,凸显"学习,是为了更好地生活"之教学要义。

【教学目标】

1. 学习词语,感知词语的温度。

2. 讲述故事,体会巨人的形象。

3. 联结作者,领悟童话的主题。

【活动设计】

学习任务一:借鉴四格漫画,感知花园的冷暖

1. 看图猜童话人物:灰姑娘、丑小鸭、马良。

提示:很多童话的题目就是故事的主人公。

2. 揭题。

读题。这个故事的主人公是谁?怎样的人称为巨人?生活中你遇到过吗?

3. 学习词串一:北风呼啸　冰雪覆盖。

(1)学习生字"啸"。

记形:"啸"是一个形声字。口字旁,右边是"肃"。注意"肃"的笔顺。

(2)读句子,说说这两个词给你什么感觉。

出示:雪用他的白色大衣覆盖着青草,霜把所有的树枝涂成了银色。北风身上裹着皮衣,整天在花园里呼啸着。

要点:寒冷。结合生活经验,知道"雪"和"北风"一般是冬天出现的,冬天比较寒冷;联系语境,由"裹"这个动词,体会到北风把身上的皮衣包得严严实实的,不留一丝缝隙。

4. 学习词串二:一缕阳光　淡红色和珍珠色的鲜花　丰硕的果子　悦耳动听的歌。

(1)读好"的"字短语。

（2）读句子，说说这些词语又给你什么感觉。

出示：这时，雹停止了疯闹，北风也不再吼叫，一缕阳光从窗外射进来。还有十二棵桃树，春天开出淡红色和珍珠色的鲜花，秋天结出丰硕的果子。小鸟们在树上唱着悦耳的歌，歌声那么动听，孩子们都停止了游戏来听他们唱歌。

要点：温暖。联系语境有理有据地回答。

（3）小结：词语是有温度的。结合生活实际、联系上下文，就能感受词语的"冷"和"暖"。

（4）对比读，把词语的"冷暖"通过朗读表现出来。

5.默读课文，完成表格，见表5-4。

用"（ ）"括出描写花园的语句，用"○"圈出花园中的景物，再用一个词概括花园的特点，并说说花园带来的感觉。

表5-4 细节表

花园中的景物	花园的特点	花园带来的感觉

（1）课文中多处描写巨人的花园，主要出现在哪几个自然段？

要点：第2自然段，第7自然段，第11自然段，第14自然段。

（2）指名读，思考每个自然段写了哪些景物。

出示：柔嫩的青草 星星似的美丽花朵 丰硕的果子……

（3）用一个词概括花园的特点。

要点：第2自然段，可爱；第7自然段，凄凉（寒冷）；第11自然段，奇特；第14自然段，欢腾。

追问：如果用绘画中的色彩来概括，你想到了哪些词？

要点：第 2 自然段，彩色；第 7 自然段，黑白；第 11 自然段，一个角落黑白；第 14 自然段，彩色。

（4）自由读，每一段描写给你什么感觉？

要点：第 2 自然段，暖；第 7 自然段，冷；第 11 自然段，有点暖，有点冷；第 14 自然段，暖。

小结并过渡：字词有冷暖，花园也有冷暖。[板书：花园（冷暖）]读着读着，我们把巨人的花园读成了四幅画，如图 5-1 所示。

图 5-1　花园

（5）这四幅画，故事中是用哪些语句把它们串联起来的？

要点：每天放学后，春天来了，一天早晨，从那以后。

6. 根据四幅画，用上述表示时间的短语描述巨人的花园。注意把花园里的景物说清楚。

（1）指名说。

（2）话题探讨：巨人的花园发生了什么变化？为什么会有这样的变化？同桌讨论后交流。

要点：由热闹变得冷清，再变得热闹；由彩色变成黑白，再变成彩色；由暖变冷，再变暖。巨人的言行发生了转变；孩子有没有出现在花园中。

学习任务二：依托故事讲述，感受巨人的冷暖

1.再次默读课文，找找巨人的言行发生了哪些转变？[板书：巨人（言行）]用"___"画出他的行为，用"～～"画出他说的话。

（1）聚焦行为。

①一开始巨人做了什么？（屏显：挂出布告牌 砌起围墙）

指名读。

学习生字"牌"。

记形："牌"也是一个形声字。左边是"片"，表示和木板等材料有关；右边是"卑"。

（屏显布告牌内容：禁止入内 违者重惩）

点拨：巨人挂这样的布告牌，想要干什么？

追问：猜猜看，什么样的人才会挂这样的布告牌？

要点：自私、冷漠……

②后来，巨人又是怎么做的？（屏显：允许进入 拆除围墙）

追问：做这些事的巨人又给你留下了什么印象？

要点：善良、柔软、温暖……

③比较读，感知动词的温度。

小结：动词是最有画面感、最具感染力的词语。品读这些词语，我们能触摸到人物的内心。

（2）聚焦语言。

①做这些事的时候，巨人说了些什么？（屏显四处语言）

②同桌分角色读，一人读提示语，一人读巨人说的话。猜猜说这句话的时候巨人的内心是怎样的。

③先看第一处。（屏显图5-1中的第一幅画和第一处语言）

"你们在这儿做什么?"他叱责道。

"我自己的花园就是我自己的花园,"巨人自言自语道,"这是随便什么人都懂得的。除了我自己以外,我不允许任何人在里面玩。"

指名读。

点拨:"叱责"是什么意思?该怎么读?"自言自语"是什么意思?该怎么读?

追问:三个"自己"中藏着一个怎样的巨人?

要点:孤傲、自大……

④再看后面几处。(屏显后面几幅画和语言)

"我不懂为什么春天来得这样迟,"巨人坐在窗前,望着窗外那凄凉的花园,"我盼望天气快点儿变好。"

他对自己说:"我多么自私啊!现在我明白为什么春天不肯到这儿来了。"

他说:"我有许多美丽的花,可孩子们却是最美丽的花。"

指名读。体悟巨人内心。

"我不懂为什么春天来得这样迟,"巨人坐在窗前,望着窗外那凄凉的花园,"我盼望天气快点儿变好。"

追问:这个时候,巨人的心思是怎样的?

要点：对春天来得迟表示疑惑不解，迫切希望春天早点到来。

他对自己说："我多么自私啊！现在我明白为什么春天不肯到这儿来了。"

追问：此时，巨人的内心又是怎样的？

要点：后悔。

他说："我有许多美丽的花，可孩子们却是最美丽的花。"

话题探讨：以前，巨人不允许孩子们进入自己的花园，现在为什么觉得他们是自己花园中最美丽的花？[板书：孩子（希望）]

要点：没有孩子的花园，是寒冷的、凄凉的，是没有希望的；有了孩子的花园，才变得美丽、欢腾、自由。

（3）图文结合，回读巨人语言。

评述人物：读着读着，你的眼前仿佛出现了一个怎样的巨人？

要点：和善、无私……

小结：言为心声。读读巨人的语言，我们也能体会人物的内心世界。

2. 低年级的学弟学妹最喜欢听童话故事，不过听说他们的老师最近太累了，嗓子不怎么好，不能给他们讲故事。你能根据四幅画的提示，再加上巨人的言行，把这个童话讲给他们听吗？

（1）自主练习。

每天放学后……巨人……

春天来了……巨人……

一天早晨……巨人……

从那以后……巨人……

（2）指名讲述。

小结：讲着讲着，我们明白了，原来是孩子们纯真的童心温暖了巨人孤寂、冷漠的心。（板书：童心）

学习任务三：打开阅读视野，感悟童话的冷暖

1.每个故事的背后都藏着一个人——作者。猜猜王尔德在这个童话里想告诉我们什么，再猜猜他是一个怎样的人。

（1）初步交流。

（2）深入探讨。

[屏显：奥斯卡·王尔德（1854—1900年），19世纪英国最伟大的艺术家之一，以童话、戏剧、诗歌等享誉世界。王尔德有一颗纯真、纯善、纯美的童心。正是这可贵的童心与卓越的才华相结合，才诞生了《王尔德童话》。他的童话和丹麦的《安徒生童话》、德国的《豪夫童话》被称为童话中的经典。]

追问：读完这段介绍，你对王尔德和他的童话又有了怎样的了解？

2.这位伟大的艺术家已经离开我们一百多年了，假如童心未泯的他想和你来一场隔空对话，你敢接受挑战吗？（屏显对话，领悟故事主题，如图5-2所示）

王尔德：这位同学，你喜欢我写的《巨人的花园》这个童话故事吗？

"我"：_____

王尔德：巨人的哪个行为温暖了你？

"我"：_____

王尔德：生活中你遇到过这样的"巨人"吗？

"我"：_____

图 5-2　对话

提示：这里提到了两次"巨人"，分别指谁？

要点：不加引号的指故事中的"巨人"；加引号的指生活中的"巨人"，也即像巨人一样真诚、善良、美好的人。

提示：同桌对话后再进行情境讲述。

要点：快乐要与人分享；人不能太自私；应尊重孩子，没有孩子的地方就没有春天。

3.布置任务：阅读《王尔德童话》，继续感受童话的奇妙、童心的可贵，体会人物真善美的形象。

【板书设计】

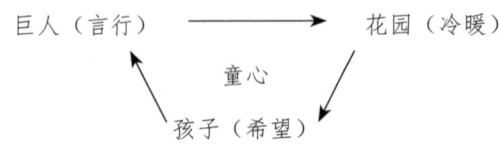

《愿望的实现》教学实录

【课堂现场】

学习任务一：发现"愿望的实现"叙事结构

师：读一读这三句话眼……

生1：这天早上，小野花睁开了他的双眼……

生2：从前，有个渔夫住在大海边一所破旧的房子里……

生3：小金鱼住在一条清澈见底的小河里。有一天，小金鱼正在水里自由地玩耍……

师：读着这些开头，我们发现什么？

生：（齐读）童话故事开始了。

师：（板书：童话）你们读过哪些童话？

生1：《丑小鸭》。

生2：《勇敢的小裁缝》。

生3：《小红帽》。

生4：《灰姑娘》。

生5：《豌豆公主》。

生6：《青蛙看海》。

……

师：（指着生2）请你来简单讲一讲《勇敢的小裁缝》。

生2：夏天的一个早上，有个小裁缝一下子打死了七个苍蝇，就在衣服上缝了六个大字"一下打死七个"，他想让全世界的人知道他的厉害，他就出发了，他打败了巨人独角兽，最终当了一辈子国王。

师：（指着生4）你来简单讲一讲《灰姑娘》。

生4：灰姑娘想去参加王子的舞会，她让小鸟帮自己捡豌豆，让榛树给自己礼服，最终她参加了舞会，被王子接回宫。

师：从此，王子和公主快乐地生活在一起。

（学生开心地笑。）

师：《勇敢的小裁缝》和《灰姑娘》这两个童话故事有什么共同的地方？

生1：人物都有一个愿望。

生2：人物的愿望都实现了。

师：（板书：人物愿望的实现）"人物愿望的实现"是很多童话作家创作的秘密。你看，丑小鸭有什么愿望？

生1：变得漂亮。

生2：不让别人瞧不起。

师：《青蛙看海》中青蛙的愿望是什么？实现了吗？

生：青蛙想去看海，最后实现了自己的愿望。

……

师：（指着板书）童话作家创作童话的秘密是——

生：（齐读）人物愿望的实现。

学习任务二：确定"人物"与"愿望"

师：（板书：编）今天我们就学着作家，用这个秘密自己来编一个童话故事。

生：好。

师：童话故事会有个人物，你决定让谁成为你故事中的主人公？

（学生思考片刻。）

生1：一个很丑、很穷的老头。

生2：一位木匠。

生3：小姑娘丽丽。

师：主人公有没有动物的？

生1：大灰狼。

生2：小白兔。

师：还有其他不一样的吗？

生1：小雏菊。

生2：大树。

生3：一个巨人。

生4：飞马。

……

师：童话故事中的主人公可以是普通人，可以是动物、植物，还可以是拥有超能力的人。

师：那主人公的愿望会是什么呢？

生1：巨人想变小。

师：为什么？

生1：他很巨大，想减肥变小，过上正常人的生活。

师：这个愿望很合理，也很新奇。

生2：一朵小雏菊想变得更美丽。

师：很合理。

生3：一棵大树想走路。

师：很新奇。

生4：美丽的公主想娶王子。

师：娶？

生4：嫁给王子。

师：很多童话故事的结局都是"从此，王子和公主快乐地生活在了一起"。

……

师：你们想让你们故事中的主人公实现自己的愿望吗？

生：想。

师：你们都很善良，童话故事的结局往往是美好的，王子一般会和公主快乐地生活在一起。

师：现在请你们闭上眼睛，开始我们的童话之旅。

（学生闭眼想象。）

师：你故事中的主人公已经站在你的面前，他是美丽的还是丑陋的？他是善良的还是狡猾的？他是勤劳的还是懒惰的？总之，他一定有一个地方很特别。

师：他内心有一个合理的或者新奇的愿望，是什么呢？

师：最后，他实现了自己的愿望，想象他实现愿望时的样子。

师：睁开眼，把你刚才在头脑中"看"到的画面说给你的同桌听，注意要用上童话故事的开头哦。

（同桌相互讲述。）

师：现在哪位同学愿意将自己的故事与大家分享？

生1：有一枚铜钱，一天，一不小心从主人的衣兜里掉了出来，他一心想回到主人的身边，最后经过千辛万苦，他终于回到了主人的身边。

生2：从前，有一位漂亮的美人鱼生活在大海里，她一心想和陆地上的王子结婚，最终她实现了自己的愿望。

师：从此，美人鱼和王子开心地生活在了一起。

（学生大笑。）

学习任务三：设计"困难"与"办法"

师：愿望就这么实现了，不叫故事，叫事情。故事（板书：故事）中人物一定会经历——

生：困难。（板书：困难）

师：并找到——

生：办法。（板书：办法）

师：有些办法只能得到暂时的结果。（板书：暂时结果）

师：小裁缝在实现自己愿望的过程中遇到了哪些困难，想到了哪些解决的办法？

生：小裁缝骗了第一个巨人，接着让两个巨人自相残杀，用计谋打败了独角兽。

师：小裁缝靠什么解决了困难？

生1：自己的智慧。

生2：自己的努力。（板书：努力）

师：灰姑娘遇到的困难和解决的办法又是什么呢？她靠什么解决困难的？

生1：灰姑娘请小鸟帮助自己捡豌豆。

生2：灰姑娘请榛树给自己漂亮的礼服，去参加舞会。

生2：靠别人的帮助。

师：帮助他的人拥有神奇的力量，可以称之为"神力"。（板书：神力）

师：（出示图5-3）根据清单进行故事的构思。

写作任务清单（一）

1. 牢记人物的愿望，用词语或简短的句子写一写困难和办法等。
2. 人物遇到的困难和实现愿望的方法等是否新奇、合理？

图5-3 写作任务清单

生：拿出《练习单》，根据《写作任务清单》构思。（如图5-4所示）

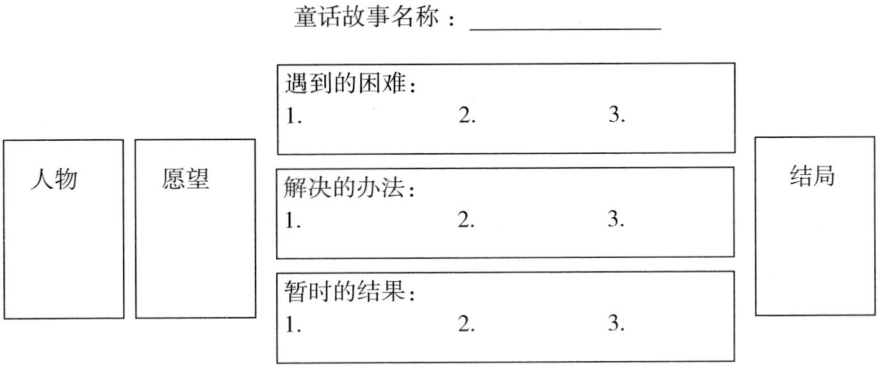

童话故事名称：_____

```
人物 | 愿望 | 遇到的困难：1. 2. 3.
              解决的办法：1. 2. 3.
              暂时的结果：1. 2. 3.    | 结局
```

图 5-4　故事结构

生 1：我的童话故事的主人公是小雏菊，他生活在野外，有一次他被一位园丁带回了花园，他发现自己不是一朵美丽的花，一心想成为一朵美丽的花。

师：有一个愿望。

生 1：他内心很苦恼，有一天，蝴蝶们来到了花园里，蝴蝶们一个接一个地飞到小雏菊的花朵上，用自己美丽的身体让小雏菊成为一朵美丽的花。

师：自己没有办法变漂亮，通过小蝴蝶的帮忙实现了自己的愿望，合理而新奇，愿望实现了，故事也就结束了。

生 2：从前有一只很丑的猫，他一心想得到主人的喜欢。于是他就去跟黄莺学习唱歌，可是他学了好久都没有学会，也没有得到主人的喜欢。他发现孔雀五颜六色很漂亮，他就拿来颜料把自己涂成五颜六色，没想到一阵大雨把他变成了更丑的猫，主人不喜欢他。最后他发现一只小麻雀在路边差一点被车撞倒，他救了小麻雀，被主人刚巧看到，主人觉得这只猫虽然外表丑，但内心很善良，就很喜欢他。

（教室里响起一片掌声。）

师：很好，这只猫牢记自己的愿望。不过三个办法之间是不是可以调整一下位置？

生 3：应该把第二个办法和第一个办法换一下，先是想办法把自己变漂亮，然后向别人学唱歌改变自己的其他方面。

师：当困难和办法一个接一个的时候，我们要考虑先后的关系。

生4：从前，有一个巨人……

师：都是从前，换一种开头的方式。

生4：很久很久以前，有一个巨人……

（学生大笑。）

师：继续吧。

生4：很久很久以前，有一个巨人，他一心想减肥，变成一个正常人，于是他就决定少吃一点，可是肚子实在太饿了，他忍不住晚上偷偷地吃了一点东西，没想到肥没有减成，还胖了几斤。

（学生大笑。）

生4：于是他就想到了运动，他每天跑呀，跑呀，跑完了就躺在床上呼呼大睡，每天很晚起床，一个月下来，只瘦了一点点。嗯，嗯……

师：愿望还没有实现，故事还没有结束，其他同学能不能帮帮他？

生5：爬山。

师：合理，但不新奇。

生6：跳绳。

师：嗯，重复了，看来你们没有减肥的经历。

生7：吃减肥药。

师：有意思，结果呢？

生：吃了减下去，又反弹了。

师：还没有结束。

生：他遇到了愿望仙子，愿望仙子看到他减肥很辛苦，就帮助了他。

师：故事结束得有点勉强。愿望仙子为什么会帮助他？

生：因为巨人很善良，之前救过愿望仙子。

师："有"因"才有"果"，这样就有一点合理性了。

生8：有一个公主，她一心想成为最成功的公主。她听说只要拿到一颗"星光石"就能实现自己的愿望，不过需要打败三个女巫。第一个女巫要她留下美丽的容貌才能让她过关。公主请王子帮她打败了女巫。

师：拿到"星光石"需要失去美丽，是不是这个意思。

生8：是的。

师：那王子为什么会帮助她？

生8：因为王子是公主的老公。

（学生大笑。）

师：有意思，靠爱的力量。继续。

生8：第二个女巫要她独自过一条黑暗的大河，巨人来帮助他。

师：同学们，你们听出了什么？

生9：拿到"星光石"需要有勇敢的心。

生10：巨人为什么会帮她？

生8：因为公主之前救过巨人。

师：有前因，就有后果，公主一定很善良，这样就有合理性。继续吧。

生8：最后一个女巫给公主出了难题。

师：考验"智慧"，她想请谁帮忙呢？

生8：还没有想好。

师：我看这次要靠自己喽。

生8：嗯，公主靠自己的智慧战胜了最后一个女巫，实现了自己的愿望。

师：同学们看一看，在这个故事中，公主收获了什么？

生11：智慧和勇敢。

生12：善良，美丽。

生13：还有爱情的力量。

师：这样，同桌两人相互讲一讲自己的构思，结合任务清单和刚才的学习给对方提提建议。

（同桌交流。）

（板书关键词进行连线，总结。）

师：同学们，人物有了愿望，为了实现愿望会遇到一个又一个的困难，也会有一个又一个的解决办法，当愿望实现了故事也就结束了。故事在遇到的困难和解决的办法的波折中发展，人物在遇到的困难和解决的办法的起伏中成长，当我们发现这个秘密的时候，就可以创作无数个有趣的童话。它们有一个共同的名字——《愿望的实现》。

【板书设计】

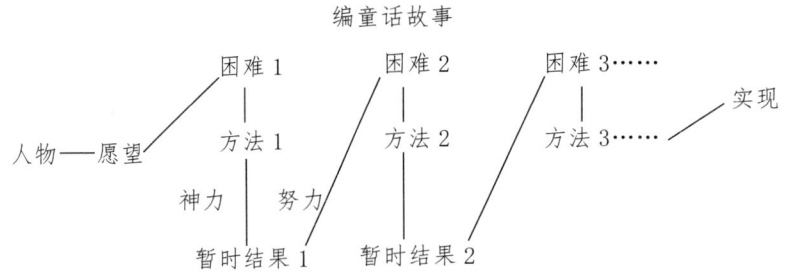

【专家看课】

写作教学，教在上位

"愿望的实现"是叙事性作品的基本结构。朱自强在《儿童文学概论》中认为：童话在于其讲述，不必需要详细的描述。何捷在《从干国祥老师的课堂教学说起——"写作教学进行时"教学源起与思考》一文中说："教"是居于写作上游的，是教在构思，教在建模，教在原型。相比下位的"教"，教在文字，教在知识，教在技法，甚至是教在某一句话的推敲，教在童话中人物的外形、动作等重复性的描写等，上位的"教"是真正写作学层面的教，是有效的教。

本课的设计是基于习作学层面的童话创编教学，是上位的教。通过对童话文本的类的阅读，发现童话创作中一个基本的模型——愿望的实现。在愿望实现的过程中主人公不断地面临困难，不断地想到解决的办法，在困难与办法中展现人物的命运轨迹，自然表达童话故事的主题。

写作教学"自下而上"与"自上而下"的教。写作教学中有两种教学方式，一种是"自下而上"的教，在童话写作的教学中，人物的语言、动作、心理等描写要生动和具体，通过一篇一篇的教学达到教学目的，这种重复性的教学是写作的装饰，充其量是"作"，是一种简单的制造；另一种是"自上而下"的教，这种教是建立写作的模型，在这个模型的基础上进行创造，变幻出不同的写作内容，这才能称得上"写"。"自下而上"的教与"自上而下"的教结合才能完成"写作"的过程。实际上，我们的教学中往往忽视的是"自上而下"的教。

写作教学中的读写融合需要文本图式作为桥梁。"读"与"写"是语文课程中最重要的两个领域。叶圣陶说："读与写的关系密切。善读必易于达到善写，善写亦有裨于善读。二者皆运用思考之事，皆有关学科知识与生活经验之事，故而相同。"阅读者和写作者都运用一系列的心理过程，积极参与创建语篇的活动。在这个认知活动中，稳定存在的方式就是图式。教学中"愿望的实现"和实现的过程中"出现的困难"和"解决的办法"就是童话文本图式的一种，它有效地架起了"读"与"写"之间的桥梁。

文本图式的建模需要一段学习的历程。图式的建模不是一节课所能解决的，首先需要一个长期的有梯度的课程设计活动。这节课，是一个良好的开端；其次，还需要继续阅读和创作相关的童话故事，对"愿望的实现"这个文本图式不断确认，逐步稳定；同时，要对图式中的结构进行分解、强化和提升，如困难设置的方式，困难与困难之间的层级和因果关系，"冲突"如何在困难中体现等，进而不断丰富图式的内涵；最后，还需要对图式进行解构，如何运用这个图式去阅读和创作小说或者其他故事文本，学生会发现这个图式会发生变化。于是，在对图式不断"同化"和"顺应"的过程中，学生收获了成长。

［江阴市教师发展中心　夏江萍（江苏省特级教师）］

二、寓言

寓言的"寓"有"寄托"之意,"言"指故事。法国著名寓言作家拉·封丹说过:"一个寓言可以分成身体和灵魂两个部分,所述的故事好比是身体,所给予人们的教训好比是灵魂。"统编教材三年级下册第二单元以"寓言故事"为主题组元,安排了古今中外经典的寓言故事。寓言是生活的一面镜子,读寓言故事,能明白其中的道理,获取生活的智慧。

(一)文体特征:揭开寓言的面纱

1.故事短小简单

寓言起源于劳动人民的口头创作,是从神话传说和动物故事演变过来的一种文体,篇幅一般比较短小,语言精辟简练,往往一读就明白。"寓言"一词最早见于《庄子》寓言篇,中国古代的寓言很大一部分是文人创作,如选自《韩非子·五蠹》的《守株待兔》,采用文言文的形式,故事简洁短小,理解起来相对容易。

寓言故事中的人物一般都是虚构的"小人物"或者"事物",人物之间的关系简单,往往只安排一个或者两个主要人物。如《鹿角和鹿腿》中的"鹿",《陶罐和铁罐》中的"陶罐"与"铁罐"。人物关系简单,故事的推进也就简单了。

寓言故事结构简单,一般没有完整的故事情节,有的只是截取故事中的一个横切面。如《池子与河流》以寓言诗的形式截取了两人之间的对话。寓言故事中的人物常常做出反常之举,故事中主人公的意图与结局之间往往形成强烈的反差,情节常有反转之处。如《守株待兔》中的宋人因为一次偶然的机会,得到一只撞死在树桩上的兔子,便丢下锄头整天守候下一只兔子,结局自然是田地荒芜。两个主要人物的寓言故事常采用对比的方式呈现人物不同的命运,如《陶罐和铁罐》和《池子与河流》。这些是寓言故事的一般结构。为了适应儿童的阅读心理，改编自《伊索寓言》的《鹿角和鹿腿》和现当代的寓言《陶罐和铁罐》叙述相对生动具体，但仍保持着结构简单的特点。

2. 寓意直指人性

著名儿童文学家严文井说："寓言是一个怪物，当它朝你走过来的时候，分明是一个故事，生动活泼；而当它转身要走开的时候，却突然变成了一个哲理，严肃认真。"寓言故事运用拟人、夸张、比喻等修辞手法将寓意隐藏在故事之中，需要学生用心揣摩和体会；有些寓言故事也会在故事结束的时候点明寓意，如《伊索寓言》中的寓言分为故事和寓意两个部分。当读完本单元四则寓言故事后，寓言富有哲理的特点就会留在学生的心中，见表5-5。

表5-5 寓言及其寓意示例

课文	寓意
《守株待兔》	要脚踏实地，不要心存侥幸去获取意外收获。
《陶罐和铁罐》	不能骄傲自满，要看到对方的长处。
《鹿角和鹿腿》	不要光图美丽的外表，更要讲求实用。
《池子与河流》	才能不利用就要衰退，甚至磨灭。

故事中蕴藏的寓意，一般是针对人物为人处世中的缺陷，指向的是人性的"缺点"或者"弱点"，具有普适性，因此古今中外寓言有很多寓意是相似的。

3. 意在劝谕世人

寓言是带有劝谕或讽刺意味的故事。故事中出现的反面人物和反常行为强化了故事的劝谕功能。中国古代寓言故事中，很多是和当时的历史事件联系在一起的。寓言《鹬蚌相争》中，鹬"啄"蚌"夹"，僵持不下，最后都被渔夫捉了去，得了个大便宜。这个故事其实是苏代用来劝阻赵惠王的，因为苏代反对赵国攻打燕国，如果燕赵开战，不仅百姓遭殃，还会让一直企图侵占赵国的秦国得利。赵王听后，停止了攻打燕国之事。而以《伊索寓言》为代表的西方寓言绝大部分都含有劝喻成分。很多人是听着《狼来了》的故事长大的，说谎的牧童惊慌失措的样子深深地留在学生的脑海中，告诫着学生说谎者会得到应有的报应，做人应该诚实守信，以免落入危险的处境。

（二）教学价值：获取生活的智慧

1. 发展叙事思维力

寓言的主体部分是故事。学生在聆听故事、阅读故事、讲述故事、回味故事中，寓言背后所隐藏的人生智慧才得以传播。阅读寓言故事可以培养学生对故事的归纳、推理、解释、评价等思维能力。曹文轩认为叙事能力和说理能力是人类的两大基本交际能力。寓言正是包裹道理的故事。故事是一种交际的方式，说故事永远胜于讲道理。畅销书作家丹尼尔·平克说："讲故事将会成为21世纪最应具备的基本技能之一。"寓言的学习过程就是叙事思维发展的过程。

2. 提升生活思维力

著名儿童文学家严文井说："寓言是一座奇特的桥梁，通过它，又可以从单纯走向丰富。在这座桥梁上来回走几遍，我们既看到五光十色的生活现象，又发现了生活的内在意义。寓言是一把钥匙，这把钥匙可以打开心灵之门，启发智慧，让思想活跃。"学生阅读寓言故事，借助虚构的故事，丰富着自身的人生经历，由故事中的人物和事件联系自己的生活，警醒自我，另眼看世界，积累生活经验，领悟人生智慧。

（三）设计要领：体验言意的共生

1. 还原，走进故事世界

故事是寓言的言语存在。教师通过组织朗读、讲述和表演等活动，让故事中的人物"活"起来，让文字中的故事"动"起来，从而引导学生置身于鲜活的故事场景中去充分经历、体验,既能感受人物形象与情节冲突,也能在对故事的玩味中触摸到寓言故事的叙事艺术。

(1)朗读故事。

人物在故事中会开口说话,人物的语言是故事情节展开和推进的重要方式,寓言也不例外。《陶罐和铁罐》《池子与河流》采用的是人物对话的方式,《鹿角和鹿腿》运用了人物自言自语的方式。朗读人物的语言能够再现故事场景,这三篇课文均有朗读的要求,见表5-6。

表5-6 寓言及其朗读要求示例

课文	朗读要求
《陶罐和铁罐》	结合课文中描写陶罐、铁罐神态和语言的句子,说说陶罐、铁罐的性格有什么不同,再分角色朗读课文。
《鹿角和鹿腿》	朗读课文,注意读出鹿的心情变化。
《池子与河流》	分角色朗读课文。

故事的语言一般分为叙述语、对话语和心里话。叙述语朗读时要读得自然、流利,语气语调起伏不宜太大。对话语要有角色意识,语气语调要符合人物的身份和说话的意图。如学习《陶罐和铁罐》时,学生想象人物说话时的神态,感受人物的性格特点,读出相应的语气语调;学习《池子与河流》时,学生关注人物的志向,读出人物说话的意图。心里话是对自己说的话,语音应该略低一点。如学生朗读《鹿角和鹿腿》中鹿的心里话时,把自己当作主人公,结合故事的语境,关注语气词"咦""啊""唉""哎呀"和标点符号"?""!",借助语气词和标点符号读出相应的语气,感受鹿的心理历程。

(2)讲述故事。

故事总是可以用来讲的。《陶罐和铁罐》《鹿角和鹿腿》在课后习题中安排了讲述的要求见表5-7。只有一个人物的寓言故事一般都可以按照"起因""经过""结果",将故事概括成三句话讲述出来。如学习《守株待兔》,可以借助注释,简单讲述故事。两个人物的寓言故事,可以抓住人物之间不同的做法和结局进行讲述,如《陶罐和铁罐》《池子与河流》这两个故事。故事讲述目的不在于背诵,也不止于理解,而是要建立寓言故事的结构图式。如《鹿角和鹿腿》中给出的讲述提示,分别是鹿对待自己"角"和"腿"的初始态度,带来的遭遇以及态度的转变,让学生触摸对比的叙事结构。

表5-7 寓言及其讲述要求示例

课文	讲述要求
《陶罐和铁罐》	默读课文。说说陶罐和铁罐之间发生了什么故事。
《鹿角和鹿腿》	根据下面的提示,用自己的话讲讲这个故事。 角:美丽 欣赏 差点儿送命 腿:难看 抱怨 狮口逃生

故事的讲述还要有对象感。对着别人讲寓言故事要凸显故事中人物的反常之处和情节的反转之处,既能够吸引听众的注意,也能够引发他们的思考。

(3)戏剧表演。

克雷洛夫在创作寓言之前是戏剧作家,因此他的寓言具有戏剧的特点。《池子与河流》就是其中的代表,几乎通篇都是人物的对话。学生可以用戏剧表演的方式来学习这则寓言。戏剧表演要厘清故事的背景与结构,把握人物的身份和性格,要演出人物的言行和神态,这些是在朗读故事和讲述故事基础上的又一次提升。

2.推理,揭示故事寓意

寓意是寓言的言语本质,也是寓言阅读与教学的重心,止步于故事的教学显然没有触及寓意这个本质,也失去了寓言阅读的价值。寓言阅读教学必须经由故事而抵达寓意的理解。

（1）追踪人物思维。

学生阅读寓言故事，要读出其中蕴藏的道理。四则寓言故事均需要理解寓意，见表5-8。寓言故事中的人物思维是理解寓意的"入口"。寓言故事一般通过描写人物外在的语言、动作和神态等表现来反映人物内心思想，阅读时可以借助人物的外在表现，揣摩人物的内心，厘清人物的思维。如《陶罐和铁罐》《池子与河流》中人物的言为心声；《守株待兔》可以通过想象的方式揣摩宋国人的内心世界；《鹿角和鹿腿》则直接展现了人物的内心。在梳理人物的思维时，特别要关注人物不同寻常的思维方式，从中揭示故事寓意。

表5-8 寓言及其揭示寓意要求示例

课文	揭示寓意要求
《守株待兔》	说说那个农夫为什么会被宋国人笑话？
《陶罐和铁罐》	从陶罐和铁罐不同的结局中，你明白了什么道理？
《鹿角和鹿腿》	下面的说法，你赞成哪一种？说说你的理由。 美丽的鹿角不重要，实用的鹿腿才是最重要的。 鹿角和鹿腿都很重要，它们各有各的长处。
《池子与河流》	结合生活实际说一说：池子和河流的观点，你更赞同哪一种？

如教学《陶罐和铁罐》时，将铁罐说话时的态度和说话的内容进行梳理，会发现这是铁罐对陶罐的四次奚落。从铁罐说话的态度上看，从"傲慢"到"轻蔑"，继而"恼怒"；从铁罐对陶罐的称呼上看，从"陶罐子"到"懦弱的东西"，再到"不能和我相提并论的东西"。铁罐的态度一次比一次傲慢，语言一次比一次刻薄。学生从中发现，铁罐知道陶罐"易碎"，所以不断地挖苦对方，不断用自己的长处去贬低对方的短处，从而显示自己的威风。提示在生活中傲慢无礼的人常常和铁罐说话的方式相同。

（2）聚焦情节反转。

寓言故事常常出现情节的反转，故事的结局往往出人意料。这些也是故事的矛盾处、荒谬处。抓住这些地方，展开讨论，就能很好地促进寓意的理解。如教学《守株待兔》时，读好"因释其耒而守株，冀复得兔"的节奏，联系"兔不可复得，而身为宋国笑"，发现"复得兔"是农夫的希望，"兔不可复得"是故事的结局。引导学生想象，在春天播种时，夏天耕耘时，秋天收获时，其他的宋国人都能看到农夫"释其耒而守株，而兔不可复得"的场景。抓住"冀复得兔"和"兔不可复得"之间"复"的反转处，发现农夫在白日做梦，想不劳而获。最后用自己的话说说那个农夫为什么会被宋国人笑话。

（3）关联学生自我。

故事讲的是别人，读故事的是自己，读寓言故事要联系到自我，要在故事中读到自己的不足或者对自己的警示。将自己置身于故事之中，如果你是故事中的旁观者，你会怎么劝说故事中的主人公？如果你就是故事中的主人公，你会选择怎么做？对于寓言故事中不同性格、不同思维、不同命运的人物要有自我辨别的能力，要用辩证的思维去看待问题。

如《鹿角和鹿腿》中关于鹿角与鹿腿的"审美"与"实用"，在不同的场合都有它应有的价值。教学时，结合课后练习的第三题，让学生把自己想象成为故事中的人物，与自身的生活经验进行联系：如果你是故事中的那只鹿，有了这次经历以后，回去后会对你的家人说些什么？如果你的家人中也有和你之前一样的想法，你会如何劝说他们？如果你是这只鹿的家人，听了鹿的经历以后，你又有什么想说的？学生在交流中把自己当成故事中的鹿，发现任何事物都有自己的长处与短处，在不同环境和条件下都有自己的价值。

3. 链接，提升言说智慧

寓言是指向劝谕他人的，表现为一种言语交际的功能，具有言语智慧的寓言才能实现它的交际功能。那些具有高度言语智慧的寓言名篇历久弥新，有的还浓缩为成语，产生了广泛的影响。寓言教学的第三级阶梯就是通过链接性的言语实践活动,引导学生发现其中的言语智慧,提升自我的生活智慧与言语品质。

(1)阅读链接。

本单元中《守株待兔》《鹿角和鹿腿》均安排了寓意相似的阅读链接——单篇故事,见表 5-9,在比较阅读中进行学法的迁移运用。如《南辕北辙》中的坐车人和《守株待兔》中的宋人都有可笑的地方,坐车人可笑在哪里?《陶罐和铁罐》与《北风和太阳》中,铁罐与北风在性格和结局上有什么相似之处?单篇的阅读链接,也可以是同一作家的寓言故事,如推荐克雷洛夫寓言中的其他故事,去欣赏寓言诗的特点;还可以是同一角色的寓言故事,如伊索、克雷洛夫和莱辛的《狐狸和葡萄》,通过比较发现故事的寓意改变了,狐狸的形象也就随之改变。

表 5-9 阅读链接

课文	阅读链接	阅读提示
《守株待兔》	《南辕北辙》	和同学交流:故事中的坐车人错在哪里?
《陶罐和铁罐》	《北风和太阳》	故事中的北风和课文中的铁罐有什么相似之处?

阅读链接,也可以是一篇课文与整本书进行链接,如将《守株待兔》作为阅读《中国古代寓言》的导读,去认识中国古代寓言本来的样子,去发现它们产生的原因,去寻找寓言背后的故事等。

这样的学习活动,在文本之间的关联中引导学生发现寓言故事中人物的功能性,即"借"人物以展开故事,"借"故事以传达寓意,进而领悟寓意的本体性、故事的凭借性,才会走出对"鸡同鸭讲"似的纠结,将阅读重心聚焦在寓意理解上,提升寓言的认知力、理解力与表达力。

(2)读写链接。

学生可以依据故事的情境去续写故事,如宋国人会怎样嘲笑那位农夫,农夫在饿死前会对自己说些什么，农夫的儿子会怎样劝说他。这些指向的不仅是故事的续编，更是从不同角度对寓意的理解。学生也可以仿照故事的结构去编写故事，如学习了《陶罐和铁罐》《北风和太阳》之后，再创造一个类似性格的人物，编写一个相似结局的故事。还可以提供寓意让学生创写寓言故事，相对来说，这对三年级的学生难度较大，可以进行选择性尝试。

（3）生活链接。

寓言故事，不仅能让学生获得很多启示，明白很多道理，也能让他们想到生活中的许多人和事。寓言与生活链接，发挥寓言在生活中的功能。如学习了本单元的寓言故事后，可以从寓言故事出发，去寻找生活中的影子，说一说这些寓言可以对谁讲，如《守株待兔》可以联系生活中那些一天到晚想着不劳而获的人。也可以设置以"劝说"为任务的情境，如"马小虎在班级寓言故事交流会上抓耳挠腮，支支吾吾，不仅没有读明白其中的道理，而且连故事的内容也没有讲清楚"。学生可以选择学过或者读过的寓言故事进行劝说，也可以创编一个故事进行劝说。

《鹿角和鹿腿》教学设计

【文本解读】

《鹿角和鹿腿》出自《伊索寓言》。故事讲的是一只鹿在池塘边看自己的倒影，正在欣赏美丽的角而抱怨难看的腿时，一头凶猛的狮子向他逼近，难看的细腿帮他狮口逃生，美丽的角被树枝挂住，险些让他丧命。故事告诉我们，事物各有自己的价值，不能只凭外表去衡量事物的好坏。

作为寓言故事，本文人物关系简单，全文只出现了"鹿"一个主要角色，通过鹿对角和腿前后态度的变化，架设对比的叙事结构；以五处鹿的心里话来呈现鹿经历一系列遭遇时的心理动态，以此来推动情节的发展；同时，借最后一处意味深长的自白，引导读者深思其中所包含的寓意。

【教学要点】

1. 对比框架的架设。

在整体把握故事内容的基础上，引导学生发现小鹿对"角"和"腿"前后的不同态度，在对比中梳理出关于"角"和"腿"的两条线索，角：美丽—欣赏—差点儿送命；腿：难看—抱怨—狮口逃生。根据这两条线索，架设故事对比叙事的框架，让学生在进行概述的过程中逐步建立寓言故事的结构图式。

2. 心理曲线的绘制。

课文对于鹿的心理描写很细腻，可以抓住五处心里话进行教学，鼓励学生把自己当作主人公，结合故事的语境，关注语气词"咦""啊""唉""哎呀"和标点符号"？""！"，借助语气词、提示语和标点符号读出相应的语气，感受鹿的心理历程。通过朗读、分析、补充语气词等任务的设置，绘制人物心理曲线，感受故事的跌宕起伏。同时，引导学生将心理地图和对比叙事的框架相结合，丰盈故事的讲述。

3. 关联自我的言说。

"狮口逃生"是故事的高潮，也是鹿态度变化的转折处，这部分内容不仅精彩而且引人深思。教学时，结合课后练习的第三题，让学生把自己想象成为故事中的人物，与自身的生活经验进行联系：如果你是故事中的那只鹿，你会怎么向大家讲述自己狮口逃生的经历？你有什么感受想告诉大家？

同时，设置有趣的情境题：小鹿想把那两只差点儿害了自己的角锯掉，如果你是他的同伴，你支持他这么做吗？让学生把自己置于故事中，去思考、去言说、去辩证地看待问题。

【教学目标】

1. 学习生字新词，读好描写鹿心情的语句。

2. 将鹿对于"角"和"腿"态度的对比与其心理曲线相结合，复述故事。

3. 以角色自居,谈谈"狮口逃生"的过程和想法,在故事讲述和思辨讨论中,学会辩证地看待事物,发现寓言故事中的智慧。

【活动设计】

学习任务一:简要讲述,感受态度剧变

1. 归类读写,学习生字词语。

(1)出示词串一:匀称　不禁　撒开。

要点:读准字音,注意这几个词语中的多音字,读音要根据词语的意思来确定。

(2)出示词串二:池塘　倒映　配得上　传来　追上。

要点:注意区分"倒映"和"倒影";"配"字左边是"酉"字,"酉"表示装酒之类的坛子,"配"本义是用不同的酒配制成的颜色,因此是"酉"字旁。

(3)出示词串三:精美别致　欣赏　差点儿送命;

　　　　　　　难看　抱怨　狮口逃生。

要点:这两行词分别写的是小鹿对自己的角和腿的前后态度的变化。

2. 讲述故事,感受态度剧变。

要点:将词串三填入表5-10,根据表格提示和预习,简单说一说小鹿前后态度的变化。

表5-10　简要讲述表

对象	小鹿原先的看法		小鹿后来的看法
角	精美别致	欣赏	差点儿送命
腿	难看	抱怨	狮口逃生

提示:一是可以用上起先、后来等表示先后的词,让表达更有序;二是可以用上一些表示承接或者转折的关联词,让语言更流畅。

学习任务二:揣摩心境,还原心路历程

引导:小鹿可不是一下子就改变自己的想法的,这其中经历了一系列的心理活动的变化，而这些心理活动的变化藏在他每次的自言自语之中。

1."自言自语"中的心境：自读课文，用"＿＿"画出小鹿的心里话，把自己当成小鹿读一读，想一想自己当时的心情。

要点：

"咦，这是我吗？"鹿发现自己很美，很惊讶、好奇。

"啊！我的身段多么匀称，我的角多么精美别致，好像两束美丽的珊瑚！"鹿在池塘倒影中看到了自己美丽的角，很自豪。

"唉，这四条腿太细了，怎么配得上这两只美丽的角呢！"鹿抱怨自己的腿太难看，有些难过。

"两只美丽的角差点儿葬送了我的命，可四条难看的腿却让我狮口逃生！"鹿恍然大悟，认识到了腿的重大作用，对腿的态度有了改观，为自己刚才的抱怨感到羞愧。（相机板书：惊讶、自豪、难过、羞愧）

2."语气词"中的心情。

（1）去掉语气词"咦""啊""唉"对比读。

①在对比朗读中，感受到语气词可以更好地表达人物内心的情感。

②为最后一处心理活动添加语气词。

③师生合作读，加上表情动作感受小鹿的心理变化。

（2）文中还有一个语气词，但是并没有出现在小鹿自言自语中，而是小鹿内心呐喊——"哎呀"。为什么没有说出来？他此时是什么心情？（紧张、害怕）

3.绘制人物心理曲线图，如图5-5所示。

图5-5 人物心理曲线图

4.讲述小鹿的心路历程：根据人物心理曲线图，用自己的话讲一讲小鹿的心路历程。

要点：一是人物心情不遗漏；二是想象人物各阶段的心情，通过语气词讲好心里的话。

学习任务三：惊魂一刻，体悟故事智慧

引导：遇上狮子这个情节是整个故事的高潮，也正是这个令人想起来都后怕的经历，才让小鹿对自己的角和腿的评价发生了巨大的转变，一起走进那令人紧张的一刻！

1. 关注危机发展：读第6自然段，圈画出表现情况危急的词句，交流。

要点：蹦来跳去、甩、奔（难看的腿）；挂、扯（漂亮的角）。

2. 讲述狮口逃生：把自己当成小鹿，用上圈画出的表示情况危急的词句，向小朋友讲一讲自己狮口逃生的经历。

（1）同桌试讲，记得要以小鹿的口吻来说话。可以这样开头：当我在河边喝完水，正准备离开的时候，忽然……

（2）指名讲，相机采访：小鹿，经历了这次劫后余生，你想对关心你的朋友说些什么？

3. 话题探讨：小鹿经历了这次灾难之后，痛定思痛，幡然醒悟，它决心锯掉头上那两只差点儿害了自己的角，如果你是他的同伴，你支持他这么做吗？

要点：

（1）首先表达自己的态度，同时说明自己的理由。

（2）拓展了解鹿角的其他作用，同时点拨说理的方法，如联系生活说理、拓展资料说理、使用对比反问说理等。

4. 联结生活：学了这个寓言故事，你联想到了生活中的哪些人和事？再次想起他们，你有新的感悟吗？

学习任务四：拓展阅读，走进寓言世界

1. 阅读推荐：本文选自《伊索寓言》，寓言是生活的一面镜子，小故事往往蕴含大道理，读懂了寓言故事，就能从中汲取生活的智慧。

2. 故事交流：交流近期自己在读的《伊索寓言》。

要点：以四人小组为单位交流，可以只讲故事大意，让小组内的同学谈自己听后的感悟；也可以把故事和道理一起讲，请同学点评。

提示：课后继续阅读必读书《伊索寓言》，思考《伊索寓言》在表达上的特点，为下阶段的"快乐读书吧"阅读活动做准备。

【板书设计】

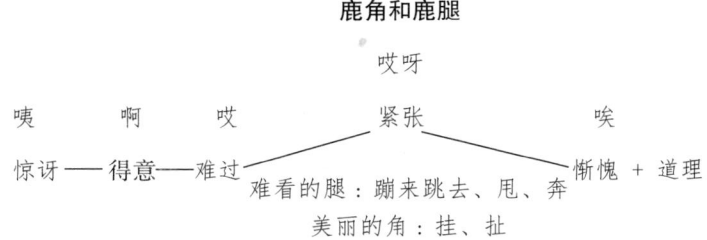

《自相矛盾》教学设计

【文本解读】

《自相矛盾》是一篇文言文，选自《韩非子·难一》。这篇寓言故事以简洁的语言，简单的情节，鲜明的人物形象，讲述了楚人卖矛与盾的故事。既卖盾又卖矛的楚人夸耀自己的盾无比坚固、矛锋利无比，当路人问他拿自己的"矛"戳自己的"盾"会怎么样，他哑口无言了。故事中人物语言的背后展现的是人物的思维过程。故事篇幅短小，寓意深刻，讽刺了说话、做事互相抵触或前后不一致的行为。

【教学要点】

1. 故事的朗读。

朗读是打开文言故事阅读的方式，朗读这则文言故事，首先要据义定音，读正确"应""夫"，从而字正腔圆地读。接着要抓住故事中的语气词和连接词，学习依意句读，气断声连地读。最后还要把握文章的结构，故事与道理之间的停顿要自然。这样才能读出故事文言的味道。

2. 思维的还原。

本课的语文要素是"了解人物的思维过程，加深对课文的理解"。人物思维体现在人物的语言中。教学时，要还原人物的语言现场，从"楚人"和"或"的角色出发，关注人物说话的意图，揣摩蕴藏在人物语言中的思维过程，体会人物思维的特点和言说的方式。

3. 生活的思考。

生活中自相矛盾的故事比比皆是，读寓言故事，就是要获取生活的智慧。自相矛盾一方面继续上演着楚人的"笑话场景"，另一方面有些商家借助自相矛盾的思维来推销产品。学生需要用智慧来面对生活中的这些现象。

【教学目标】

1. 能读准多音字"应""夫"，会写"矛""盾"等字。能字正腔圆、声断气连地朗读故事。

2. 能贴着人物，用自己的话讲讲故事。

3. 能从人物的语言读出人物的思维过程。

4. 能从不同思维角度看待生活中的"自相矛盾"现象。

【活动设计】

学习任务一：识矛盾，知矛盾

1. 出示矛的图片和字形演变，了解矛，写写"矛"字。

（1）矛是古代的兵器，长柄尖刀，用来进攻刺杀。好的矛，矛头尖锐、锋利，"无坚不摧"。

（2）"矛"字的一撇，就像矛上红色的长缨。在汉字中，带有"矛"字旁的字一般都和杀戮有关。

2. 出示盾的图片和字形演变，了解盾，写写"盾"字。

（1）盾也是古代的兵器，是一种防御武器，用来挡住敌人的刀箭。一个好的盾，结实、坚硬，"坚不可摧"。

（2）"盾"字，两个撇，平撇短平，竖撇稍直，"目"略长。

3.揭示课题，理解"自相矛盾"。

（1）矛和盾是古代打仗时使用的两种武器，把它们放在一起，就组成了一个新词：矛盾。有一个寓言故事：自相矛盾。你知道"自相矛盾"是什么意思吗？

要点：学生在生活中已经阅读白话文版的《自相矛盾》，也大致了解自相矛盾的意思。

（2）今天我们学习的是文言文版的《自相矛盾》，这则寓言故事出自《韩非子》。

出示：《韩非子》是战国末期著名思想家、法家代表人物韩非的著作。这部书现存55篇，其中记载了大量脍炙人口的寓言故事，如郑人买履、守株待兔、买椟还珠等，这些生动的寓言故事蕴含着深刻的哲理，给人以智慧的启迪。

学习任务二：学词语，读故事

1.据义定音，字正腔圆地读。

（1）出示"应"和"夫"。故事中最容易读错的是这两个多音字。这两个字该怎么读？说说你的理由。

要点："应"在这里是回应的意思，读第四声，"夫"在文言文中用于句首或句末表示发议论，读第二声。

（2）小结：文言文阅读中，联系上下文，根据意思来确定读音的，叫据义定音。

（3）学生朗读，要求字正腔圆地读。

2.依意句读，声断气连地读。

（1）语气词"夫"的停顿。

要点:"夫"作为发语词没有实际意思,是提醒读者,请注意我要发表议论啦!读到它的时候可以稍做停顿。

(2)连接词"与"的停顿。

要点:这里还有一个连接词"与",它连接着两个事物,前面是——"不可陷之盾",后面是——"无不陷之矛"。这里也要停顿。

(3)故事与议论之间停顿。

要点:一个"夫"字,将古文分成两个部分,前面是韩非子讲的故事,后面是他发表的议论,读的时候也要注意故事节奏上的停顿。

(4)学生朗读,要求声断气连地读。

学习任务三:抓人物,讲故事

1.抓人物。

(1)这个故事里出现了哪些人物?

要点:"楚人"和"或"。

(2)理解"或"。

要点:"或"就是有的人,也就是围观群众。

(3)发现对"楚人"不同的称呼。

故事的主人公是楚人,也就是鬻盾与矛者。在文中,还有一些字也是指楚人,请你默读课文,找一找,圈一圈。

例:

吾——吾盾之坚,物莫能陷也。 吾矛之利,于物无不陷也。

(我,第一人称)

其——又誉其矛曰:"吾矛之利,于物无不陷也。" 其人弗能应也。

(他,第三人称)

子:或曰:"以子之矛陷子之盾,何如?"

(你,第二人称)

2. 讲故事。

要点：借助注释，用自己的话把"楚人"和"或"做了些什么讲清楚。

学习任务四：读语言，悟思维

过渡：故事里的人物常常会开口说话。他们是怎么说的，为什么这么说？

1. 楚人之"誉"。

出示：誉之曰："吾盾之坚，物莫能陷也。"又誉其矛曰："吾矛之利，于物无不陷也。"

（1）朗读楚人的话："誉"是夸耀的意思。楚人卖盾又卖矛，夸盾又夸矛。如果你是楚人，你怎么夸自己的盾，怎么夸自己的矛？自己试着读读他的两句话。

要点：

①语音的轻重："坚""利""莫能陷""无不陷"等字词要读得响亮，这样才能把"矛"和"盾"的特点突出。

②语调的抑扬：关注"也"，楚人说话时语调的上扬，体现楚人的夸耀。

（2）探究楚人思维：楚人叫卖的时候心里怎么想？

要点：楚人要推销出自己的东西，就最大限度地夸赞自己的东西是最好的。推销时，叫卖的声音要大，事物的特点要亮，说话的语调要扬，才能吸引顾客，把"矛"和"盾"卖出去。

2. 或曰之"智"。

出示：或曰："以子之矛陷子之盾，何如？"

（1）朗读路人的话：你觉得这位围观群众（路人）会用什么样的语气问？

要点：关注"何如"，一是质疑的语气，二是嘲讽的语气，三是淡淡的语气。

追问：哪一种语气更好？

要点：淡淡的语气有拆台、揭底的意味，更有讽刺效果，更符合寓言故事的情节。

（2）探究路人思维：这个围观群众（路人）怎么会想到这么问的？

要点：学生梳理路人的思维过程，并发现"看破不说破"的智慧。

例：

盾破——矛利盾不坚——与"物莫能陷"不一致。

盾不破——盾坚矛不利——与"于物无不陷"不一致。

3. 故事之"思"。

（1）韩非之思：楚人弗能应也，韩非引发了这样的议论：夫（fú）不可陷之盾与无不陷之矛，不可同世而立。用自己的话说说韩非想告诉世人什么。

（2）读者之思：读读这则寓言故事告诉我们的道理，换句话说：我们说话、做事不能_____，必须_____。

例：我们说话做事不能夸大事实、言过其实、前后矛盾、前后抵触，必须实事求是、讲究分寸、脚踏实地、前后一致。

学习任务五：入情境，变思维

1. 自相矛盾新编。

楚人回去后把这件事告诉了他聪明的邻居，这位聪明的邻居会怎么帮楚人把生意继续做下去？

例：分时、分地卖。如去东市卖矛，去西市卖盾；或者今天去集市卖矛，明天去卖盾。

2. 联结生活现象。

在我们生活中，自相矛盾的事情还不少，说说你的认识。

出示：

（1）有些同学一边说保护环境，不随地吐痰，一边又乱吐痰。

（2）香烟：烟盒上写着"吸烟有害健康"，一面在劝人们不要吸烟，一面又在卖香烟。

（3）脑白金：今年过节不收礼，收礼只收脑白金。

要点：生活中自相矛盾的现象比比皆是，自相矛盾的思维也有了新的变化。如第一个是言行不一，会被人耻笑；第二个是烟民"明知故犯"；第三个则是用"自相矛盾"的思维进行营销。

【板书设计】

自相矛盾

盾破——矛利盾不坚——与"物莫能陷"不一致

盾不破——盾坚矛不利——与"于物无不陷"不一致

《不一样的狐狸》教学设计

【文本解读】

《狐狸和葡萄》《蝉和狐狸》都选自《伊索寓言》，两则故事中都出现了狐狸。《狐狸和葡萄》主要讲了狐狸看见葡萄架上垂下几串成熟的葡萄，馋得直流口水，他想尽了各种办法却够不着葡萄，于是说这些葡萄肯定是酸的，说明了有些人无能为力，做不成事，却偏偏说时机还没有成熟。《蝉和狐狸》主要讲了狐狸花言巧语想把蝉从树上骗下来吃掉，但聪明的蝉十分善于观察、保持警觉，没有上狐狸的当，告诉我们：一个聪明的人，总能从别人的灾难中吸取教训。

【教学要点】

1. 故事讲述。

寓言的主体是故事，正是在听读故事中，寓言蕴含的人类智慧才得以传接和播衍。《伊索寓言》是口耳相传的，教学时就应组织学生借助讲述活动来感受故事，在将故事讲完整、讲连贯的基础上，还要注意讲述的对象感。

2.寓意揭示。

《伊索寓言》总是故事与寓意同时呈现，学生在阅读寓言故事时，往往忽视故事与寓意之间的内在关联。教学时，以"谎言"为联结点，理解故事与寓意之间的关联，培养学生的归纳能力、推理能力、解释能力。

3.联类阅读。

学生习惯单篇阅读，不会将多个寓言故事放在一起来阅读。教学时，将《狐狸和葡萄》和《蝉和狐狸》进行组合，并拓展阅读克雷洛夫和莱辛的《狐狸和葡萄》。学生在阅读中发现故事之间的联系，体会寓言的劝解功能。

【教学目标】

1.能完整、连贯地讲述两则寓言的故事内容。

2.能准确、深刻地理解作品中狐狸的形象及寓言的寓意。

3.能通过比较阅读，突破《伊索寓言》的创作手法，对寓言进行二度创作，赋予寓言形象以新的生命。

【活动设计】

学习任务一：完整连贯，学习讲述故事

1.明确学习内容。

出示：一个寓言可以分成身体和灵魂两个部分，所述的故事好比是身体，所给予人们的教训好比是灵魂。——法国寓言家拉·封丹

伊索寓言也是分为故事和教训这样两个部分。今天我们学习关于狐狸的两则寓言。

（板贴：伊索寓言 狐狸和葡萄 蝉和狐狸）

2.明确讲述要求：注意故事要讲得完整、连贯，同桌互讲。

（板书：完整 连贯）

3.全班交流点评。

（1）讲故事只要把故事的意思说清楚，让对方听得明白就行了，不

一定非用课文中的词。

（2）寓言是用来讲的，跟老人讲、跟小孩讲，我们的语气、口吻肯定不一样，这样讲故事才自然。

总结：寓言故事，不但要自己读，还要讲给别人听。

学习任务二：准确深刻，解读人物形象

1. 话题探讨：这两个都是关于狐狸的故事，狐狸最大的特点就是会骗人、狡猾，这两个故事中的狐狸是怎么骗人的？

2. 示例：《狐狸和葡萄》。

出示："这些葡萄肯定是酸的，不好吃。"

（1）明确要求：言之要有据，从哪里看出狐狸是特别想吃的，于文中找线索。

（2）交流要点：馋得直流口水；想尽各种办法；边走边回头。

小结：心里明明特别想吃，嘴上却说不想吃，骗的是自己，这就叫自欺欺人，口是心非。

（3）理解寓意：

①这里的"酸"指什么？（表面上指的是葡萄酸，其实是心里酸溜溜的）心里酸溜溜的，就把甜的说成（　），好的说成（　），把美的说成（　），无能为力，做不成事就说（　），这就叫"酸葡萄心理"。

小结：狐狸说的这句话，已经成了世界性的谚语了，就叫"吃不到葡萄说葡萄酸"。

②"酸葡萄"心理，你认同吗？

不认同：我们同学都非常诚实、单纯，都觉得"是"就是"是"，"非"就是"非"，不该自欺欺人。

认同：他和我们很多同学不一样，他认为付出那么多的努力，也没有可能会得到，就应该放弃，否则只会让自己更加痛苦、难过。这个时候，"酸葡萄"心理就是一种自我安慰、自我疗伤的人生智慧了。

小结:"酸葡萄"心理,没有绝对的"好"或"坏",要看运用的场合。

3.迁移:《蝉和狐狸》。

(1)再来看《蝉和狐狸》,狐狸是怎样骗人的?这次骗谁?从哪里看出是在骗蝉?

(2)交流要点:故意;设下一个圈套;猛地扑了过去。

(3)提问:狐狸这样欺骗别人的情境好像似曾相识,想想它曾经骗过谁?那为什么同样的骗,结果却不同呢?

(4)说寓意:如果你是那只乌鸦,你会对蝉说什么?

学习任务三:比较阅读,进行突破创作

1.比较阅读:克雷洛夫的《狐狸和葡萄》和莱辛的《狐狸和葡萄》。

要点:

克雷洛夫的《狐狸和葡萄》——用诗的形式,非常优美;没有寓意,寓意就在故事里,需要我们自己体会。

莱辛的《狐狸和葡萄》——故事里添加了人物"麻雀";狐狸的形象发生了逆转,突破了我们对狐狸固有形象的理解,赋予了故事新的寓意。

2.创编要求:道理不一样,狐狸的形象也就不一样了。寓言创作,可以先有故事再有寓意,也可以先有寓意,再有故事。

有两名同学,他们都遇到了一些问题,请根据他们遇到的问题,选择一个来创编一则新的《狐狸和葡萄》,劝一劝他们,开解开解他们。

3.出示情境:

(1)小刚是五(1)班的学霸,很多同学都无比崇拜他,认为他聪明极了,他说什么就信什么。你怎么用《狐狸和葡萄》劝告这些同学呢?

(2)五年级的小明同学自认为是围棋高手,可是参加了很多场比赛,就是没得过冠军。他整天闷闷不乐,痛苦不堪。你怎么用《狐狸和葡萄》来开导他呢?

4.口头创作:小组合作,选择一个情境,口头创编一则新的《狐狸和葡萄》的寓言，不用太长，100字左右即可。

情境一：添加人物。小兔子听了狐狸的话，就说葡萄是酸的；小松鼠听了，也立刻说是酸的；只有小麻雀不相信，自己去尝了尝，发现是甜的。

情境二：出现两只狐狸。一只会用"酸葡萄"心理，活得很好；一只总想着要吃要吃，但总是吃不到，最后郁闷而死。

总结：今天我们得感谢狐狸，因为它让我们知道如何根据寓言的灵魂——寓意，创生它的肉体——故事。再一起读一读这两则寓言的题目，记住这两只狐狸。

三、神话

当一个民族诞生，抬头望天的时候，面对宇宙、自然和人类的起源他们开始思索，并根据自己的想象对这些疑惑做出不同的解释，在一代又一代人的阐释和发挥中，逐步形成了我们现在所听到和读到的神话。

神话，是文学的先河，文化的起源，是人类童年时代飞腾的幻想。儿童天生对神话充满好奇，神奇的想象让他们着迷，超凡的神力令他们神往……神话阅读，能够让学生体验飞腾幻想，传承优秀文化，滋养精神成长。

神话故事，生动传神，好听易记，依靠口头讲述代代相传。通过讲述体验神话故事的神奇的想象是神话教学的基本方式。

（一）关联故事，在讲述中感受神奇

1. 还原式讲述

还原式讲述，可以借助情节地图梳理神话的内在叙事结构，感受故事中神奇曲折的情节，这样不仅让学生清晰地建构起"这一篇"的讲述脉络，更重要的是明晰"这一类"神话故事的结构特点。

中国神话大多篇幅短小，情节简单，它的简约是华夏文明特有的诗

化风格的体现。因此，中国神话具有类型化和规律性的故事结构，一般是"起因—经过—结果"的叙事基本结构。如《盘古开天地》等创世神话常采用"宇宙混沌不分—英雄开辟天地—英雄化身万物"的叙事结构，因此《盘古开天地》围绕"天地"的开辟，可以梳理成"昏天黑地—开天辟地—顶天立地—改天换地"的情节地图。

再如《羿射九日》《大禹治水》《女娲补天》等英雄救世神话故事常采用的是"人类面临巨大灾难—神挺身而出拯救人类—神受到人类尊敬和敬仰"的叙事结构，《女娲补天》就可按照"天塌地裂—女娲补天—怀念女娲"进行概括，其中"女娲补天"的部分又可以细分成"采石补天、龟腿撑天、斩杀黑龙、堵住地缝"四个情节，最终引导学生梳理形成以下情节地图。学生借助情节地图完整讲述故事，如图 5-6 所示。

天塌地裂 ⟶ 女娲补天 ⟶ 怀念女娲
采石补天　　龟腿撑天　斩杀黑龙　堵住地缝

图 5-6　情节地图

西方神话，尤其是希腊神话大多是鸿篇巨制，情节曲折，更具小说化的特点。希腊神话中人物众多，关系复杂，只有牢记诸神的名字，了解他们的身份和关系，故事才会读得更明白、讲得更清楚。《普罗米修斯》可以以"主人公普罗米修斯与宙斯、赫淮斯托斯、赫拉克勒斯等天神之间发生了什么事？"为切口梳理情节，形成如图 5-7 所示的情节地图。

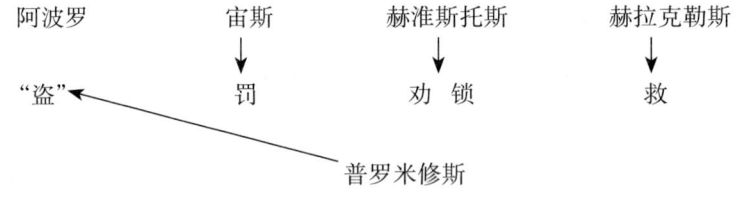

图 5-7　情节地图

学生抓住人物之间发生的事，连起来说一说，就能把这个故事讲清楚。在讲述的过程中，用"因为……所以……"这组关联词把诸神之间发生的事情连接起来，明白事件与事件之间有了因果关系就被称为"情节"。

还原式讲述过程中，需关注神话语言表达上的特点，如《开天辟地》和《女娲补天》中都出现了大量的"一"字，"一"有万物起始之意。在《开天辟地》中还出现了很多对称的诗意语言。这些语言表达形式让神话故事在讲述时更富有悦耳的节奏感，更体现了中华民族的文学美感和文化基因。

2. 想象式讲述

想象是对神话故事最亲近的浸润，将神话故事中的情节转化为一个个神奇的画面。在讲述的过程中，神话故事叙述中情节的关键处和留白处是想象的重要触发点，学生在这些触发点边想象画面边讲述场景，在丰富的想象中进行情景体验，走进神话的世界，表现神话的神奇。

《普罗米修斯》中让学生阅读产生揪心处和不忍处的两个场景就是普罗米修斯被锁在高加索山上遭受残忍折磨：日夜遭受风吹雨淋的痛苦，每天还要承受鹫鹰啄食肝脏的痛苦。教学时，先抓住"遭受风吹雨淋"的场景展开想象并讲述，提示学生在夏日炎炎之下，仿佛可以看到普罗米修斯被锁在悬崖上面，嘴唇都被晒干，却不能喝一滴水；在狂风暴雪之下，仿佛可以看到风呼呼地吹，普罗米修斯的头发、眉毛上都结了冰霜……接着抓住"鹫鹰啄食肝脏"的场景展开想象并讲述，想象中提示学生根据故事的记载，普罗米修斯遭受的痛苦是一天又一天，一年又一年，整整有三万年。学生在想象式的讲述中充分感受普罗米修斯所遭受的苦难之深重，普罗米修斯甘愿忍受宙斯的残忍折磨而决不屈服的英雄形象，牢固地在学生心中"立"起来。

《女娲补天》中女娲从各地拣来五种颜色石头的过程是故事情节的留白处，可以用"愿望的实现"的叙事结构引导学生展开想象，将女娲寻找五彩石的过程说清楚、说具体、说生动。女娲寻找五彩石一定会经历千辛万苦，根据五彩石的颜色想象五彩石可能会安放在何处，这些地方一定是充满危险与挑战的，如白色的石头可能在雪山之巅，黑色的石头可能在深林之中……五彩石安放的地方可能还会有神兽守护，陷阱密布……女娲带着寻找五彩石为民造福的信念，一定会用各种办法战胜困难，这些办法可能是用自己的智慧和神力，可能是借助他人的帮助……每一次困难与办法之间会有着些许关联等。学生在想象中讲述，在讲述中女娲的形象就深深烙印在学生的脑海之中。

远古时候，人们认为神是真实而神圣的，神话一定要在严肃的仪式上郑重地讲出来。学生可以发挥想象丰富某些故事情节，可以不追究神话对宇宙、对人类等的解释是否科学，但不可戏谑，更不可瞎编恶搞。

（二）链接阅读，在议题中探讨母题

神话是古代先民对世界起源、自然现象和社会生活的原始理解，"宇宙卵""英雄"等是其中常见的文化母题。对母题的探讨，不仅能让学生感受神话的神奇、先人的智慧，而且能使学生在潜移默化中受到民族文化及其背后思维的影响，进而获得审美体验，形成文化认同。根据主题，多层次链接不同民族和地区的神话故事，设计相关议题，在议题中探讨神话的母题。

1. 迁移式链接阅读

迁移式链接阅读是指将所学的阅读方法和阅读发现等迁移运用到其他神话故事的阅读中。

在儿童的心目中，神话故事中的英雄，就是有神仙一般不可思议的力量。这是儿童内在本我渴望伟大的本性使然。儿童总是希望自己无所不能，具有神一般的超人力量，这与神话故事在某种程度上是契合的。但是在阅读神话故事的过程中，学生往往将神与英雄混为一谈，对神话中英雄的认识存在碎片化和片面化。在教学《普罗米修斯》时，可以以"神与英雄"为议题进行探讨。首先由故事最后"普罗米修斯——这位敢于从天上拿取火种的英雄，终于获得了自由"说起，结合普罗米修斯在故事中的抉择和表现，说一说他被称为英雄的原因。探讨中，学生发现怀揣一颗为民造福的心，在这条道路上往往会遇到各种的苦难。但他们愿意选择承受，坚定不移地做下去，这样的神才被称为英雄。接着继续探讨这个故事当中，你认为还有哪位神也可以被称为英雄？学生发现赫淮斯托斯虽然在劝说普罗米修斯，想让普罗米修斯脱离苦海，但不敢违抗宙斯的命令，将普罗米修斯锁在山崖上，他没有那颗坚定的心，只能算善良。赫拉克勒斯富有同情心，敢于违抗自己的父亲和众神的领袖宙斯的命令，毫不犹豫地解救普罗米修斯，他也是英雄。学生进一步发现英雄不是有多大的力量，不是有多高的职位，而是有一颗为别人的公心。最后链接阅读希腊神话故事《赫拉克勒斯》，说一说在这个故事中赫拉克勒斯成为"英雄"的理由。经过三次层递性的探讨活动，神话中的"英雄"的形象和母题就深植于学生的内心了。

2. 比较式链接阅读

《盘古开天地》是中国的创世神话，是我们的祖先对世界是如何形成的解释。在教学这个故事的时候，可以链接阅读世界上不同民族和地区的创世神话《密特拉》《梵天创世》《阿胡拉·马兹达》进行比较式阅读。阅读过程中设计以下探讨的议题：猜猜这些神话故事可能是世界上哪些民族和地区的；说说这三则神话故事中，远古的人类认为世界原来是什么样子的；找找三则神话故事中的创世英雄；聊聊三则神话故事中日月星辰、山川河流等是怎么形成的。探讨中不断梳理，形成表5-11。

表 5-11 比较式阅读链接

	中国神话	罗马神话	印度神话	伊朗神话
世界原来的样子	鸡蛋	石蛋	金蛋	鸟蛋
创造世界的英雄	盘古	密特拉	大梵天	阿胡拉·马兹达
世界万物的形成	身体生化	身体生化	身体生化	身体生化

学生在不断地探讨中发现：这三则神话与《盘古开天地》都是远古

的人类解释世界是如何来的,我们称这样的神话为创世神话。远古的人类认为混沌的世界是一个"蛋"。这个世界在混沌一片的时候,出现了一个英雄,开辟了天地。这些英雄最后都化生了世间万物。这就是"创世"神话的三大母题:"宇宙卵""英雄创世"和"垂死生化"。

不同民族和地区都创造了"创世""灭世""救世"等主题的神话,通过比较式链接阅读,可以发现它们之间都存在类似的神话母题,这是神话之间的相似性。神话之间还存在很多差异性。比如中国的神外形跟人的区别很大,品德高尚,有神性;而西方的神外形跟人一样,既有神性,又有人性等。学习《普罗米修斯》后,可以链接阅读《燧人钻木取火》,设计"同与不同"的议题。学生发现两则神话故事都是讲人类对"火的起源"的认识,人类的祖先对世界的许多问题都抱有强烈的好奇心,他们尝试着用神话的方式给出解释。不同在于西方的火是神送过来的,东方的火是在神的指引下由人类自己创造的;西方神话赞扬的是英雄的伟大,东方神话突出人物的智慧;西方神话带给人们的是震撼,东方神话带给人们的是温暖……最后还可以链接阅读英国人类学家詹姆斯·乔治·弗雷泽著的《火起源的神话》,感受世界各族人民对火的起源的解释和想象。

(三)联结生活,在发现中传承文化

神话产生于文字之前,是经典前的经典、历史前的历史、文化前的文化、艺术前的艺术……神话代表了人类对未知的解释和对世界的探索,记录了人类文明的发展史,表现了人类思维的进化史,它已经深深地融入人类的生活之中,深深地影响着人类的思维和行为习惯。学生通过跨学科统式学习,在生活中寻找神话的影子,就是寻找人类文化的传承脉络。

神话,是文学之母,在许多诗歌、传说、小说甚至影视剧中都能发现神话的影子。阅读神话,可以帮助学生打开其他文学的大门。教师以"探索不老的神话"为主题,以故事为载体,引导学生寻找文学作品资源中的神话元素,并创造属于自己的神话故事。教师可以安排如下的学习任务。

传说中的神话：神话以传说的方式一代代加工和流传，可以推荐阅读袁珂的《中国神话传说》，去探寻神话中的人物是如何产生和发展的。

诗词中的神话。神话中的人物和故事常常被诗人引用。学生搜集相关诗词，圈出诗词中出现的神话人物，讲讲他们的故事。如唐代李商隐的《嫦娥》，说说这个嫦娥的故事与我们所知道的有什么不同。

小说中的神话。不少文人依据神话故事，写了大量名著。提示同学可以读读小说《封神演义》或《西游记》等，和其他同学聊聊里面的神话人物和故事。

影视中的神话。观看《普罗米修斯》这部影片，探讨：影片中有"普罗米修斯"这个人物吗？影片为什么以"普罗米修斯"作为片名？还可以观看《复仇者联盟》系列电影，和同学聊聊：当神话中不同的英雄人物遇到一起的时候，还会发生怎样的故事？

我与神过一天。从神话中选取一个人物，想象和他过上一天会发生怎样的故事。教师提示学生：一是我跟着神话人物"走"，到神话人物的世界中去经历；二是让神话人物参与到我的生活中来，看会发生怎样有趣的事情；三是我和神话人物共同去经历新的事情。

《羿射九日》教学设计

【文本解读】

《羿射九日》是家喻户晓的神话故事，也是低年级学生接触到的第一篇中华创世纪神话。神话属于民间文学，乃远古时代人民群众的集体口头创作。

故事处处充溢神奇的想象。开篇以"很久很久以前"创设了一个神奇的故事背景：世界最东边的海上生长着大树扶桑，扶桑枝头的十个太阳轮流值日给大地万物带来光明和温暖；接着十个太阳闯祸，同时出现在空中炙烤大地，禾苗晒枯、土地烤焦、河水蒸干、沙石熔化，从禾苗到沙石，既描摹了十日炙烤下世界万物的惨状，又点出了危害之大，人类的日子非常艰难。人类危难之际英雄出现：神箭手后羿有雄心，决心帮助人们脱离苦海；有壮行，"翻过……蹚过……"，不怕艰难险阻；有神力，一口气射下九个太阳；有智慧，留下最后一个太阳。

【教学要点】

1. 故事的朗读。

边朗读边想象。指导好重点段落的朗读，特别是第3、4、7自然段。第3自然段中"了"字反复出现，指导学生读好句子节奏，把握朗读语速，边读边想人类日子的艰难。第7自然段则和此段形成了强烈的对比，也可以通过朗读想象人间生机勃勃的景象。第4自然段则要读好动词，想象后羿的英雄形象。

2. 故事的述说。

依据课后表格，梳理故事结构，简要讲述故事，把握故事内容。还原"后羿射日"场景。感悟数字中的神奇："九十九座高山""九十九条大河"，体会路之险远，羿之辛苦。紧扣动作中的神奇：翻、蹚、登、搭、拉、射，感受后羿超越常人的神力。

3. 英雄的体悟。

神话故事里的主要人物形象都是鲜明的，有的善良有加，有的疾恶如仇，有的英勇不屈，但他们都有一个共同的特点，那就是神勇无比，具有超过常人的能力。这也表达了先民对能够征服自然、创造美好生活的英雄人物的向往和仰慕。而"羿射九日"中的"羿"正是这样一位英勇无畏的英雄。需要我们结合文中关键的词句、细节加以品味，让这一人物形象真正走进学生的心中。

【教学目标】

1. 会写"类""炎""艰"等9个生字，结合课文理解"艰难""炙烤""炎热"等词。

2.学习默读课文，做到不指读，不出声。能根据"英雄拯救世界"类神话故事的结构地图，有条理地讲述故事。

3.展开想象，丰厚画面，从不同的角度发现故事中的神奇，体会后羿神勇无比、英勇无畏的英雄形象。

【活动设计】

学习任务一：梳理结构，简要梳理故事

1.揭示课题，读好课题节奏。

要点：羿／射九日。

2.依据表格，梳理故事内容。

要点：结合课后的表格，梳理故事结构，依据故事结构和表格，连起来简要说一说故事。

例：人类遇难—羿射九日—获得新生。

学习任务二：想象画面，述说灾难场景

1.借助词语，想象画面，述说灾难。

要求：带着问题默读故事，做到不指读，不出声。在阅读中想一想人类遇到了什么灾难？

学生交流。

出示词串：炙烤　烤焦　蒸干　熔化。

（1）读准这组词，借助字理解"炙"：出示"炙烤图片"和"字形演变图"，提示"炙"是手放火上，非常烫。

（2）谈谈十个太阳炙烤大地是什么感觉。

（3）发现这组字词中都有火字旁，火字旁有不同的样子，也出现在不同的位置。

（4）学生借助词串，选用其中的一两个词语来说一说人类遭受灾难的画面。

2.朗读语句,想象画面,述说灾难。

追问:十个太阳炙烤大地,大地有了怎样的变化?

出示:禾苗被晒枯了,土地被烤焦了,江河里的水快要蒸干了,连地上的沙石好像都要熔化了。

(1)触摸"感受"朗读:如果你生活在这样的环境中,你的感受是怎样的?带着这样的感受读。

要点:难受、痛苦、着急、绝望等;朗读时声音要低沉,语速要缓慢。

(2)紧扣"了"字朗读:如果你读的时候把"了"读轻一点,短一点,不拖沓,你难受、痛心、着急的味道就更浓了。

(3)展开想象述说灾难。

引读:人们想要找吃的时候,禾苗____,土地____,想要喝水的时候____,就连地上的沙石____……人类的日子十分艰难。

(4)展开想象,说说大地上还会出现哪些苦难的景象。

要点:借助第3自然段的句式说说人类的艰难生活。

学习任务三:聚焦英雄,感悟英雄形象

1.感受动作的神奇,感悟英雄形象。

(1)圈画动词:此时此刻英雄出场了,羿站了出来。默读课文第4—6自然段,想一想羿是怎么射日的,圈画表示动作的词。

例:翻、跨、登、搭、拉、射。

提示:相机借助实物图的方式教学"弓"字。

(2)朗读场景:抓住羿射九日的动作朗读,朗读中体会羿的神力。

(3)讲述经过:边模仿做动作,边连贯讲述羿射九日的过程。

(4)感悟形象:你仿佛看到了一个怎样的"羿"?

例:力大无穷、勇敢果断的羿。

2.发现数字的神奇,升华英雄形象。

(1)发现数字:"九十九座高山""九十九条大河"中的这些数字,

读来有什么感受?

要点:"九十九"代表了很多的意思,表现了羿为了拯救人类不怕千辛万苦。

(2)升华形象:你仿佛又看到了一个怎样的"羿"?

例:不畏艰险、为民造福的羿。

学习任务四:链接阅读,感受神奇世界

1.感受勃勃生机的神奇景象。

(1)追问结果:羿射九日后,大地是一幅怎样的景象呢?指名交流。

(2)画面再生:出示最后一段,读着读着,你的眼前出现了怎样的画面?出示画面,理解"滋润""繁茂""奔腾"的意思,理解这就是"勃勃生机"。

(3)朗读想象:抓住表示"勃勃生机"的词语朗读。勃勃生机的大地,还会有怎样的景象呢?

2.感受十日轮值的神奇景象。

(1)链接开头:这个故事发生在"很久很久以前",千年时光都在这六个字里。默读第1自然段,圈一圈感受到的神奇之处。

要点:神树上居然住着十个太阳;十个太阳像我们平时做值日生一样要轮值等。

(2)朗读想象:读出神奇的画面。

3.链接阅读不同的神话世界。

(1)比较发现:两个不同时期的世界,人类都过着幸福的生活。人类的灾难是从十个太阳不守规矩开始的。

(2)链接阅读:在神话世界中,还有很多人类遭受灾难、英雄拯救世界的故事,如《女娲补天》,有兴趣的同学可以找来读一读。

学习任务五:归类识写,发现规律

1.归类识写,发现规律。

感受了世界神奇，咱们来写神奇的汉字。出示：类 炎 艰。

（1）找相同：发现三个字的共同笔画，捺变点，最后两笔都是撇和捺。

（2）找不同：结构不同。上下结构，上紧凑下舒展，上收下放；左右结构，左窄右宽，左收右放。"类"和"炎"，捺的脚要站稳；"艰"，捺不落地。

2.学生临写，评价反馈。

（1）描红仿写：提醒写字姿势：头正肩平臂开足安。

（2）展示评价：一是写正确，二是写规范，三是写美观。

《女娲补天》教学设计

【文本解读】

《女娲补天》是统编教材四年级上册第四单元的略读课文。这篇课文讲述了女娲为了拯救处于水深火热中的人们，拣五色石头燃火熔炼，用石浆补好天上的大窟窿，并斩断大乌龟撑起天空，接着杀死黑龙，最后把芦苇烧成灰堵住地缝的故事，塑造了勇敢顽强、智慧能干、甘于奉献的女娲形象。

本单元是神话故事单元，人文主题是体会神话故事的魅力以及神话人物的勇敢、责任与担当。紧扣本单元语文要素，根据本单元课文课后练习的提示，锁定本课的核心目标与活动方式是讲故事。

【教学要点】

以"神话不老，英雄永在"为学习任务主题，以"人类的繁衍""故事的演变""文化的传承"为逻辑链架构学习任务群，在传承与发展的情境中讲好神话故事、传说故事和中国故事。

【教学目标】

1.发现救世神话的叙事思维，能讲述神话故事，感受神话的神奇。

2. 展开神奇而又丰富的想象，能编讲传说故事，体会英雄的精神。

3. 寻找神话在生活中的影子，能传讲中国故事，延续文化的血脉。

【活动设计】

学习任务一：讲述神话故事

任务情境：神话是最古老的故事，是人类童年时代飞腾的幻想。每到严肃的仪式上总要讲述这些神话故事。让我们像祖先一样讲故事，做一个会讲故事的人。

1. 比较中发现"救世神话"故事结构。

（1）看一看，猜故事。

教师依次出示羿射九日、大禹治水、女娲补天的图片，学生猜故事名。

（2）比一比，说相同。

读读三个故事的题目，说说相同的地方。

要点：都是神话故事，故事中都有一个英雄，都是讲英雄如何拯救世界的。相机板书"神话""英雄"。

（3）讲一讲，理结构。

要点：引导学生用表示起因、经过、结果的三句话简单讲一讲羿射九日和大禹治水的故事。发现两个故事的起因是"人类蒙难"，经过是"英雄救世"，结果是"获得新生"。按照这个结构简单讲一讲女娲补天的故事。

2. 讲述中感受"女娲补天"的神奇想象。

（1）绘制地图，把故事讲完整，讲连贯，讲明白。

①我们的祖先在讲《女娲补天》的时候会讲哪些内容呢？

要点：会按照"人类蒙难""英雄救世""恢复生机"的顺序来讲。

②在《女娲补天》这个神话故事中，人类会遇到哪些灾难？女娲会如何拯救世界？我们的祖先又是如何展开神奇的想象来讲的呢？打开课文，自由大声地读读这个故事。

要点：天崩地裂，洪水泛滥，猛兽成群；炼石补天，斩龟撑天，杀龙驱兽，烧芦堵缝等。相机板书这些画面和情节。

③依据结构地图，讲述故事。

一是讲完整：根据板书讲述，重要情节不遗漏。

二是讲连贯：借助关联词"先……接着……最后……"把女娲补天的过程讲连贯。

三是讲明白："人类蒙难"与"英雄救世"的情节要一一对应，如"天崩"对应"炼石补天""斩龟撑天"；"地裂""洪水泛滥"对应"烧芦堵缝"；"猛兽成群"对应"杀龙驱兽"。

（2）展开想象，把故事讲具体，讲生动。

①这个故事中，最神奇的地方就是女娲拯救人类。故事中哪些地方让你感受到神奇？

要点：五色的云霞是由五彩石变化而成的；天是由乌龟的四个脚变成柱子撑起来的；杀了恶龙驱赶了野兽；用芦苇的灰能堵住地缝。

②展开想象，把故事讲具体，讲生动。

（3）话题探讨：为什么远古时候的人们认为神话是真实而神圣的？

出示1：远古时候人们认为神话是真实而神圣的，一定要在严肃的仪式上郑重地讲出来。

出示2：世界是如何起源的？人类是怎样产生的？神和英雄是怎样生活的？我们的祖先对这些问题都抱有强烈的好奇心，他们尝试着用神话的方式给出解释，并依靠口头讲述使其代代相传。

要点：神话是远古的人类对世界如何起源、人类如何产生等问题的认识与解释，《女娲补天》这个故事表现了祖先对自然的敬畏，对英雄的崇敬。

学习任务二：编讲传说故事

任务情境：我们的祖先迁徙到各地繁衍，也把女娲的故事带到了各个地方，很多地方都有"女娲拣石"的传说。如果你就是其中某个地方的居民，你会如何展开想象讲述这个传说故事？

1. 寻找"女娲拣石"处。

设立女娲"赤石""青石""黄石""白石""黑石"拣石处的人们可能居住在什么地方？

例："赤石"在火山边，"青石"在大海边，"黄石"在沙漠里，"白石"在雪山中，"黑石"在深林里。

2. 讲述"女娲拣石"记。

（1）生活在不同地方的人们会如何讲述女娲拣石的传说呢？

提示：

女娲在捡石头的时候会遇到什么困难？

女娲是怎样解决这些困难的？

要点：困难可能是"火山""沙漠"等自然现象，也可能是这些神石有着各自的守护神等；解决困难可以用"神力""智慧""坚持"等。

（2）如果把各地的传说收集起来，讲一个女娲拣五彩石的故事，可以按什么顺序讲？

要点：可以按照"赤、青、黄、白、黑"的顺序讲，也可以按照寻找五彩石难易程度的顺序讲。

3. 话题探讨："女娲寻找五彩石"这个传说故事无论怎么讲，什么始终不会改变？

要点：女娲一心为民的心不变，人们对自然的敬畏、对英雄的崇敬不变。

小结：女娲的故事，在一代又一代的中国人心中埋下了一颗神奇的、善良的、正义的种子。

学习任务三：传讲中国故事

任务情境：有人说，神话太古老了，神话中的英雄根本不存在；也有人说神话永远不会老，我们的生活中还藏有神话的影子。你是怎么认为的呢？

1. 联结神话原型。

（1）探讨：在我们的生活中，哪里藏着"女娲补天"的影子？

要点：堤坝决口，用自己的身躯堵住洪水的子弟兵；火灾现场，奋不顾身冲进火场的消防员。这些都是当代的"补天人"。

（2）追问：看不见的"五彩石"是什么？

要点：战胜困难，为人类造福的心。

2. 传讲中国故事。

要求：把这些当代"补天人"的故事记录下来，传讲当代中国故事，把融于血脉的民族精神代代传下去。

教师相机补充板书：神话不老，英雄永在。

【板书设计】

女娲补天

神话不老　英雄永在

人类蒙难 → 英雄救世 → 获得新生

《普罗米修斯》教学实录

【课堂现场】

学习任务一：初读课文，学习生词，习得方法

师：今天我们学习一个古希腊神话故事，读读课题。

生：普罗米修斯。

师：它是故事中一位神的名字。这个故事里还出现了其他的神，他们之间发生了什么事？读读故事，读准字音，读通句子，然后想一想。

师：故事读完了，生字词认识吗？

生：悲惨，违抗。

师：什么叫悲惨？

生：悲苦，凄惨。

师：什么是违抗呢？

生：违反，抗争。

师："悲"和"惨"意思差不多，"违"和"抗"意思差不多，像这样两个意思相近的字，构成词语的方法叫同义构词法。我们只要了解其中一个字的意思，这个词的意思也就能大概了解。还有这样一组词语。

生：惩罚，敬佩。

师：什么是惩罚？

生：处罚。

师：什么叫敬佩呢？

生：尊敬，佩服。

师：这里还有一个生字"盗"，给它找一个意思相近的字，组个词。

生：偷盗。

学习任务二：认识人物，厘清关系，概述故事

师：这个故事中出现了哪些神？

生：宙斯，赫淮斯托斯，赫拉克勒斯，宙斯。

师：（板贴各神的名字）这些都是古希腊神的名字，都特别长，多读几遍。

（教师指着黑板上的名字贴，检查朗读。）

师：古希腊的神都有身份。火神是谁？

生：赫淮斯托斯。

师：大力士是谁？

生：赫拉克勒斯。

师：宙斯是谁？

生：神的领袖，神的领导，神的首领。

师：这些神，他们之间还存在着关系，哪个同学发现了？

生：宙斯是很多神的父亲。

师：我们读的古希腊神话故事中会出现很多神，只有记牢他们的名字，了解他们的身份和关系，故事才会读得更加明白。

师：这个故事的主人公是普罗米修斯，他和其他神之间发生了什么事呢？快速默读故事，用自己的话简单说说。

生：普罗米修斯在阿波罗的太阳车上盗火。

师：用一个字怎么说？

生：盗。

师：跟宙斯之间发生了什么事呢？

生：宙斯让赫淮斯托斯惩罚普罗米修斯。

师：也用一个字概括。

生：罚。

师：普罗米修斯和赫淮斯托斯之间又发生了什么事呢？

生：押。

师：押之前呢？

生：劝。

师：劝成了吗？

生：没有。

师：接下来又发生了什么事呢？

生：赫淮斯托斯把普罗米修斯押到高加索山上，并且把他的双手、双脚都锁住了。

师："押"和"锁"之间如果选一个字，你认为哪个字比较好？

生：锁。

师："锁"是个生字，左右结构，左窄右宽。右边上面是个小字头，下面是个贝。普罗米修斯跟赫拉克勒斯之间发生了什么事？用一个字，一起说！

生：救。

师：看着板书，把这个故事简单讲讲。

生：普罗米修斯从阿波罗那里盗取了火种，被宙斯发现了。宙斯让赫淮斯托斯去惩罚他，赫淮斯托斯没有劝说成功，就把他锁在高加索山上。赫拉克勒斯救下了他。

师：抓住人物之间发生的事，连起来说一说，故事就能简单讲清楚。这些神之间发生的每一件事，可以用一组什么关联词连起来？

生：因为和所以。因为普罗米修斯到阿波罗那里盗火，所以宙斯给了他最严厉的惩罚。因为宙斯要给他最严厉的惩罚，所以赫淮斯托斯要去劝普罗米修斯，结果普罗米修斯坚决不听，于是把普罗米修斯锁到高加索山上。因为普罗米修斯被赫淮斯托斯锁在高加索山上，所以赫拉克勒斯救了普罗米修斯。

师：当事件与事件之间，可以用"因为和所以"这一组关联词连起来说时，就有了因果关系。（板书：因果）这样，故事中的事件就被称为情节。故事还有一个真正的起因是什么？

生：因为地面上没有火，人们只好吃生的东西，所以普罗米修斯才去太阳车那边盗火，他想为民造福。

师：如果把这个部分也放进去，按照起因、经过、结果来讲，这个故事就能讲得更加完整。（板书：为民造福）

学习任务三：聚焦文字，朗读，感悟英雄

师：故事最后人们怎么称呼普罗米修斯的？

生：英雄。（板书：英雄）

师：很多故事中都出现过英雄，什么样的人才能被称为英雄呢？

生：非常厉害的人是英雄。

生：勇敢善良的人是英雄。

生：不顾生命去保护他人的人是英雄。

师：每位同学对英雄都有自己的认识。这个故事里，普罗米修斯就是英雄。他做了哪些英雄的行为呢？默读故事，圈画出普罗米修斯的英雄行为。

（学生默读圈画。）

师：大家都找到了这样的三处，读第一处。

生：就在这时候，有一位名叫普罗米修斯的天神来到了人间，看到人类没有火的悲惨情景，决心冒着生命危险，到天上去"盗"取火种。

师：这是一份冒着生命危险去盗火的决心。读第二处。

生：普罗米修斯摇摇头，坚定地回答："为人类造福，有什么错？我可以忍受各种痛苦，但决不会承认错误，更不会归还火种！"

师：普罗米修斯做了什么？

生：他不肯承认错误，更不肯归还火种。

师：我们感受到的是一份坚定。读最后一处，说说你的感受。

生：尽管如此，普罗米修斯就是不向宙斯屈服。

生：普罗米修斯虽然被锁到了高加索山上，但是他依然不向宙斯屈服。

师：这就是不屈服。一起再来读读普罗米修斯的英雄行为。

（学生有感情地朗读。）

师：英雄普罗米修斯不管面对何种情况，他的什么始终没有变呢？

生：普罗米修斯盗取火种的决心没有改变。

生：他的勇气始终没有变，他下定决心，一定要帮人们得到火种。

师：不光决心没有变，行动也一直没有变。这就是一份坚定不移的信念。（板书：坚定不移）

学习任务四：聚焦场景，展开想象，感受苦难

师：英雄在坚定不移为民造福的道路上，往往会遭受什么呢？

生：痛苦。

生：危险。

师：这痛苦，这危险，我们可以称它为苦难。（板书：苦难）提到苦难，一定会有两个场景深深地打动我们。自由读读这两个场景。此时，你仿佛看到英雄在遭受什么苦难呢？

（学生自由读课文。）

师：第一个场景，你仿佛看到了什么？

生：普罗米修斯的双手和双脚被死死地锁在了高高的悬崖上不能动，他不能睡觉，每天遭受风吹雨淋的痛苦。

师：在烈日炎炎之下，你仿佛看到了什么？

生：他被锁在悬崖上面，嘴唇都被晒干了，不能喝一滴水。

师：在狂风暴雪之下，你仿佛看到了什么？

生：风呼呼地吹，普罗米修斯的头发、眉毛上都结了冰霜。

师：这是一种怎样的痛苦？

生：失去自由的痛苦。

师：把这种痛苦通过朗读表现出来。

（学生有感情地朗读。）

师：尽管如此，普罗米修斯就是不向宙斯屈服。是什么支撑着他这么做的？

生：拯救人类的决心。

师：苦难远不止此，在第二个场景中你仿佛又能看到什么？

生：普罗米修斯的肚子被啄出一个大洞，肝脏都被吃完了。

生：一只凶恶的鹫鹰啄他的肚子，好多鲜血流了出来。

师：鹫鹰啄食的是普罗米修斯身上最柔软、最怕痛的地方。你觉得这是一种怎样的痛？

生：无法用语言表达的撕心裂肺的痛。

师：第一天，你仿佛看到了什么？

生：普罗米修斯被这只凶恶的鹫鹰啄食着，他一动也不能动，到了晚上他的肝脏又长回来了。

师：第二天你又看到了什么？

生：他的肝脏被吃光了，到了晚上，又长了出来。

师：第三天你又看到了什么？

生：那只凶狠的鹫鹰，还在啄食普罗米修斯的肝脏，可是到了晚上，他的肝脏又长了出来。

师：一天又一天，一年又一年。根据故事的记载，整整有3万年。这是一种怎样的痛苦？

生：永远没有尽头的痛苦。

师：读到这里，你内心有什么感觉？

生：我很同情普罗米修斯，他非常坚强，为了人类，什么痛苦都可以承受。

师：我们同情和赞颂普罗米修斯。让我们把这样的感觉用朗读表现出来吧！

（学生有感情地朗读。）

师：可是尽管如此，他为什么还是不向宙斯屈服呢？

生：他要为人类造福，所以不向宙斯屈服。

师：故事读到这里，相信同学们对英雄会有更深的认识。什么样的人才能被称为英雄？

生：为民造福，甘愿承受痛苦，坚定不移的人才能称得上英雄。

生：怀揣一颗为民造福的心，在这个道路上往往会遇到各种苦难。但他们愿意选择承受，坚定不移地做下去。这样的人才被称为英雄。

学习任务五：寻找英雄，拓展迁移，课外阅读

师：这个故事当中，你认为还有哪位神也可以被称为英雄？

生：我觉得赫淮斯托斯可能是英雄。他想放普罗米修斯走，也有一颗同情之心。

师：对他的看法，有没有不同的意见？

生：我觉得赫淮斯托斯不能算英雄，因为他劝说普罗米修斯不成，就把普罗米修斯锁在山崖，他没有那颗坚定的心，只能算善良。

师：谁可以被称为英雄？

生：赫拉克勒斯。因为我觉得这是英雄救英雄。

师：他救英雄为的是自己吗？

生：不是。

师：为了谁？

生：为人类。

师：他们俩都有一颗公心。（板书：公心）宙斯是众神的领袖，是赫拉克勒斯的父亲。赫拉克勒斯救了普罗米修斯，他可能会遭受什么？

生：遭受苦难。

师：他违反的是天命和父命。看看他又是怎么做的？

生：他先射死鹫鹰，再用石头砸碎锁链，把普罗米修斯救了下来。

师：有没有犹豫？

生：没有犹豫。

师：是呀，在这个故事中，很多人又读到了另外的一个英雄。英雄不在于有多大的力量，不在于有多高的职位，而在于是否有一颗为别人的公心。

师：课后，我们读读《古希腊神话》中赫拉克勒斯的故事。用今天所学的方法了解这些人物的身份和关系，读熟他们的名字，找出事件与事件之间的因果，说说在这个故事里，赫拉克勒斯为什么会被称为英雄。

师：英雄值得我们一生尊敬。下课。

【专家看课】

紧扣叙事要素，设计言语实践

蔡海峰老师的《普罗米修斯》一课，是一节带有比较鲜明的学术研讨意味的课例。蔡老师既以叙事学入手，深入解读文本，把握《普罗米修斯》一文的特质，又紧扣这一单元的语文要素，基于学情设计言语实践任务，引导学生经历了真实而深度的神话学习历程，切实体会到了神话的魅力。

人物与神话。

与中国神话一样，希腊神话中也有着很多性格鲜明的人物形象。在时间的流变中，神话人物有的成为文学艺术中的经典形象，有的甚至成为具有特定内涵的经典文化符号。敢于反叛权威、为民造福的普罗米修斯无疑是其中熠熠生辉的一位。这是学生喜欢这一篇神话的根本原因之一。

但与中国神话不一样的是，希腊神话中的人物名字往往比较长，与学生生活中接触到的姓名差异较大，而且希腊神话中的人物关系比较复杂。正是从希腊神话的这一特点和学生的学情出发，蔡老师在教学中不仅带领学生"读好众神的名字"，了解众神的身份，更重要的是厘清众神之间的关系，很自然地引出神与神之间发生的事件，再以因果为线连起来概述故事，从而比较巧妙地梳理和把握了神话的故事内容。人物与人物之间的关系，事件与事件之间的关联，蔡老师从叙事学的视角切入，教与学的思维脉络清晰，引领学生立足这一篇，学会阅读希腊神话。

场景与故事。

在叙事学中，场景是镶嵌在故事情节之中的，它以描写为主要手段，对故事中的人物及其所处的环境进行具体细致的描写。《普罗米修斯》中的典型场景就是普罗米修斯被锁在高加索山上遭受残忍折磨的两幕：一个是日夜遭受风吹雨淋的痛苦，一个是每天承受鹫鹰啄食肝脏的痛苦。这两处场景令人揪心，让人不忍，但正是在这揪心处、不忍处，普罗米修斯所遭受的苦难之深重，普罗米修斯甘愿忍受宙斯的残忍折磨而绝不屈服的英雄形象，才牢固地在读者心灵中树立起来。

因此，每一位教学《普罗米修斯》的老师都不会忽略它，蔡老师也不例外。不同的是，蔡老师把对这两处场景描写的学习置于整个神话故事的发展脉络之中，放在"英雄在坚定不移为民造福的道路上"的主线上，来"感受神话中神奇的想象和鲜明的人物形象"。这样的教学处理既有故事的整体感，又突显了场景描写的典型价值。在具体教学展开上，蔡老师以朗读为主要活动，扎根于语言文字所营造的语境中进行想象，在想象中走进人物内心，也让人物进入学生自己的内心，使符号还原为具体的场景，让人物在场景的想象中站立起来。场景是突显作者表达意图的，也是叙事节奏的改变，蔡老师在这里所着力进行的教学处理，实现了文本叙事意图与教学叙事重心之间的有机融合。

母题与议题。

母题，是经典文本呈现出来的人文价值。《盘古开天地》的母题是"创世"，《精卫填海》的母题是"复仇与信念"，而《普罗米修斯》的母题则是"英雄"。经典文本中的母题往往是学生精神成长所需要的人文养育。"普罗米修斯"的英雄形象不仅滋养着儿童，也对成人的精神产生着积极的影响，因此，他才会受到包括文学、电影、绘画等多个艺术门类的青睐。

但母题是处于高位的，它需要分解为具体的议题，才能便于学生讨论。这节课中，蔡老师将它分解为"什么样的人才能被称为英雄？""这个故事当中，你认为还有哪位神也可以被称为英雄？"两个议题。前一个议题指向对普罗米修斯这个主角的人物形象把握，在此基础上提炼、形成对英雄的评价标准，后一个议题是运用这一标准来评价其他人物，检验和进一步确立对"英雄"这一母题的理解。蔡老师的这一处理可以说很是精妙，在浅层上看，是建立标准，避免了对人物形象的琐碎分析；在深层上来探讨，是立足叙事要素的整体来进行教学的，因为在议题的讨论中，只有把人物、事件和主题联系起来，才能准确地做出评价。

蔡老师的用意可谓深矣。在结课环节，利用赫拉克勒斯这个人物的关联，这也是学生在课上比较感兴趣的人物，引导学生"用我们今天所学的方法"，来阅读《古希腊神话》中赫拉克勒斯的故事。这一安排彰显了蔡老师立足一篇教会一类文本阅读的教学设计意图。

（无锡市教育科学研究院　郑霞）

四、民间故事

民间故事是老百姓自己口头编、口头讲，代代相传的故事。老百姓将对美好生活的期盼，化成一个个情节夸张、充满幻想的民间故事。你讲，我听；我讲，他听，就这样一代代口耳相传下去。民间故事作为口头文学，基本的表达方式为"讲述"。因此，"讲述"也是民间故事的学习方式，具有统整其他学习方式的作用。

（一）照着故事的结构讲

作为一种口头艺术，民间故事一般具有固定的类型和重复的段落，这是为了在讲述中方便记忆，同时加深听众的印象。

"从前有座山，山上有座庙，庙里面有个老和尚……"当听到"从前""古时候""很久很久以前"的时候，我们知道故事就要开始了。民间故事就得从这些"时间"开始讲起。

故事开始了，故事里的人物一一登场。《漏》中的"老公公""老婆婆""小胖驴""老虎"和"贼"随着故事的推进展开属于自己的角色使命。民间故事中的人物有好人，也有坏人。学生可以先按好人和坏人分一分这五个人物，再摆一摆这五个人物的位置，变成个故事，随后画一画人物的关系，形成"人物关系图"。学生根据人物关系图讲述故事开头的情节，教师提醒学生记得故事要从"从前……"开始讲起。

民间故事中的好人要过好日子，坏人就要来做坏事，故事由此继续发展。《漏》的叙事结构充满了"巧合"，老虎和贼都怕"漏"，开始了他们的逃跑之旅。学生读故事的过程中找出表示地点的词，绘制成"逃跑路线图"。再借助逃跑路线图，抓住老虎和贼的表现，完整讲述故事的经过。讲述过程中，学生发现老虎和贼的表现是交替叙述的，他们经历了"分分合合"的巧遇，教师可以提示学生用两个拳头分别表示老虎和贼，帮助学生区分和记忆，增加讲述的趣味性。

民间故事叙述采用口语的方式表达，刘守华先生在《故事学纲要》中提出：民间故事的情节线索以勾画为主，通常不注重精雕细刻，但很注重人物的对话，这与口头语境有关。《漏》中对老虎和贼的心里话进行了具体的描写，这些心里话反映出老虎和贼在逃跑过程中的内心变化。学生可以揣摩心里话背后的心情，绘制成"心理变化图"。再借助心理变化图，具体、生动地复述故事的经过。教师提示学生心里话是说给自己听的话，讲述时语调要低，害怕的感觉要到位，起伏的变化要明显。

故事到最后，听众发现"漏"在老公公和老婆婆眼中是"漏雨"，在老虎和贼的心中是"可怕的怪物"。教师教学"漏"字，调整故事结构，形成"故事结构图"。教师引导学生进一步探讨：好人战胜了坏人，让民间故事代代传讲下去，这个民间故事中是什么战胜了坏人，使老百姓过上幸福生活？学生在探讨中发现：老公公和老婆婆无意中说的"漏"，无意的"巧合"战胜了坏人，看似强大的坏人其实是愚蠢的，他们都"误会"对方是"漏"；更重要的原因是人们"惩恶扬善"的愿望。学生在故事的讲述中体认民间故事"惩恶扬善"的基本叙事结构与主题。

在讲述民间故事的时候，学生声调的高低，语速的快慢，眉目表情以及手势是否恰当，对能否更好地表达故事的内容都很重要。

（二）接着故事的结构讲

很多学者研究发现民间故事具有二重性：一方面，它千奇百怪，五彩缤纷；另一方面，它如出一辙，千篇一律。民间故事的创作和讲述是老百姓在虚构的世界中实现自己美好愿望的过程。民间故事中老百姓经常会遇到坏人带来的麻烦。当麻烦出现了就要寻找解决的办法，老百姓想象通过某种力量或办法解决麻烦，最后过上幸福的生活，这是民间故事叙述的基本结构，也是民间故事口耳相传的重要原因。

这种叙事结构与叙事学最基本的"愿望的实现"模型是一致的。故事是任何一个叙述的基本元素，没有故事就没有叙述。故事包含三个要素：冲突、行动、结局。一个人遇到一个难题（冲突），他（她）必须努力奋斗（行动），于是他（她）成功了或者失败了（结局）。冲突一旦结束，故事就结束了。

《枣核》中的老百姓本来过着自己的美满日子，有一年大旱，庄稼没收成，县衙门还派衙役向庄稼人要官粮。庄稼人纳不上粮，衙役就把牛、驴都牵走了。碰到坏人找麻烦，就要解决麻烦，于是枣核就勇敢地站出来了，帮乡亲们牵回牲口，惩治坏人。枣核与县官和衙役一共斗了三个回合，每个回合都是按照"麻烦—办法—结果"的叙事结构来讲述的。学生默读故事，思考枣核遇到了什么麻烦，想到了什么办法，结果又是怎样的，形成叙事结构表，见表5-12，发现枣核战胜坏人的本领是"蹦"。学生按照叙事结构表完整、具体、生动地讲述故事，结合枣核的"牲口是我牵的，你们要怎么样？"等语言，体会枣核的智慧、勇敢和担当，感受老百姓"惩恶扬善"的美好愿望。

表5-12　叙事结构表

	第一回合	第二回合	第三回合
麻烦	牵走牲口	捉人	打枣核
办法	边蹦边吆喝	蹦出铁链	蹦到县官脸上
结果	赶牲口回村	被塞进钱褡	打了县官

学生领会了"麻烦—办法—结果"这个叙事结构就能快速地阅读类

似结构的民间故事，并能依据这个结构进行创造，变幻出不同的故事。县官被枣核戏弄之后，一定会来找乡亲们的麻烦，枣核此时一定会站出来说什么？学生联系枣核的形象和生活经验，一定会想到这样一句话——"一人做事一人当"。县官要把枣核装进麻袋中淹死，故事又会怎么继续呢？学生依据"麻烦—办法—结果"的叙事结构，联系枣核"蹦"的本领继续往下编。

不光县官要找麻烦，这一年村子里又闹旱灾，小偷趁着大伙都睡着了，溜进来偷米，枣核发现后，追到村口，他又会怎么做？还会有谁来找麻烦，枣核又想到什么办法，最后的结果又会如何？按照"麻烦—办法—结果"的叙事结构，学生接着往下讲，就能讲出不同滋味的故事。教师提示，不管谁来找麻烦，枣核总是能想到办法，最后的结果一定是"好人战胜坏人"，学生在接着讲的过程中传承的不仅是民间故事的叙事结构，更是民间故事的叙事母题，见表5-13。

表5-13 叙事结构表

	第一回合	第二回合	第三回合
麻烦	淹死枣核	小偷偷米	…
办法			
结果			

在此基础上，还可以拓展阅读《阿凡提的故事》，借助"麻烦—办法—结果"的叙事结构快速阅读故事和体会阿凡提的形象，并展开想象，依据叙事结构创编属于自己的阿凡提的故事，见表5-14。

表5-14 叙事结构表

	第一回合	第二回合	第三回合
麻烦			
办法			
结果			

（三）变换故事的结构讲

民间故事口耳相传，在千百年的流传过程中，不同民族和地区的老百姓对同一母题和内容的民间故事，在听讲的过程中会根据自己的理解和意愿加以改造，形成不同的版本。如我们耳熟能详的《猎人海力布》《牛郎织女》等就有不同的版本。同一个故事在讲述中变换叙事结构，所表达的内容和主题也会相应变化。

《猎人海力布》的情节按照"从前""有一天""这样过了几年"的时间线自然连缀，讲述了救龙女、得宝石、知灾难、救乡亲、变石头等情节，前后形成因果逻辑链。"救乡亲"的情节是故事的高潮，对于这个情节的讲述可以让学生角色代入式地变换故事结构讲述。学生可以扮演乡亲，向自己的后人讲述海力布是如何劝说乡亲们赶快搬家的，讲述的重点是海力布面对变成石头抉择时的神态、动作和语言。学生可以扮演海力布，讲述的重点是海力布内心的担忧与焦急。教师可提示：当海力布听到可怕的消息时，他会怎么想？当乡亲们不相信会大难临头、不肯搬家时，他又怎样想？在他一而再再而三地催促之下，乡亲们还是不相信，他又会怎么想？学生还可以化身石头，以石头的身份介绍来历。这样的讲述，使学生具有角色代入感，将前后的情节重新组合，将重点的情节从不同角度展开想象后讲述。海力布的人物形象也从不同角度被学生认知。

《牛郎织女》中人物众多，核心人物是牛郎。以牛郎为中心，厘清哥嫂、老牛、织女、王母娘娘、喜鹊等人物与牛郎的关系，形成人物关系和事件图，就能够完整讲述故事。讲述时，可以变换一下人物出场的顺序，如果让织女先出场，故事就得从天上讲起，从织女如何下凡说起，牛郎的身世部分也会在他们相知的时候讲述。如果让王母先出场，故事就得从王母大发雷霆这个场景讲起，故事的情节就会变化顺序。如果让喜鹊、老牛先出场，故事又要怎么讲？在讲述的过程中学生会发现人物出场的顺序变化了，会对原有叙事顺序进行重组，倒叙、插叙等知识也将无痕地化在讲述中,故事的题目也会有不同的表述。

仅仅在故事结构变化中的讲述还不够,讲述时还需将民间故事置于"语境"中,才能达到对民间故事真正的、深刻的解读和阐释。

上述的讲述语境仅是在民间故事内在的语境中,教学时还可以将语境生活化,与社会连接,与生活经验连接。如果你是一名导游,带团去内蒙古自治区,你会如何向游客们讲述《猎人海力布》的故事。著名特级教师魏星在执教《牛郎织女》时,创设了这样一个语境:当牛郎去参加《非诚勿扰》节目,会如何向女嘉宾介绍自己,女嘉宾又会如何选择?这样的讲述赋予了民间故事时代的魅力。

讲故事是人类最古老且最基本的话语方式,是人类生活中一项不可缺少的文化活动。一个成熟的民间故事讲述者,自身就是一个"活"的民间故事。

《枣核》教学设计

【文本解读】

《枣核》是一篇民间故事。讲的是一个叫"枣核"的只有枣核那么大的孩子,他勤快能干。有一年大旱,官府收不到官粮,就牵走了村民们的牲口。枣核利用身体小的便利牵回了村民们的牲口。官府抓人,枣核主动站出来承认是自己干的,在衙役们打他时,戏弄县官,致使县官的牙都被打了下来。

这篇民间故事表达的也是民间文学惩恶扬善的主题。故事的魅力表现在巨大的反差上:一是夫妻俩好不容易生了个孩子,却只有枣核那么大;二是枣核虽小,却非常勤快能干;三是官府凶恶,村民们被欺负都无可奈何,枣核不仅机智地牵回了牲口,勇敢地承担责任,还巧妙地惩罚了县官。

【教学要点】

1. 故事讲述。

民间故事中老百姓经常会遇到坏人带来的麻烦。当麻烦出现了就要寻找解决的办法，老百姓想象通过某种力量或办法解决麻烦，最后过上幸福的生活，这是民间故事叙述的基本结构，也是民间故事口耳相传的重要原因。教学时要通过讲述故事，引导学生去发现和尝试运用这个表达的基本结构，领悟"惩恶扬善"的主题。

2. 故事续编。

借助"麻烦—办法—结果"的叙事结构，可以按照现有故事中的人物特点、人物关系等来进行故事续编，也可以改变故事中的人物、事件进行续编。

【教学目标】

1. 学习词语，认识故事中的人物，厘清人物之间的关系。
2. 借助"麻烦—办法—结果"的叙事结构讲故事和编故事。

【活动设计】

学习任务一：认识人物，厘清关系

1. 出示词串一：夫妻　爹娘　枣核。

（1）读准字音，注意"核"（hé）的读音。

（2）简单说说"夫妻""爹娘""枣核"之间的关系，点明这是民间故事中的好人。

例：有了枣核，夫妻俩当了爹娘欢喜得很。

2. 出示词串二：官府　衙役　县官。

（1）读一读这些词，注意"衙役"（yáyi）的读音。

（2）联系上下文和阅读经验，说一说对这些词语的理解。联系影视剧，说说他们常常对老百姓干些什么，点明这是民间故事中的坏人，找出他们干的坏事是把牛、驴都牵走了。

例：有一年大旱，庄稼没收成，县衙门还派衙役向庄稼人要官粮。庄稼人纳不上粮，衙役就把牛、驴都牵走了。

学习任务二：绘制表格，讲述故事

1. 发现回合：碰到坏人找麻烦，就要解决麻烦，于是枣核就出现了。枣核帮乡亲们牵牲口，和官府斗了几次？

2. 填写表格：默读故事，枣核遇到了什么麻烦，想到了什么办法，结果又是怎样的？

要点：学生梳理故事情节，完成表5-15。

表 5-15 叙事结构表

	第一回合	第二回合	第三回合
麻烦	牵走牲口	捉人	打枣核
办法	边蹦边吆喝	蹦出铁链	蹦到县官脸上
结果	赶牲口回村	被塞进钱褡	打了县官

3. 讲述故事：根据表格复述，重点是说得清楚和有条理。

4. 讲演故事：现在枣核就在你的拳头里了，他最会干什么？做个"蹦"的动作。

提示：

一起玩一玩：枣核蹦到哪些地方？

蹦到驴耳朵里，

从铁链缝里蹦了出来，

蹦到这面来，蹦到那面去，

蹦到了县官的胡子上。

练习演读，指名表演。

总结：讲述这样有意思的故事，不仅要有顺序，抓住主要情节，更要用上自己的话，加上适当的动作。

学习任务三：评述人物，续编故事

1.讲述人物。

联系故事中人物的语言，说说枣核。

出示：

大家都不用愁，我有办法！

不信，你们就等着看。

牲口是我牵的，你们要怎么样？

要点："折腾"中透出的智慧和敢于承担责任。发现枣核虽小，但有无穷的力量、智慧和勇敢。

2.续编故事。

（1）发现叙事结构：这是一个民间故事，我们要"偷"学讲故事的方法。结合梳理的表格，发现人物先是遇到麻烦，接着是想到办法，最后有了暂时的结果。

（2）展开想象续编：牢记人物特点，填写表5-16，说一说故事。

表 5-16　叙事结构表

	第一回合	第二回合	第三回合
麻烦	淹死枣核	小偷偷米	……
办法			
结果			

（3）发现结果一致：不管怎么编，结果都是好人战胜坏人，这就是民间故事"惩恶扬善"的独特魅力。

学习任务四：联类阅读，拓展迁移

阅读民间故事《阿凡提的故事》。

要求：

（1）阅读故事，填写表5-17，讲讲故事。

（2）借助表格，续编故事，创编故事。

表 5-17　叙事结构表

	第一回合	第二回合	第三回合
麻烦			
办法			
结果			

【板书设计】

枣核

回合　……

麻烦　……

办法　……

结果　……

《牛郎织女》教学设计

【文本解读】

《牛郎织女》是中国四大民间故事之一，讲述的是牛郎和织女之间凄美的爱情故事。小学语文统编教材五年级上册第三单元是民间故事单元，语文要素是"了解课文内容，创造性地复述故事"，旨在培养学生讲故事的能力。因此，本课学习将继续带领学生感知民间故事的叙事特点，厘清人物关系，梳理故事情节，聚焦感人细节，通过创造性地复述故事，内化故事结构，丰富叙事思维，学习生动地讲述，传递民间故事表达人们对美好生活向往的精神力量。

【教学要点】

1. 梳理人物关系。

《牛郎织女》中人物众多，核心人物是牛郎。首先应梳理出故事中出现的人物，按照人物出场顺序以及牛郎和其他人物间发生的联系，厘清故事的脉络，分清人物的主次和好坏，了解故事情节前后的因果关系。

2. 创意复述故事。

创造性地复述故事是打破原有的故事图式，尝试从不同视角、不同结构、不同情感等多方面进行创意复述，转变学生故事思维结构，丰富学生故事言语表达，提升学生语文素养。

3. 领悟故事主题。

民间故事起源于人们对美好生活的向往，揭露人间的假丑恶，歌颂人间的真善美，学生在阅读和讲述中自然而然地获得情感的体验、人性的启迪，树立为人处世正确的价值观和人生观。

【教学目标】

1. 学习本课生字，重点书写"郎、妻、爹、嫂"。

2. 用较快的速度默读课文，厘清故事人物，根据人物关系概括故事情节，并清楚、有顺序地简要复述故事。

3. 尝试打破故事结构，从不同视角复述故事。注意人物情感，丰富故事细节，生动地进行复述。

4. 尝试绘制连环画，做到图文融合。

5. 类文阅读，比较异同，体会民间故事寄托着人们对美好生活的追求和向往。

【活动设计】

学习任务一：借助人物关系，构建故事图式

1. 板书课题，学习生字新词。

要点：

（1）学写"郎"字，知道"郎"在字典里的五种意思：一是古代官名；二是对某种人的称呼；三是女子称丈夫或情人；四是旧时称别人的儿子；五是姓。这里的"郎"指的是对某种人的称呼。牛郎就是指专门放牛的。

（2）放牛的男子就叫牛郎，织布的女子就叫织女。不过故事中的织女可不普通，因为她是仙女，后来下凡间成了牛郎的妻子。学写"妻"字。注意横笔比较多，写的时候结构要均匀。竖笔上要出头，下不出头，女字最后一横要写长。

2.梳理关系，绘制人物图谱。

（1）默读故事，圈画人物。

要点：运用上一单元学过的方法快速计时默读课文，并圈出故事中出现的人物。每读完一小节，脑中要迅速概括出大概内容，比如，谁干什么？谁怎么样？

交流出示：牛郎、爹娘、哥嫂、老牛、织女、王母娘娘、喜鹊。

（2）梳理关系，绘制图谱。

要点：

①学写生字"爹、嫂"。注意父子头要写扁一些，宽一些，撇捺要舒展。"多"中的两个"夕"，上面的写窄小，下面的写宽大。书写"嫂"关键一竖要从正中穿过，下面出头。

②尝试给人物分类，民间故事经常出现好人、坏人、老百姓和拥有神力的人，有时，动物也是人物。

③人物在民间故事里会一一出场，按照故事中人物出场的顺序排列。第一个出场的是牛郎。他和这里的每一个人物都有着联系，如图5-8所示。因此，核心人物是牛郎。

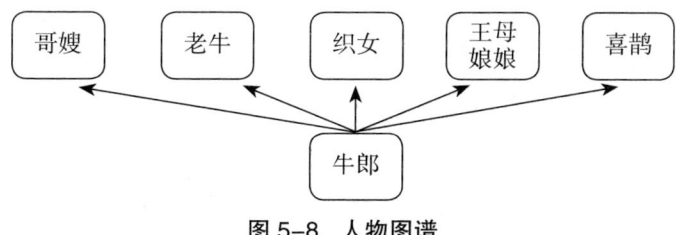

图5-8 人物图谱

（3）依据图谱，简要复述。

要点：根据人物之间发生的联系简要地把故事连起来讲一讲，把故事讲清楚。

3.梳理脉络，完整复述故事。

要点：

（1）圈画文中表示时间的词语，抓住"古时候、一年年过去了、一天晚上、第二天黄昏的时候、从此、一天、一天、从此以后"这些表示时间顺序的词，抓住人物之间的联系，尝试用四字词语概括情节，并形成表格式情节图，见表5-18。

表5-18 情节

时间	情节
古时候	相依相伴
一年一年过去了	相依为命
一天晚上	老牛做媒
第二天黄昏的时候	相遇相知
从此	日子美满
一天	老牛留皮
一天	狠心分离
从此以后	鹊桥相会

（2）根据情节提示，用自己的话讲一讲牛郎织女的故事。注意把故事讲清楚、讲连贯、讲完整。

（3）讲述时注意民间故事的口语化特点。比如，"一来呢……二来呢"。

（4）选择你认为重要的情节复述，注意丰富细节，适当加入人物的表情、语言、动作，这样就能把故事讲生动。

学习任务二：创意故事复述，丰富故事图式

任务情境一：刚才我们复述故事是从牛郎开始讲起，如果把这个故事进行改编，我们还可以从谁开始讲起？

（1）从织女讲起：故事从织女讲起，就得从"织女下凡"开始，这个故事应该怎样讲，同桌之间先互相练讲。

要点：

①重新摆放情节卡，注意故事情节不遗漏。

②在摆放中引导探究，牛郎和老牛的故事应该在什么时候讲？把牛郎和老牛的故事放在牛郎和织女相遇后，两人互诉衷肠时讲，这样就能让织女对牛郎的遭遇产生同情，故事衔接顺畅自然。像这样中间插入一段文字进行补充，在写作方法上叫插叙，能推动故事情节的发展。这样的复述很有意思。

（2）从王母讲起：故事从王母娘娘讲起，就得从"王母娘娘大发雷霆"开始，这个故事又该怎样讲？

要点：

①同桌交流摆放情节卡。探究讨论牛郎、织女、老牛之间的故事情节应该放在哪里讲？

②尝试复述故事，想象假如你是王母娘娘，在讲这个故事的时候心情是怎样的？引导体会王母娘娘得知织女下嫁觉得她败坏门风，损害尊严，非常生气。讲故事的时候，把自己想象成故事中的角色，以她的口吻讲，更能吸引人。

（3）从喜鹊讲起：每年的七月初七，喜鹊们都会在天河边上搭起一座桥，让牛郎和织女相会。如果故事从这里讲起，我们又该怎样讲呢？

要点：先讲故事结尾再具体讲牛郎织女的故事，这种方法叫作倒叙。

小结：从不同视角，变换故事结构，都可以把《牛郎织女》的故事讲清楚，讲完整，讲具体。

任务情境二：连环画也是复述故事的一种创意表达。如果让你根据故事设计连环画，你会选择哪个视角进行故事创构，在设计的时候要注意什么呢？

要点：

（1）重要情节不能遗漏。

（2）情节结构变换要合理，把故事讲完整。

（3）插图设计突出情节中人物之间的关系。

（4）故事内容要进行适当的文字删减，文图匹配。

学习任务三：类文阅读比较，体会民间故事特点

1. 推荐阅读中国古代四大民间故事之《梁山伯与祝英台》。

2. 探究共同点与不同点。

要点：

（1）共同点：凄美的爱情故事；情节的一波三折，从相遇相知到遭遇阻挠而分离，最后又相见；都遭遇了阻挠，但最后的结局是美好的。故事中都有神话性的情节，老牛开口说话、天河相隔、鹊桥相会、化蝶双飞。

（2）不同点：牛郎和织女遭到王母娘娘的阻挠，梁山伯与祝英台遭到封建制度的阻挠；结局不同，牛郎和织女每年一次鹊桥相会，梁山伯和祝英台化蝶双飞。

小结：民间故事表达着人们对美好生活的向往和追求，虽然经历了苦难和挫折，但正义总会打败邪恶，人们终会过上幸福的生活。

《漏》教学实录

【教学现场】

学习任务一：听读故事，绘制人物关系图，复述开头

师：从前，有一座山，山上有一座庙，庙里面有一个老和尚……

师：从前……请你接着往下说。

生1：从前，在大海里生活着一条小金鱼。

生2：从前，在美丽的森林里，有一头九色鹿。

师：听到这样的话，看到这样的句子，我们知道，故事开始了。

师：今天老师给大家带来一个民间故事，想听吗？

（学生齐声回答："想。"）

师：这个故事也是从"从前"开始的。从前，有一户人家：一个老公公，一个老婆婆，还喂着一头黑脊背、白胸脯的小胖驴。（出示：课文中的人物插图）

师：看看这幅图，把谁画得最有意思？

生：小胖驴，特别胖，特别可爱。

师：对，小胖驴画得特别夸张，因为它是老公公和老婆婆的宝贝。

师：山上住着一只老虎，山下住着一个贼。老虎嘴馋，一心想着吃这头小胖驴；贼手痒，一心想偷这头小胖驴。（相机教学"贼"字）

师：老虎和贼都惦记上了这头驴。老公公和老婆婆平静的生活就要被打破了，故事也就要开始了。

师：故事中总会有人物，这个故事中出现了哪些人物呀？

生：老公公、老婆婆、小胖驴、老虎、贼。

教师相机板贴表示五个人物的词语：

| 老公公 | 老婆婆 | 小胖驴 | 老虎 | 贼 |

师：我们一起来读一读。

师：这样摆，这样读，这就是五个词语。谁能换一种摆法，变成一个故事？

（学生摆放，形成人物关系图，如图5-9所示。）

图 5-9　人物关系图

师：这样一摆就是故事了。

师：可是，还少了一点线条，谁来加一加？

（学生添加线条，形成完整的人物关系图，如图 5-10 所示。）

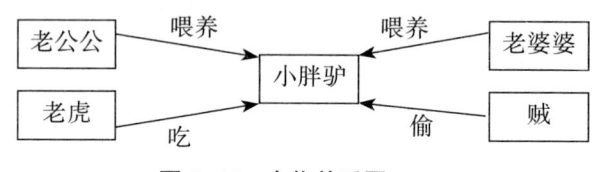

图 5-10　人物关系图

师：谁能看着这幅图，来讲讲这个故事的开头。记住，故事要从"从前"开始讲起哦。

生：从前，在山中住着一位老公公和一位老婆婆，他们喂养着一头特别可爱的小胖驴。有一天，山上的老虎嘴馋了，想吃这头小胖驴，山下的贼手痒了，想偷这头小胖驴。

师：民间故事中的人物在一开始就会一一登场。接下来就应该是一个"偷驴"的故事了。

学习任务二：默读故事，绘制逃跑路线图，完整复述

师：第 3—18 自然段就是"偷驴"故事。默读这个故事，想一想发生了什么。

（学生默读故事。）

生 1：老虎和贼都被吓跑了。

生 2：老虎和贼都很狼狈，一路在逃。

师：有一名同学将这个故事画成了连环画。谁来根据这幅画讲一讲这个故事接下来的部分。

（教师邀请该名学生展示连环画，如图 5-11 所示。）

图 5-11　连环画

（指名 2 名学生讲述。）

师：这两个同学在讲这个故事的时候，注意了故事发生的地点。分别是哪呢？

生：先是在老公公和老婆婆家，接着在路上，然后到了一棵歪脖老树，最后是滚下坡。

师：对！这就是老虎和贼的逃跑路线，我们可以画一张逃跑路线图。

（教师提供图片，学生依次摆放，形成逃跑路线图，如图 5-12 所示。）

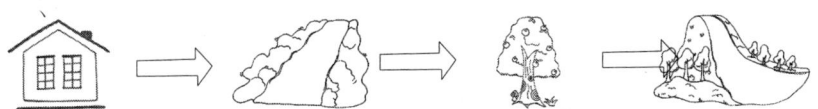

图 5-12　逃跑路线图

师：按照老虎和贼逃跑路线图讲，就能把故事讲完整了。谁再来讲一讲？

（学生讲述。）

师：这个同学注意到了那场雨。

（出示："一天晚上，下着蒙蒙小雨""跑着跑着，雨大起来了""雨越下越大"。）

师：这场雨很有意思。为什么呢？

生 1：雨越来越大。

生2：没有这场雨，老虎和贼就能看见对方，也就自然不会把对方当作"漏"了。

师：是呀，这场雨，让老虎和贼之间有了误会，故事就有趣了。

师：谁再来讲一讲。

（学生讲述。）

师：这位同学在讲的时候发现了老虎和贼一会儿在一起，一会儿又分开，分分合合。

（出示："山上住着一只老虎，山下住着一个贼""老虎用爪在墙壁上抓，贼用手在屋顶上挖""贼摔到了虎背上，老虎驮着贼，贼骑着老虎""贼顺势一纵，蹿到树上""老虎和贼一齐滚下了山坡，撞在了一块儿"。）

师：我们可以用两只手握紧拳头，分别表示老虎和贼，帮助自己讲述。

（教师指导学生看着逃跑路线图以及老虎和贼分分合合的表现，用自己的两个拳头分别代表老虎和贼进行讲述。）

师：按照顺序，抓住人物行动，重要情节不遗漏，就能把老虎和贼逃跑的故事讲完整。

学习任务三：朗读故事，绘制情感变化图，具体复述

师：这样讲故事，完整是完整了，似乎"漏"了什么东西。

生：漏了他们心里说的话。

师：对，漏了人物的语言，在故事中人物总是要开口说话的。

（出示："翻山越岭我什么都见过，就是没见过'漏'，莫非'漏'比我还厉害？""走南闯北我什么都听说过，就是没听说过'漏'，莫非'漏'比我还厉害？"。）

师：猜猜这分别是谁说的话，为什么？

师：哦，老虎翻山越岭，贼走南闯北。

师：接下去会是谁说话了？

生：老虎。

师：接下去呢？

生：贼。

师：这就是交替讲述。

师：接下去呢？

生：贼。

师：哦，交替也会有变化。

师：同桌两个分角色读一读老虎和贼的心里话。

师：谁来读一下？

（学生读老虎的语言。）

师：你为什么读得这么快？

生：老虎当时很害怕。

（学生读贼的语言。）

师：你为什么声音读得这么低？

生：这是心里话，要读得低一点。

师：如果读得很高，故事会怎么发展下去？

生：他们听到对方说的话，故事就不会继续发生了。

师：对，就不会把对方当成了"漏"，这还是"误会"。

师：老虎和贼的心理一直在发生变化，就像心电图一样，我们一起来画一画。

师：把人物的语言放进去讲，按照心情的起伏讲，故事才能讲具体、讲生动，这样才能吸引人。

（学生练习讲述，师生共同点评。）

学习任务四：变换结构，绘制故事结构图，领会主题

师：我们看一下故事的结尾，你发现了什么？

生：他们把对方当作了"漏"。

师：原来是怕屋顶"漏"。

师：那这个故事还是不是关于"偷驴"的故事，要把"驴"换成什么？

师：对，"漏"。

（教师启发学生，变换结构，绘制故事结构图，如图5-13所示。）

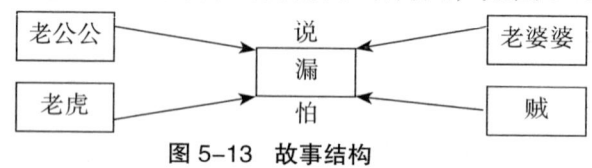

图5-13 故事结构

师：读了这个故事，你们开心吗？

师：为什么这么开心？

生：坏人吓晕了，好人继续幸福地生活。

师：民间故事为什么一代一代讲下去？是好人战胜了坏人。这个民间故事中是什么战胜了坏人，使老百姓过上幸福生活？

生1："漏"。

生2：老公公和老婆婆无意之中说的"漏"。

生3：老虎和贼很愚蠢。

生4：误会。

生5：老百姓想过好日子的愿望。

师：是人物用"智慧"战胜了坏人。民间故事是老百姓的故事，老百姓的愿望就是过上幸福的好日子。

师：回去将这个故事讲给大人或者弟弟妹妹听。注意故事是从"从前"开始的。讲完以后，看一看爸爸妈妈的笑脸。

【专家看课】

引导学生发现言语的秘密

洪堡特曾经说过，语言是有限手段的无限运用。语文教学的深层趣味，是引领学生去揭秘，将语言的"有限手段"揭示出来。这种揭秘行为是激动人心的，每一次发现都会让学生惊喜不已，体验"语言的狂欢"。

蔡海峰老师深谙其道。我多次现场听过蔡老师的课，他的课总是贴近文本独特的篇性，通过简单、灵巧而智慧的设计，将学生带入揭秘之道，经历言语再创造的过程。在这个过程中，文本的内在思维逻辑结构，与学生大脑中的"思维线条"——看不见的、无限多的"轴突""树突"有机融合，生成个体的言语经验。所以，听蔡老师的课很过瘾，有时会令人拍案叫绝：他怎么能想出这么好的教学方式呢？

《漏》的教学，是蔡老师的经典课例之一。《漏》是一则民间故事，诙谐幽默、令人发笑。老公公和老婆婆无意之中说的"漏"，是担心屋顶漏水，而贼和老虎却把"漏"当作可怕的事物，而且阴差阳错，互把对方当作"漏"。这就生成了"笑点"。错上生错，反复叙事，给读者带来了美妙的阅读快感。好多电影都会带来这种快感，原因都在于背后的叙事基因。蔡老师把握住了这种叙事基因，并站在学生的视角去设计学科实践活动，使得知识生成的过程发生多次倒转，课堂结构完美协同于叙事结构，可见执教者对叙事型文本教学的理解力之深、建构力之强。

先看任务一"摆出一个故事"。统编语文教材安排了清晰的语文要素，每一位老师教学《漏》，都会自觉落实"复述"这一教学目标，但不同的教学理解可以创生不同的教学内容。"从前，有一座山，山上有一座庙，庙里面有一个老和尚……"蔡老师从熟悉的认知情境出发，很自然地引领学生进入"民间"。接着聚焦课文中的人物，认读五个词语，"这样摆，这样读，这就是五个词语。谁能换一种摆法，变成一个故事"，这个教学方法太好了，故事是"摆"出来，这就把阅读的过程变成创作的过程。2022年版新课标特别强调学生的实践性，学生在试误中建构了故事的结构。"老虎和贼都惦记上了这头驴。老公公和老婆婆平静的生活就要被打破了，故事也就要开始了。"这样，学生也就很自然地"浸"入故事了。僵化的教学方式只会使教学变成板结的盐碱地，造成惰性思维、惰性知识的产生，而好的方式能使教师、学生、教学内容等诸多要素完美地融合在一起，释放学生创造的激情和潜能。让学生"摆出一个故事"，趣味横生，妙不可言！

　　再看任务二"画出一个故事"。蔡老师根据课文自然段比较多的特点，创造性地以连环画的形式呈现故事内容，然后让学生"参与"创作。在创作的过程中，先是把握叙事空间的变化：老公公和老婆婆家→路→一棵歪脖老树→滚下坡。据此引导学生画一张逃跑路线图。"画"是为了更好地"讲"，在讲述过程中蔡老师始终不忘叙事性文本的要素——环境、人物、情节，"这场雨很有意思，为什么？"学生领悟这场雨，让老虎和贼之间有了误会，故事就有趣了。在地点转换的过程中，"老虎和贼一会儿在一起，一会儿又分开，分分合合。"蔡老师充分发掘"教学即评价"的意识，通过评价让学生有意识地觉察文本的特点。语文教学是人类语言认识和学生言语认知的对立统一。人类语言认知主要表现在规范的语言文本及语文知识上，学生言语认知主要体现在言语经验上。推动二者之间转换生成的中间环节是"行"，也就是学生自主的语言实践活动。蔡老师的教学充分打开语言实践活动过程，引导学生在"做"中想清楚语言"这回事"，并且用"这回事"来做好"这回事"，在"知"和"行"之间发生深层的转换。

　　任务三"读好一个故事"。蔡老师巧妙过渡："这样讲故事，完整是完整了，似乎'漏'了什么东西。"接下来聚焦语言，通过朗读语言想象丰富的心理景观，也把握文本"交替叙事"的特点。

　　任务四"变出一个故事"。蔡老师根据结尾，引导学生把"偷驴"这个中心环节，变成围绕"漏"展开故事情节。那在这个故事中，是什么战胜了贼和老虎呢？表层上看是老婆婆、老公公说出的"漏"，实际上是用"智慧"战胜了坏人。这就揭示了民间故事的深层言语动机。从"偷驴"演变成"漏"，语言的变序、变异、变构实践，实质是思维的深层次训练。如果教学停留在内容或形式的"皮毛"上，不能与学生的思维建立最大关联、最佳关联、最深关联，那就不可能在真实性情境中通晓言语结构的变通办法。蔡老师对此认识是非常深刻的，落实到教学的设计上也是十分到位的。语文教学的魅力就在于生发、产生，借教材这一原始的材料进行创造性地加工，从语词相似到心灵相似，从微观相似到宏观相似，从结构相似到功能相似，引领学生能动地建构自己的认知，领悟语言的规律性并加以运用。

很显然，蔡老师以"复述"贯穿教学始终，在讲故事中引领学生入知对话，把握言语的秘密。《义务教育语文课程标准（2022年版）》倡导在学科实践中通过"文字、表格、统计图、思维导图"等多样化方式表现学习成果，就是强调语文教学要输出"创新产品"。这节课，蔡老师引导学生通过多次的"画"，让思维可视化，将读懂的表现出来，也使得这节课多了几分情趣。

蔡老师对小说课的研究颇深，在实践中建构了体系性的做法和理论模型。毫不夸张地说，他在这个领域内是一个非常独特的存在。他用大量的案例演绎小说课的秘密，并借鉴小说教学的理论"接着往下说""自己说""说自己"，而最终"成为我自己"。《漏》虽是民间故事，但有小说叙事的基因。将它置放在"大小说"框架中来研究，我认为是非常有见地的。和蔡老师众多的课例一样，《漏》的教学折射出理念的高度、知识的宽度、解读的深度以及卓越的课程想象力——这种教师素养在落实新课标的今天显得特别可贵。

[无锡市梁溪区课程改革研究所　魏星（江苏省特级教师）]

后记

寻找"小说课"教学之道

  2013年,我的儿子出生了,从他在妈妈肚子里到咿呀学语,我常用语文老师最擅长的方式——讲故事,与他进行亲子交流。后来,儿子有点不喜欢总是我讲他听,而且讲来讲去都是那么几个故事,于是,他开始提供一两个人物或者场景让我来创编故事,这对我来说有点挑战性。在一次又一次的创编中,我渐渐地发现了叙事的一些秘密。比如,故事发生的时间一般都是在很久很久以前,故事的结局一般都是光明和美好的。又如,故事一般是"王子爱上公主""三个儿子"等的结构。摸着了门道,给儿子讲故事越发信手拈来。更令人惊喜的是,在听故事的过程中,儿子的言语表达能力也比同龄人高出了许多。他从开始学说话时,就经常出现令人刮目相看的话语形式,蹦出一串四字成语。起先我们觉得很奇怪,后来渐渐发现,他的词语积累和言语形式都是在化用他所听到的故事。儿子上幼儿园了,喜欢每天与我分享一天的见闻,一开始是一种碎片化的讲述,絮絮叨叨,流水作业;渐渐地,他开始有了"时序"的概念,学会按照时间的顺序将一天发生的事情讲述给我们听;慢慢地,他的讲述又开始发生变化,他喜欢选择一天中最有意思的事情进行讲述,在讲述的过程中加入自己的判断与理解。在儿子的身上,我发现故事发展了他的叙事思维,而这种思维,恰恰是我们人类认识世界和认识自我的思维。

后记

2014年，薛法根江阴工作站成立，我有幸成为薛法根老师的第一期学员，也成为一期又一期的留级生。在导师薛老师的引领下，我们一期学员和二期学员一起进行了文本分类教学的研究。我们把小学阶段常见的文本先分成文学性文本和实用性文本两大类，再进行二级分类，文学类分为诗歌、小说、散文、戏剧、寓言、童话和神话七种，实用文分为记叙文、说明文、议论文、应用文四种，然后再划分出若干亚类。意图从文本特征、教学价值、设计要领三个方面厘清每一种文体的教学。这一段研究之旅打开了我的文体学研究视野，对我的语文教学有着奠基性作用。我几乎参加了每一种文本分类教学研究的研讨。在研究的过程中，我发现叙事性作品的分量最重，形式最丰富。当时，我就萌生了一个想法：能不能从叙事性作品的角度进行文体学视野下的教学研究。随着研究的不断深入，我逐渐发现，小说是叙事性作品中最成熟，也是成就最高的文学样式。因此，在潜意识中，我又产生了从小说课研究出发，借助小说课打通其他叙事性作品的教学，再借助叙事性作品的教学思维贯通其他文本的教学。我将这个想法告诉了薛老师，他很赞同，并一直引领和支持我在小说课上持续深耕。

2016年，我开始备战江苏省基础教育小学语文青年教师教学基本功大赛，"讲故事"成为每天的必修课。除了每天给儿子讲两个故事以外，如何讲出一个吸引成年人的故事成为我思考的命题。于是，在前期对故事感性认识的基础上，我开始研究故事构成的艺术，从叙事学中去汲取智慧。在宜兴举行的初赛中，我讲述的内容是一个扩编的寓言故事，短短三句话的故事如何讲满五分钟，我选择了叙事中的主要手段——"对话"，进行故事的扩编，在人物的对话中塑造人物形象，展现寓言的非"常"之处，将听众带入场景，故事获得了全场热烈的掌声。在江阴举行的决赛中，我抽到的故事内容只有两个人物，猫和鱼，这是一个提供人物的创编故事，如何不入俗套，我运用了叙事学中的情节，创造一个又一个的矛盾冲突来推进故事，展现主题。我让猫与鱼相恋，但彼此却不能进入对方的生活世界，终老一生。在苏州进行的省赛中，我抽到的是一个家喻户晓的故事——《青蛙王子》，不过这次变成了缩编故事。五千字的故事在五分钟内讲完，人物形象和情节都是固定的，我只有从叙述视角和语言形式的突破上去做文章，我没有采用表演型的方式，而是从一个皇宫侍卫的视角，用"说书式"的语言再造了一个青蛙王子。这个故事最后还在颁奖仪式上再次进行了展示，至今一起参加比赛的同仁们见面还称呼我"青蛙王子"。每一场比赛中的故事，我都是在叙事的视角下，进行了故事的艺术创编，使故事更加吸引人。

2018年，我将前期的思考申报成为江苏省教育科学"十三五"规划课题重点自筹课题《叙事学视角下的小说课教学研究》。在文体学的基础上，从叙事学的视角展开探索。在近三年的课题研究过程中，我不断思考：能不能将叙事的方式变成课堂的教学方式。于是我尝试着将"讲述"作为叙事性文本的教学基本方式。学生在对文本的概述中提取信息，在讲述中习得语言的基本规律，在转述和评述中发展自己的语言思维。在这样的尝试下，我发现学生对语文的兴趣越来越浓，期待越来越深，学生们在文本语言和自身语言的叙事中，找到了结合点，很多孩子开始尝试用叙事的艺术创作文学作品。正当我无法为自己的这种尝试进行总结和辨析的时候，无意间在英语教学杂志上看到了叙事教学法的研究，在细细读完搜集的一系列叙事教学法的文献后，一个念头在心底萌生，同样是语言教学，叙事教学法也可以成为语文教学的一种基本方法。于是，在前期感性的尝试之上，我开始尝试建立起理性的学理基础。

这三年来，我不断地用课堂来实践自己对叙事学和小说课的理解，在江阴市教师发展中心夏江萍老师的指导下，在与梁昌辉、季勇等几位江阴小学语文名师的探讨中，2018年，我执教的《愿望的实现》获中国陶行知研究会举办的全国想象作文课堂教学大赛特等奖；2019年，《两茎灯草》获组块教学联盟年会赛课特等奖；2020年，《普罗米修斯》获江苏省第21届小学语文青年教师优质课评比特等奖；2021年，《跳水》获无锡市"蓝天杯"课堂展评一等奖。这期间，《猴王出世》《穷人》《方帽子店》等十余篇教学设计选编进入《名师同步教学设计》《小学语文名师文本教学解读及教学活动设计》《名师教语文——深度解读与学习设计》等全国畅销教学用书之中。我在江苏省名师空中课堂和全国各地执教小说课公开课20余节。2021年末，"小说课"研究成果作为区域教育科研成果通过线上和线下相结合的方式进行全市公开的展示和推进。

2022年初，在导师和挚友薛法根、夏江萍、梁昌辉的帮助下，我对前期的研究和思考的点滴进行全面梳理和总结，对叙事学视角下的小说课教学的学理进行了再次考证，形成了《"小说课"之道》这本书稿。在统稿期间，钱军伟、徐燕等老师对书稿的细节进行了认真的修改，郑霞、魏星、诸向阳等老师也对我的几篇小说课的教学实录进行了深入的点评。学校两任校长杜文鹏、范新丰对于我的研究给予了大力的支持与帮助。其实，需要感谢的人有很多很多，在这里难以一一列举，我会铭记在心，诚挚致谢。

时至今日，整整十年，我一直在寻找小说课教学之道，一直在追寻语文教学之道。这条路我会一直走下去。

蔡海峰

2022年7月31日